汉译世界学术名著丛书

全部知识学的基础

〔德〕费希特 著

王玖兴 译

商务印书馆
创于1897 The Commercial Press

J. G. Fichte

GRUNDLAGE DER GESAMMTEN WISSENSCHAFTSLEHRE

本书系根据莱比锡 Felix Meiner 出版社 1912 年版
《费希特著作六卷本选集》第二卷译出

汉译世界学术名著丛书
出 版 说 明

我馆历来重视移译世界各国学术名著。从五十年代起，更致力于翻译出版马克思主义诞生以前的古典学术著作，同时适当介绍当代具有定评的各派代表作品。幸赖著译界鼎力襄助，三十年来印行不下三百余种。我们确信只有用人类创造的全部知识财富来丰富自己的头脑，才能够建成现代化的社会主义社会。这些书籍所蕴藏的思想财富和学术价值，为学人所熟知，毋需赘述。这些译本过去以单行本印行，难见系统，汇编为丛书，才能相得益彰，蔚为大观，既便于研读查考，又利于文化积累。为此，我们从 1981 年着手分辑刊行。限于目前印制能力，每年刊行五十种。今后在积累单本著作的基础上将陆续汇印。由于采用原纸型，译文未能重新校订，体例也不完全统一，凡是原来译本可用的序跋，都一仍其旧，个别序跋予以订正或删除。读书界完全懂得要用正确的分析态度去研读这些著作，汲取其对我有用的精华，剔除其不合时宜的糟粕，这一点也无需我们多说。希望海内外读书界、著译界给我们批评、建议，帮助我们把这套丛书出好。

商务印书馆编辑部

1985 年 10 月

译者导言

——费希特生平、思想简介——

《全部知识学的基础》(Grundlage der gesammten Wissenschaftslehre)是德国古典哲学重要代表之一费希特(Johann Gottlieb Fichte 1762—1814)的主要哲学著作。在费希特的哲学体系里,这本书的地位和作用,约略相当于《逻辑学》在黑格尔的哲学体系里的地位和作用。它的构思成熟于1793年,当时费希特正在苏黎世撰写为法国革命辩护和争取思想自由的政治论文。费希特自称《全部知识学的基础》是上述政论文章的额外收获。所以说,正如马克思、恩格斯指出的那样,这本书表明德国古典哲学乃是法国革命在德国的反映。但是,由于种种历史的原因,费希特只是作为德国的民族英雄为我国各界人士所熟知,他的哲学思想却没有受到应有的重视,更不用说对费希特哲学思想的深入研究了。康德作为法国革命前的哲学家,为法国革命开了先声,而黑格尔则反映了法国革命后的社会政治状况,只有费希特正逢法国革命高潮,他的哲学浸透了革命所宣扬的主要精神,即自由。费希特曾说过,他自己的哲学体系自始至终是对自由的分析。

因此,正确评价费希特哲学在德国古典哲学中的历史地位,是一项严肃而迫切的任务。《全部知识学的基础》将为完成这个任务,提供一份主要的材料根据。这里,我们将对费希特的生平事迹和哲学思想作一系统而简要的介绍。

一、为自由而斗争的一生

费希特,1762 年 5 月 19 日生于德国奥伯劳济兹(Oberlausitz)的一个乡村拉梅诺(Rammenau)。父亲是一个手工业者。由于家贫,费希特九岁前为家里牧鹅,他早年的贫苦生活对他一生的思想发展影响极深。他一直为他的平民出身感到自豪。

济本爱欣(Sibeneichen)地区的男爵米勒提兹偶然发现费希特聪慧异常,遂资助他上学。费希特 1771 年入学,1774 年到波尔塔的贵族学校学习。由于他出身低贱,备受同学欺侮。在此期间,对他影响颇深的是两个人,一个是诗人克罗普斯托克,一个是莱辛。

1780 年,费希特入耶拿大学,翌年转学到莱比锡学习神学。这时他的资助人去世,使他在经济上陷于绝境,学习时作时辍,无所收获。1788 年秋,终于弃学到苏黎世当家庭教师。在苏黎世,费希特结识了狂飙运动的重要成员拉法特,与之过从甚密,通过拉法特,认识了拉恩一家,并和玛丽娅·拉恩相爱,以至订婚。据费希特自己说,玛丽娅没有任何外在的美,也没有很高的精神教养,但却非常赞赏他的为人。

1790 年,费氏重返莱比锡,由于原先计划的事业一无所成,只好再当家庭教师,同时为一个大学生补习哲学。这时,费氏开始研究康德哲学。可以说,这是他一生最重要的转折点。他在给未婚妻的信中写道:"这种哲学,特别是它的道德部分(但这部分如不先读《纯粹理性批判》是不可能弄懂的),对于一个人思维方法的影响，是无法想象的。”

1791年8月间，费希特赴哥尼斯堡(Königsberg)拜谒康德。并将匆匆写成的《对一切启示的批判》一文，送请康德审阅，深受康德赞赏。康德除推荐他到但泽担任家庭教师外，还推荐他把论文送到哈雷出版社出版。1792年，该文发表时漏印作者姓名，一度被哲学界误以为是康德本人的著作，后来真相大白，费氏遂被公认为是最重要的康德主义者。

1793年，费希特再到苏黎世。针对当时政治思潮的低落，发表了《纠正公众对法国革命的评断》和《向欧洲君主们索回至今仍被压制的思想自由》等激进文章。与此同时，他自己的哲学体系也臻于成熟。同年底，他在小范围内试讲过他自己的哲学。拉法特在听讲后表示，费希特乃是他所见到过的思想最敏锐，最严密的哲学家。这次在苏黎世，费希特还结识了近代伟大的平民教育家斐斯塔洛齐，并深受其影响。

1794年复活节，费希特被耶拿大学聘为教授，接任莱茵荷尔德留下的康德哲学讲座。这以后的几年，是费希特集中从事学术活动的几年。他把自己的学术活动分为两部分：在课内为哲学系学生讲授《全部知识学的基础》；在课余为全校学生作通俗讲演。《论学者的使命》就是他第一学期课余讲演的讲稿。

费希特在耶拿大学任教五年，发表了下述哲学著作：《全部知识学的基础》(1794年)，《略论知识学特征》(1795年)，《知识学原理下的自然法基础》(1796年)，《知识学原理下的道德学体系》(1798年)。此外，还写成有阐发他的“理想国”思想的《闭关的商业国家》一书的大部分。

费希特的激进民主思想和对教育事业的献身精神，赢得了耶拿大学师生的热烈欢迎，但也激起教会和封建反动势力对他的仇恨。他们制造种种事端，对他进行百般诬蔑陷害，终于在1799年把他赶出了耶拿大学。费氏不得已迁居柏林。他在柏林撰写了《人的使命》和续完了《闭关的商业国家》一稿，并对《全部知识学的基础》作了重要的改写，这时，已是1801年了。但费希特在柏林的活动重点不是著述，而主要是进行公开的讲演。他认为，在当时的社会风气下，一个演讲家比著述家更能以具体生动的方式振聋发聩，唤醒人心。《当前时代的基本特征》，《论学者的本质》，《至乐生活指南》都是他当时对广大群众公开讲演的讲稿。

1806年，普法战争爆发，费希特申请以随军讲演员身份参战，被国王婉言拒绝。1807年，法军攻占柏林，普鲁士战败媾和，费氏重返柏林。1807年年底，费氏在柏林科学院公开发表了对德国政治现实产生巨大而深远影响的讲演：《对德意志国民的讲演》，连讲了十四次。当时，柏林的法国占领军枪杀了一个散发爱国传单的书商，费希特是知道自己的危险的，但他在日记里写道："我所追求的是全体国民的振作奋发，我个人的安危早已置之度外。假如我因讲演而死，那也是无上光荣。"

1810年，费希特就任他参加筹建的柏林大学的第一任当选校长。

1813年夏，德国爆发了"自由战争"，在格罗斯贝伦战役中，大败法军，保卫了柏林。其时，柏林城内挤满了伤病战士，恶性时疫流行，费希特不幸受到传染，于1814年1月27日病逝，时年五十二岁。

二、思辨的哲学体系

(一) 知识学以自我为出发点

费希特把自己的哲学叫“知识学”。这个名称明显地表明他的哲学渊源于康德。但是他比康德更进一步,认为认识论不仅是哲学的中心问题,而且就是哲学本身。他认为说明知识的哲学,不外乎两种立场:一种从知识客体解释知识主体,以外物说明意识,这叫独断论,亦即唯物论;一种从认识主体解释认识客体,以意识说明外物,这叫唯心论。折衷主义的中间路线是没有的。费希特坚信唯一可能的立场只能是唯心论,他的知识学就是唯心论的哲学。

知识学并不研究关于个别知识的正误之类的问题。费希特认为,那是科学的任务。知识学探讨的是知识的一般发生的问题,是要弄清楚知识是怎样发生的,知识成立需有什么先决条件,知识有哪些基本要素,它们是怎么来的,它们彼此之间有什么关联等等。费希特认为康德哲学至少有两个缺点:一是康德的物自体学说;一是康德的先验要素是从经验中分析出来的,不可能尽举无遗,而且它们之间没有必然的关联。他认为必须从这些先验要素之间的必然联系上通过逻辑演绎的方法一步一步地把它们都推演出来,包括所谓的物自体在内;而这就必须构成一个逻辑严密的哲学体系。他认为他的知识学就是这样一个足以说明一切知识之基础的演绎体系。

费希特认为一个严密的科学体系要求有一个最高的,明确无误的,可以凭其独特的性质逐步推演前进的出发点。因此,他给自己制定的首要哲学任务就是发现这样一个统一体系的出发点。他认为知识学的出发点只能是自我。但这个自我不是个别人的经验意识;它并不是现成存在着的意识事实,不是受任何他物规定的意识事实,而是凭自己本身而存在的,它本身只是一种使其自身得以存在的行动。费希特把这个纯粹的意识活动命名为**本原行动**(Thathandlung)。

费希特的自我学说与常识相反,它把存在与活动的关系完全颠倒过来。自我不是以存在为根据,反而是存在的生产者。他说:"因为自我的自身设定,是自我的纯粹活动——自我设定自己本身,而凭着这种纯粹的自身设定,自我才存在。"①因此,自我如何行动以建立自己本身从而成为一切知识的基础,我们在日常经验里并不知道,而要靠我们通过对知识的思辨分析才能了解。知识学就是从事这项工作的,所以知识学实际上是一部意识发生史。自我的本原行动是一切知识的基本根据,其最初的三个行动步骤则是知识学的三条基本原理。

第一步,自我设定自己本身。这个本原行动之为一切知识的基础,可以从最简单的知识亦即"A=A"这个同一命题入手分析出来。他认为A=A所依据的明确无疑的关联就是"我是我"。但"我是我"并不是A=A的一个实例。它们的不同之处在于,A=A并不表示实际上是否有A,而"我是我"却表明实际上肯定有我,这是无条件的,因而"我是我"还可以进一步表述为"我是",亦即"有我"。因此,他认为自我在进行一切设定之前,头一个不自觉的

① 《费希特全集》,第1卷,第94页。

行动就是设定自己本身。自我设定自己，是因为它存在着，反之，它存在着，是因为它设定自己，这里出现的是实在性的范畴。它是一切肯定判断的基础，因而是知识学的第一个绝对无条件的基本原理。

第二步，自我设定非我。设定非我也是自我的一个无条件的自发行动，它在日常知识里表现为“－A 不＝A”这种矛盾命题。费希特认为“A＝A”中的“等于”表示的是同一，而这里的“不等于”表示的则是差异，所以设定非我的行动和设定自我本身的行动在性质上是截然不同的。自我设定非我行动在形式上也是无条件的，而在内容上则是有条件的，因为－A 以 A 为条件。否定性范畴就是由自我无条件地设定非我这里来的，一切否定判断都以此为基础。

第三步，“自我在自身中设定一个可分割的非我以与一个可分割的自我相对立”。第一步行动设定了自我，第二步行动设定了非我，于是在同一个绝对自我中设定起来的既是自我又是非我，而是自我就不可能是非我，是非我就不可能是自我，这是矛盾。为了解决矛盾，自我就不得不采取第三步行动以保证普遍的自我意识的统一。第三步行动既然是为了解决前两步行动造成的矛盾，它就是前两步行动所决定了的，就不是自发的，因此它在形式上是有条件的。但是，第三步行动如何解决矛盾却不能从先行的两步活动中推导出来，必须无条件地听从自己的理性命令，因此，它在内容上反而是无条件的。理性指出的唯一可行的办法是，将设定起来的自我与非我都加以限制。这样，自我就产生了限制性范畴。限制意味着分割。自我成了可分割的、有限的自我；非我成了可分割的、有限的非我；两者于是可以在同一个绝对无限的自我之内对立地同时并存。这条基本原理反映在逻辑里就是根据命题。

知识学的上述三条基本原理既是自我的三步本原行动的概述，又是知识学自身赖以建立起来的方法。第一条自我设定自己的同一命题是一个正题，第二条自我设定非我的矛盾命题是一个反题，第三条自我设定可分割的非我与可分割的自我相对立的根据命题是一个合题。这是一个发展过程。全部知识学就是按正，反，合的步骤找出自我及其必然行动中所包含的矛盾，逐步加以解决的。旧矛盾解决了，又产生新矛盾，又加以解决，这样不断发展前进，构成了知识学的严密统一的逻辑体系。这里，无疑包含有一定的辩证思维因素，这些因素后来被黑格尔吸收和发展为概念辩证法。

（二）理论自我与世界的产生

知识学第三条原理表示：自我设定一个可分割的非我与可分割的自我互相对立，互相规定。这里显然包含两种情况：费希特把在自我规定非我中规定非我的自我叫做实践自我；把在自我被非我规定中被非我规定的自我，叫做理论自我。讨论实践自我的活动的乃是实践知识学，讨论理论自我的乃是理论知识学。这两部分可以说就是他的人生观和世界观，当然两者在根本上又是同一回事。

费希特认为理论自我本身包含的矛盾在于它受非我所规定。要解决理论自我的矛盾，就必须弄清楚理论自我作为活动的独特性质。

自我本质上就是全部活动，非我的受动是由自我让渡给它的。自我在多大程度上把自己的活动让渡给非我，非我就在多大程度上是活动的，自我就在多大程度上是受动的。非我的活动是它接受转让给它的活动的结果，自我的受动是由于它的活动的外化，自我受非我活动所规定，实际上是间接地受自己活动所规定。这样，自我的活动总量不变，所以它是绝对的无限的活动；而当它将部分的活动让渡给非我时，它就在量上不完全了，因此，它又是有限的活动。自我把自己的活动部分地让渡出去时就必然要求在其自身之外有一个接受其活动的受者，而这个活动的受者就是自我的客体。这个客体并不是主体之所以受动的实在根据，只是被想象为自我受规定的实在根据。因此，客体（即非我，世界）作为实在根据，乃是主体（即自我）想象的结果。主体制造表象的能力，就叫想象力。费希特认为想象力这种奇妙的能力乃是理论自我的基本能力。人类精神的整个机制就是根据想象力建立起来的。而我们的现实世界就是理论自我的无意识的想象力的产品。但是在他看来，这个想象的世界并不因此而是幻觉，而毋宁就是一切实在，是唯一可能的真理。费希特说："我们现在得出了这样的教导：一切实在都是想象力制造出来的。就我所知，我们当代最伟大的思想家之一，也提出过同样的教导，他称实在为想象力的幻觉。但幻觉必与真理相反，必须予以避免。但是现在，既然已经证明……我们的意识，我们的生活，我们的存在，作为自我，其可能性是建立在上述想象力的行动上的，那么，只要我们不把自我抽掉，这种幻觉是抛弃不掉的；而抽掉自我是自相矛盾的事，因为抽象者不可能把自己本身也抽掉；因此它并不骗人，相反，它提供的是真理，唯一可能的真理。”[1]

理论自我在创造世界的同时，自身有一个相应的发展历程，包括好几个发展阶段。

首先是感觉。自我不仅仅作为无限的纯粹活动，而且是只可能以自己的活动为对象的活动，这是一种反映式反思，活动因反思而中断，从而受到限制。自我发觉第一次反思带来的限制，产生了受到强制而无能为力的情感。理论自我就进入了第一发展阶段，成为感觉。

其次是直观。自我继续活动，对第一次反思进行反思。由于自我在第一次反思时不能同时反思其反思，所以第一次反思及其造成的感觉在第二次反思面前呈现为外在的东西。由于自我起初对它自己的活动无所意识，它就对这仿佛是外来的东西进行反思。这时的理论自我就处在直观状态。直观是“一种沉默的、无意识的静观”。

再后是想象力。自我对直观进行反思，把直观当成模型加以模拟，构成具有空间组织的图型，想象成客观世界。范畴起源于想象力，和客体同时发生，而不是来自知性；想象出来的客体的确定性出于想象与直观之间的一致性。想象力模拟直观，只是再生产它已生产了的东西。

再后是知性或理解力。自我在此之前始终处于无意识的状态，从知性起它才开始进入意识，这时它所反思的是对它而言的现实的客体，反思结果得到关于客体的概念。

① 《费希特全集》，第1卷，第227页。

然后是判断力。知性可以对某个特定的客体进行反思，也可以不反思它；可以把握它，也可以抽象它；对客体的某些标志能予以联合，也能加以区别。这种能自由游移于知性的不同活动之间的理论自我，就是判断力。

最后是理性。抽掉一切客体而反思判断力本身的自我，就达到了理性。这时它意识到一切客体都是可抽去的，意识到它的本质就是纯粹的主体活动性。对理性的意识，就是自我意识。越是在纯粹的自我意识中，自我就越感到摆脱客体的活动自由，越体会到它除了受自己本身所规定外不受任何客体规定，也就是说，越意识到“自我设定自己为受非我所规定”。于是理论自我从它的终点回到了它的起点。

（三）实践自我与人生目的

理论自我着重说明自我如何创造世界，实践自我着重说明自我如何从它所创造的世界里重返自身。自我本是无意识的意识，返回自身自我就成了真正的意识，而且有了自我意识，这是自我的提高，不是复归原状。

实践自我就是“自我设定自己是规定非我的”那个自我。实践自我本身包含着无限的自我和有限的自我的对立。实践自我的有限性与理论自我的有限性在本质上是不同的。实践自我的有限性乃是出于它自己的目的。实践自我规定非我的目的就在于通过成为有限的以显示它是无限的。这个目的从一定意义上说是能够达到的，从另一方面说，这个目的又是达不到的。费希特说：“只要它在形式上是一个非我，就不可能与自我一致，因此，自我涉及非我的那种活动就绝不是一种能把非我规定为实际上与自我等同的规定活动，而毋宁只是一种要规定的倾向，要规定的努力，不过这种倾向、努力，却是完全合法有力的，因为它是由自我的绝对设定活动所设定的。"[1]这种努力"按照上面的论证，是一种无限的努力"[2]实践自我的基本性质是永恒的努力。努力表现出来就是冲动，冲动总伴随着感情。只有感情才把空无内容的概念充实起来，终于发展出绝对实在。绝对实在只有在感情里才能体会到。伦理中的良心，宗教里的上帝，归根结底都是感情上的东西。这样，知识学体系从自我出发，至此又回到了自我。

三、知识学原理下的社会政治思想

费希特的伦理社会政治观点是他的哲学的重要组成部分。通过法国革命，社会发展已达到一个全新的阶段，哲学必须跟上时代的发展，对资产阶级革命所争取的政治自由作出哲学的解答。费希特承担了这个伟大的历史任务。他说："我的整个哲学体系自始至终是分析自由的概念。"他的抽象的思辨的"知识学"有着明显广泛的现实社会背景，并不单纯是康德哲学的进一步的发展。

（一）动机论的伦理学说

费希特哲学体系的中心概念是自由意志。他的伦理学就是根

① 《费希特全集》，第1卷，第262页。
② 同上。

据实践自我的理论对资产阶级个性解放所要求的自由意志进行理论上的论证。

自我是无限纯粹的活动，通过活动自我进入意识之后，分为理论的和实践的两个方面。实践自我为了继续其无限活动，力图不断地超越限制，这就是实践自我进行不断的努力。实践自我在限制面前，一方面感到受压抑，产生强制感，另一方面由于自己在努力超越限制，它又意识到自己的力量。这种力量感乃是真正的生命原理。力量感虽然是一种主观意识现象，但在意识进行反思时，它又是自我意识的对象。这个在意识内部具有主客观双重性质的力量感，就其客观存在来说，费希特称之为冲动。实践自我不仅本身是冲动，而且它还意识到自己是冲动。伦理问题从这里才发生。

实践自我的冲动作为力量感在实践自我的意识里一分为二：作为意识主体的冲动即纯粹冲动，它是指向自身的；被意识到的冲动即感性冲动，它在意识中已客体化，它指向外物，不从外物中有所享受是不能满足的。这样就出现两种冲动或冲动的两个方面之间的矛盾。为了解决这个矛盾，实践自我不得不一再改变自己感性冲动的指向，从而构成一个包括各式各样的冲动的冲动系列。到了所谓交替冲动时，实践自我的被动感觉与能动感觉交互更替。当实践自我中的能动感变换为被动感时，感性冲动仍旧与力争无限自由行动的纯粹冲动在实践自我内互相矛盾，当被动感变换为能动感时，感性冲动就与纯粹冲动两相一致，分裂为二的冲动又重新联合起来。这时，实践自身本身的矛盾消除，出现了“冲动与行动一致”。努力争取“冲动与行动一致”的冲动，就是伦理冲动，它的目的是完全的行动自由。

对于作为伦理冲动的实践自我来说，自由不是既定的事实，而是盼望的目标。实践自我并非已经是自由的，而是应当是自由的，自由对它是一个应当，它自身是应当自由的意志。

自由可以分为三类：先验的自由，即作为一切知识经验先决条件的绝对自我的行动自由；宇宙的自由，即实践自我当作道德行为的最终目标来追求的那种自由意志；政治自由则是以伦理的实践自我的自由意志为基础的。

费希特把自由视为人性的本质。人应当被教化得认识自由对人之所以为人的崇高意义，否则人就没有人性，只有奴性。具有人性的人，不仅必须意识到自己自由，而且更要尊重别人的自由。只有想让自己周围的一切人都自由的人，他自己才是自由的。费希特就是这样把自由当成人伦道德的根本所在，而他的人道主义思想也扎根于此。

费希特说："行动，行动——这就是我们生存的目的"。强调实际行动，乃是费希特伦理学说的一个突出的特点。他认为意志的懒惰是人类的首恶，怯懦、作伪这些罪恶也是来源于惰性，善就是行动，"只有人的行动，才是决定人的尊严的东西"①。

费希特提倡道德实践，号召仁人志士行动起来。但是，他是一个动机论者，只讲动机，不管后果。他认为只要凭良心行事，动机好，效果就不会坏。因此，费希特当作自由行动的依据的良心，仍然是一个类似于康德的主观形式的"绝对命令"。

但费希特与康德毕竟也有不同，他要求"兼善天下"，提出了一

① 费希特：《人的使命》。

个最高的统一的“伦理世界秩序”。在这个秩序里，每个人都是这个最高精神世界的一员，既是它的个别体现，又都以它为共同的归宿。良心既是自身规定，又是受它所规定的，既无所为，又有所为。人各按良心行动，履行由它规定的使命。

（二）伦理的国家观

费希特最初作为一个契约论者，认为国家乃是一个自我情愿借以划分其自由的法权共同体。对这种国家，公民有三种关系：首先是通过履行公民义务而成为国家的成员，国家主权的部分所有者；其次，在权利方面既受国家保障又受国家限制；公民如果违背其义务或逾权须受法律制裁。任何时候，如果国家不能履行上述职责，就丧失了其存在的意义。为了人权的名义，必要时完全应当以暴力将其推翻。所以他把法国大革命描绘为“关于人权和人的尊严这些伟大字眼的瑰丽的印象”。

1800 年，费希特发表《闭关的商业国家》一书，表明他重视国家的伦理性质。这时，他已不认为国家只是保障个人权利或保证个人自由竞争的管理机构，国家主要应该把全部劳动的组织权掌握在手里。国家应该保证每个公民都有工作，每个公民都能分享到国家全部收入中自己应得的劳动报酬。劳动是每个公民的基本权利和义务，社会上不容有不参加劳动的人。他按劳动工种把公民分为农民、工人和商人三个等级，分别承担生活资料的获取、制作和交换。另外还有一些人从事文化、国防等方面的工作。作为这种组织劳动的前提，国家要掌握全部对外贸易，以保证生产资料的供应和产品的销售。在这个闭关的国家里，民族特征鲜明了，伦常风尚纯化了，而且由于贸易平衡，公共福利有保证，饥荒可以消除，国家的内外安全得到巩固。但是，这种国家在保障资产阶级自由平等权利方面显然相应地有所减弱。费希特作为一个德国小资产阶级的思想家在这点上落后于卢梭是可以理解的。

费希特本来长期怀有在伦理基础上建立世界主义国家的意图，当时国难深重，他的德意志民族意识空前觉醒，于是他痛切地考虑这样一个问题：是否一个民族、一个国家，也像个别人格一样，有义务为实现唯一最高的“伦理世界秩序”而完成它的特殊的精神使命呢！

1807年底，在《对德意志国民的讲演》中，他阐述了这样的思想：德意志民族由于它的本原性天生负有实现道德理想的使命。这时费希特深信国家的本质乃是至善的一种体现。国家的根本任务在于发展文化教育事业，提高国民的道德品质。这是整个“人类由物欲的动物前进而成为纯洁的高尚精神的唯一道路。”①费希特后来特别重视为国家进行教育和传播文化的学者阶层，就是这些思想的表现。

费希特把国家视为一种伦理组织，负有实现他所说的最高伦理目的的使命，所以他认为国家一旦完成了它的使命，它就没有继续存在的理论根据了。

（三）目的论的历史观和宗教思想

在历史观上，费希特认为人类历史乃是理性发展走过的历程。

① 费希特：《对德意志国民的讲演》第十二讲。

历史的目的就在于最自由地发挥理性的作用，实现"理性王国"。他认为"人类的世间生活的目的在于它自由地按照理性安排它的一切关系"[①]。他深信人类理性的威力，认为依靠人类在科学文化上的努力，总有一天整个人类将自己掌握自己的命运，使之服从自己的理想，绝对自由地从自身做出它想要做的一切。

费希特根据他所说的理性所处的不同发展状态，对历史作了分期。第一个时期是理性本能的阶段，此时理性的活动完全是自发的，而人类社会是"天真无邪"；第二个时期是理性权威的阶段，由于盲从权威而丧失理性，人类社会于是"初生邪恶"；第三个时期是理性解放的阶段，这时人类社会无视权威，以自私自利为行动原则，具有"罪恶完满"的特征；第四个时期是理性开始独立思考的理性知识的阶段，这时人类认识到自己的使命，"开始向善"；第五个时期是理性艺术的阶段，此时理性憧憬着"人类的永恒原型"，人类社会达到"至善完成"的最高理想，也是历史发展的最终目的。

费希特唯心主义地猜测到历史发展的必然性，不过他的历史观具有浓厚的伦理性质，因此，他虽然是法国革命最热烈的拥护者，但当拿破仑推行对外扩张政策时，他就坚决号召德意志国民奋起抗击。他认为他当时所处的德国社会是"罪恶完满"的时代。但按历史的必然，一个"开始向善"的历史时期即将到来，而且必将对人类发展作出特殊的贡献。这一思想后来被纳粹分子严重歪曲和利用。

在宗教观上，费希特对宗教的观点可以说是他的道德观、历史

① 《费希特全集》，第2卷，第7页。

观的深入发挥。费希特把人类历史发展的顶点比喻为理性的艺术创作,是意味深长的。艺术创作者心目中必先有一个要通过创作来体现的图像,这个图像就是他在伦理学说里所讲的“伦理世界秩序”,这个秩序的秩序,就是“人类的最高原型”,就是神性生活,就是上帝。

费希特认为知识是上帝启示它自身的唯一形式。理性认识自己,也就是认识上帝。理性知识虽然具有因概念而使上帝隐而不见的性质。但终究只有知识是通往上帝的关键,因为到了理性艺术的高度。知识自筑的隔墙是可以消失的,“只要上升到宗教的立场,一切遮挡就都消失,世界连同它僵死的原则就离你而去,神性本身就以它的原始的形象,以生活,以你自己的生活,重新进入你的心”。理性艺术的创造者,憧憬着神性生活,自由地塑造自己的理性生活,这样的生活就是上帝,“因为活的上帝就在它的活生生之中”①。

费希特认为宗教是人的精神所能达到的最高境界。只有站在宗教的立场上人才能摒弃物欲,享受怡然自得的“至乐生活”。这时人心中充满的是爱。复归于本原就是上帝爱;与同类统一,就是人爱或博爱。

关于神、上帝、绝对,在费希特早期的知识学里没有专门的论述,只在1800年以后,特别在《人的使命》、《至乐生活指南》里才讲得很多。因此,有人认为他的知识学有本质不同的前期和后期之分。但从一定意义上说,他的宗教论点乃是他的唯心主义哲学体

① 《费希特全集》,第3卷,第454页。

系沿着本乎良心的伦理学说和趋于至善的历史观点继续前进必然会得出的结论。他自己就说,“这样一来,我就终于申述了一种关于存在,关于生活和关于至乐的学说,亦即阐明了真正思辨的最高实在的观点。”①

四、知识学的发展演变

费希特从1794年发表《论知识学或所谓哲学的概念》起,到1813年秋的柏林遗作《知识学引论讲演》止,对知识学的体系前后改写过十几次。由于问题的逐渐展开,重点转移,整个体系的面貌确实发生了变化。

如上所述,知识学本来不谈最高实在,其起点是绝对的自我,而自我是连它本身的实在也有待它自己来设定的、没有实在性的行动。对于这种学说,不习惯于知识学思辨的人是不会感到满足的,因为由无实在性的行动所设定的一切,能是实在的吗?费希特在1800年曾设身处地地代表这样的人抱怨过:“一切实在都变成了一场怪梦,没有被梦的生活,也没有做梦的人。”②1801年他在知识学里开始提到**绝对**,就是要解决这个问题。因此有人认为知识学后来变了。

但是,费希特认为,当我们体会我们自己对某一事物的意识时,我们最先觉察到的恰恰是我们对我们自己的把握,这是一种

① 《费希特全集》,第3卷,第546页。

② 同上书,第245页。

“自明行动”，而自明的行动乃是无条件的，绝对的认知活动，或者说“绝对知识”。因此他坚持“由于我们在……一切可能的知识里，只达到知识，不能超越知识，所以知识学不能从绝对而必须从绝对知识出发。”[①]直到1806年，费希特还自称“我十三年前就有了的这些哲学见解，尽管可能发生一些变化，却自那时以来丝毫没有改变。”[②]

那么，费希特后期提出来的“绝对”究竟在知识学里居于什么地位，起什么作用呢？实际上他只是为绝对知识提供一种“真正思辨的最高实在性”而已。绝对知识和绝对的关系，在费希特看来，是这样的：“绝对只能有一个表现，一个绝对的单一的、永远同一的表现，这就是绝对知识。”[③]这就是说，没有绝对知识，没有绝对的认识活动，也就没有绝对可言。他曾于1804年写道：绝对好比是光，绝对知识好比是光的照明作用。没有照明作用，就无所谓光。而照明作用和光是同一回事。如果说两者之间有区别，也是由于照明作用而区别出来的。诚然我们绝不能超出绝对知识的范围，但我们毕竟还能越过绝对知识去思维绝对，即至少还能把绝对设想为与绝对知识不是一回事，从而使绝对知识取得一种思辨上的支持。费希特在早年的知识学里直接从本原行动、绝对知识出发，来建立他的哲学体系，到了后期提出了绝对，又反复阐述没有绝对知识就没有绝对。这就是知识学前后期的着重点的变化。但就费希特唯心主义体系的整体来看，则确实像他自己所说的那样，并没

---

① 《费希特全集》，第3卷，第12页。

② 同上书，第399页。

③ 《费希特和谢林通信集》，1968年，法兰克福，第153页。

有什么本质上的变化。

五、结束语

最后让我们就费希特的哲学体系的特点及其所包含的辩证思想作一点总结。

1. 就费希特的体系来说，知识学是具有德国古典哲学特点的唯心主义。列宁说："唯心主义的实质在于：把心理的东西作为最初的出发点；从心理的东西引出自然界，然后再从自然界引出普通人的意识。"[1]费希特的哲学正是这样做的。它宣称在我们这些普通人尚未出现之前就有了一个创造我们生存于其中的自然界的自我。这是违反普通人的日常经验的。费希特本人也注意到这个问题，他说："如果一个哲学的结论与经验不符合，那么，这个哲学一定是错误的。"费希特为了解决这个矛盾，改变了笛卡尔和贝克莱的以个别的经验的主体的心理事实为根据的做法。他从自我出发，但这个自我却被说成不是个别的经验的主体，而是作为一切经验之基础的普遍的先验的主体。然后，通过自我设定非我，外物世界就由先验的自我无意识地创造出来了。只是由于自我是先验的，它创造世界的过程又是无意识的，所以我们这些普通的经验的自我就不知不觉地只从现象看问题，把外物世界当成不依赖于我们而独立存在的东西。费希特把承认外在世界独立存在的唯物主义叫作实在论，他认为"这种实在论是我们每一个人，甚至最坚决

① 《列宁全集》，中文版，第 14 卷，第 227 页。

的唯心论者，在行动时也不能回避的。”但是，费希特认为这种唯物主义观点只属于“生活”范围，与思辨的“哲学”不在一个层次上，不过这两个层次彼此可以互相“过渡”。他说：“我们必须跳出生活，转到它外面去。这种跳出现实生活，就是思辨。”费希特这种为唯心主义辩解的手法，正如列宁指出的，是如此可笑，真叫人不好意思去分析它。

2. 费希特的哲学体系包含了丰富的唯心主义辩证法思想。这里只提其中的三点：第一，关于**发展**的观点。首先他认识到康德视为理性之谬误的二律背反、矛盾，乃是概念发展的动力，他的知识学体系就是根据概念的矛盾推导出来的。其次，他认识到发展是普遍存在于自然、社会和思维之中的。康德虽然认识到自然界是演化着的，然而不了解范畴之间的发展关系，黑格尔阐述了概念发展的体系，却否认自然界发展变化。费希特比黑格尔更早地猜测到逻辑和历史的统一。第二，关于对立统一的思想。例如：自我与非我的对立统一，认识与实践的对立统一，自由与必然的对立统一，等等。第三，他是德国古典哲学家中唯心主义地发挥人的主观能动性思想最为突出的人，也是其中以资产阶级民主自由思想从事社会活动最为激进的人。他的哲学思想和实践活动在当时曾起过巨大的进步作用。

目　录

前　言*

这部书本来不是写了公开发表的，假如不是在它甚至尚未完成时就很不郑重地已同一部分公众见了面，我是不会在本书前头有什么话要同读者大众说的。事情的原委我先就只说这么一句！——

我一直相信，而且现在仍然相信，我已发现了哲学上升为一门明白无误的科学所必经的道路。我曾谨慎地宣布过这一点，说明我是如何按照这个想法工作过，如何在情况改变了之后仍不得不按此想法工作并将计划付诸实行的。我当时那样做是很自然的。但别的专家，别的认识问题研究者对我的想法进行分析、审查和评判，不管是出于内在原因还是什么外在原因，他们不愿走我为科学知识指引的道路，试图反驳我，这同样也是很自然的。但是，对我所提出的东西，不经任何审查就直截了当地加以反对，至多吧，煞费苦心地加以歪曲，制造一切机会来疯狂地进行诽谤和诋毁，这究竟有什么好处我却看不出来。究竟是什么东西使那些裁判官们变得如此完全失去理性的呢？我是从来不重视人云亦云的肤浅之见

---

* 这个前言发表于《全部知识学的基础》第二批稿件，即其第三篇初次出版的时候，第三篇付印较迟，约与《略论知识学的特征》同时交稿。——译者注

的，难道偏要我郑重其事地来谈论这些吗？我为什么非这样做不可呢？——特别是我有的是事情要干；只要这些笨伯们不逼着我以揭发他们的拙劣手法来进行自卫，他们是完全可以从我面前大摇大摆地走他们的路的。

也许，他们的敌意态度还有另一种原因？——对于正直的人，我有下面的话要说，当然只对这类人我的话才有意义。——不论我的学说是真正的哲学还是胡说八道，只要我是老老实实进行研究的，那它就一点也不涉及我的个人品质。我认为，我有幸而发现了真正的哲学，这并不抬高我的个人价值，正如我不幸在历代的错误上面添加新的错误，并不降低我的个人价值一样。在任何情况下我都不考虑我个人，但对于真理我怀有一颗火热的心，凡我认为是真理的东西，我将永远竭尽所能，坚定而大力地宣讲。

在这本书里，包括《从理论能力略论知识学的特征》那篇东西里，我相信我已把我的体系作了充分阐发，以致任何一位专家不论对于体系的根据与规模也好，还是对于进一步发展这个体系必须采取的方式也好，都完全可以一目了然。我的处境不允许我作出确切的许诺，说我一定将在什么时候和怎么样子进一步发展我这个体系。

我自己声明，我对体系的阐述是不完善和有缺点的，这一方面是因为它本是为我讲课需要不得已分页印发给我的听课学生用的，对于学生，我可以通过口头讲解来加以补充；另一方面是因为我要尽可能地避免使用一套固定的名词术语，这些东西是那些吹毛求疵的批评家们用以使任何体系丧失精神变为僵尸的最方便手段。这条准则，在将来阐明我的体系时我也还要信守不渝，直到我对体系作出最终的完满的表述为止。现在，我还完全不想扩建它，只盼望能鼓舞读者们起来和我一道从事未来的建筑。在人们严格规定每一个各别命题之前，必须首先对整体有一个鸟瞰，从关联中加以说明。这样一种方法，当然以愿意让体系得到公正对待的善意为前提，而不以专门从中寻找错误的敌意为前提。

我听到了很多抱怨，说这本书现已为外界知道了的部分和《论知识学的概念》那篇著作都晦涩难懂。

如果对后一著作的抱怨是专对该书的第八节讲的，那可能确实是我的不对，因为我提出了我从整个体系规定下来的一些原理而没把该体系讲出来；并且我曾期望读者和评论家们有耐心，让一切都像我所阐述的那样不要确定下来。如果指责是对整个著作而发的，那我预先就承认，在思辨的专业领域里我将永远写不出能使那些不能理解它的人们能够理解的东西。如果那部著作是他们的理解力的极限，那么它也就是我的可理解性的极限；我们彼此的精神由这个界限区分开来，我请求他们不要为阅读我的著作而糟蹋时间。——假如这种不理解有任何一种什么原因的话，那么知识学之所以总是不能为某些读者所理解的原因就存在于知识学自身之内，这就是说，知识学以有自由内观的能力为前提。——然后，任何哲学著作的作者都有权要求读者紧紧抓住推论的线索不放，不要在读到后面的时候已把前面的忘记掉。在这样的条件下，如果说我这些著作中还有不能被理解和肯定得不到正确理解的东西，那么它们是什么，我至少是不知道；而且我坚决认为，一本书的作者自己在这个问题的回答上是有发言权的。完全思考清楚了的东西是可以理解的；我自己知道，一切都是完全思考清楚了的，因而我是愿意把每一个主张都提到尽可能明晰的高度的，如果我当时有足够的时间和空间。

特别我认为需要提醒的是，我并不是把一切都说了出来，而是想留一些给我的读者去思索。有好些我预料一定会出现的误解，只要我多说几句话就准可以避免。这几句话我所以没说，是因为我想鼓励独立思考。知识学根本不应该把自己**强加于人**，它应该像它对于它的创立者那样**成为一种需要**。

我请求本书未来的评论家们先吃透整体，然后从整体的观点去考察每个各别的思想。哈勒的书刊检查官发表了他的高见，猜测我只是想开开玩笑；《论知识学的概念》一书的另外一些评论家显然也同样抱有这个看法；他们对待事情这样轻率，他们的高见这么滑稽，仿佛他们一定要用开玩笑来回敬开玩笑。

在我三次深入研究这个体系的时候，每次我都发现我有关体系中个别命题的思想有些与前不同的改变。根据这个经验，我可以预料在进一步深究时，它们还会继续出现改变和发展。我自己将以最审慎的态度做这个工作，并将竭诚欢迎别人提出任何有益的意见。——另外，我尽管内心里十分自信这整个体系所依据的诸原理是不可推翻的，我尽管有时也以我充分的权利十分强烈的表达过这个信心，但一种对我说来至今还确实不可想象的可能性，即它们竟然被推翻了的可能性，毕竟是存在的。即使出现这种情况，我也欢迎，因为这样一来真理就胜利了。但愿人们认真对待，能想方设法把它推翻。

我的体系究竟是个什么东西，可以被列入哪一类事物之中，像我所认为的那样是真正的彻底的批判主义，还是像人们乐意称呼它的什么别的东西，这都与事情毫不相干。我明明知道，人们会给它起各式各样的名字，人们会指斥它是当今流行的各式各样彼此针锋相对的邪说之一，这都可以；我唯愿人们不要用老一套的驳斥反驳我，而是自己出来反驳我。

耶拿，1795 年复活节

第一部分

全部知识学之诸原理

§1. 第一条:绝对无条件的原理

我们必须找出人类一切知识的绝对第一的、无条件的原理。如果它真是绝对第一的原理,它就是不可证明的,或者说是不可规定的。

它应该表明这样一种事实行动(Tathandlung),所谓事实行动不是,也不可能是我们意识的诸经验规定之一,而毋宁是一切意识的基础,是一切意识所唯一赖以成为可能的那种东西。在表述这种事实行动时,我们不怎么害怕人们不思维他们应该思维的东西——这个问题已有我们精神的本性在照料了——我们比较害怕的是人们会思维他们不应该思维的东西。这就有必要作一种反思和一种抽象:对人们最初可能认为是的东西进行反思,把一切与此实际无关的东西抽出去。

即使通过这种抽象作用的反思,意识的事实也都不能变成它们本来不是的那种东西;但是,通过这种反思,人们就会认识到我们有必要去思维作为一切意识之基础的上述的那种事实行动。

人们对上述作为人类知识之基础的事实行动进行思维时,必须直截了当地依据的那些普通逻辑规律，或者换个说法也一样，人们进行上述反思所遵循的那些规则，都还没有证明是有效的，它们毋宁是被当成公认的东西默默地约定下来的，预设起来的。只有到下文很远的地方，它们才从一个原理推导出来，而该原理的成立又完全是在这些规律是正确的这个条件下才是正确的。这是一个循环论证或圆圈，但这是一个不可避免的循环论证(Zirkel)。(参看《论知识学的概念》，§7。)既然循环论证是不可避免的，自由认准的，那么人们在建立最高原理时也就不妨使用普通逻辑的一切规律。

在进行反思的道路上，我们必须从任何人都毫无异议地同意的我们的某一个命题出发。这类命题也完全可能有很多很多。反思是自由的，它从哪一点出发都行，这并不是问题。我们选择距离我们目标最近的那个命题作出发点。

只要这个命题得到认定，我们想使之成为全部知识学的基础的那个东西，即事实行动，也就必定同时得到了认定；这就是说，由于反思的原因，结果一定是这样的：事实行动本身同上述命题一起得到了认定。——我们提出经验意识的随便一个什么事实，然后从中把一个一个的经验规定分离出去，继续分离直到最后再没有什么可以从它身上分离出去时，剩下来的这个自己本身绝对不能被思维掉的东西就是纯粹的。

1)命题：A是A(这就是A＝A，因为这就是逻辑系词的含义)是任何人都承认的；这就是说，人们不加丝毫考虑就会承认它是完全确定无疑的。

即使有人要求证明这个命题，人们也决不会去搞这样一种证明，而会坚持主张上述命题直截了当地，即是说，无需再凭任何根据就是明确无误的。而由于他这样主张——大家无疑都同意——他已表明他具有直截了当地设定某物的能力。

2）人们并不因为主张“上述命题自在地是明确无误的”就设定“A是”〔或，“有A”〕。命题“A是A”与命题“A是”或“有一个A”，并不具有同样的效准。〔是，不带宾词与带有宾词表示的不是一回事；这在以后再讨论。〕即使人们设想A指的是一个由两条直线围成的空间，前一命题〔“A是A”〕也仍然是对的，尽管命题“A是”〔或，“A存在”〕显然是错的。

相反，人们是设定：“如果有A，则有A”〔或，“如果A是，则A是”〕。在这种情况下，究竟是否有A，就根本不是问题。这不是关于命题的内容的问题，而只是关于命题的形式的问题，不是关于人们知道了它的某种情况的那个东西的问题，而是关于人们知道了的那个东西的问题，是关于不管它是什么的某一对象的问题。

这样一来，由于主张“上述命题直截了当地是明确无误的”，就确定了这样一个情况：前面的如果和后面的则之间有一种必然的关联；并且两者之间的必然关联是直截了当地和无需任何根据被设定起来的。我把这个必然关联暂时叫作＝X。

3）但就A本身来说，它究竟有还是没有，还完全没有因此而被设定。于是产生了这样的问题：在什么条件下才有A呢？

a）至少X是在自我之中，而且是由自我设定的——因为是自我在上述命题中作判断的，并且自我是按照X这样一条规律进行判断的；这样一来，X这条规律就是被提供给自我的，而由于X是直截了当地和无需任何其他根据被提供出来的，它就必定是由自我自己提供给自我的。

b)究竟A是否和如何设定起来的，我们不知道；但是由于X所表示的是对A的一个未知的设定与在上述设定的条件下对这同一个A的一个绝对的设定之间的一个关联，因此至少在上述关联被设定了的情况下，A是被设定在自我之中，并且是由自我设定的，正如X那样。——X只有与一个A联系着才是可能的；现在，既然X实际上是设定在自我之中的，那么A也就必定是设定在自我之中的，只要X是和A联系着的。

c)X既和上述命题中属于逻辑主词地位的A联系着，也同样和属于逻辑宾词地位的A联系着，因为两个A已被X联合起来。因此两个A，只要它们是被设定了，它们就都是被设定在自我之中；而且宾词地位上的A，只要主词地位上的A被设定了，也就直截了当地被设定了；因而上述命题也可以这样表述：如果A是在自我之中被设定的，则它是被设定的，或，则它是。

4)这样一来，A就由自我凭着X设定了；对于从事判断的自我来说，A是直截了当地而且仅仅由于它一般地被设定于自我之中；这就是说，下述事实就被设定了：在自我——不论这自我现在正从事设定，或从事判断，或随便正在做别的什么——之中，有着永远是等同的，永远是单一的、永远是同一个的某种东西；而且那直截了当地被设定起来的X也可表述为：我＝我，我是我。

5)通过运算处理，我们已不知不觉地得到命题“我是”(“我是”表达的虽然不是一种事实行动，却是一种事实)。

这是因为

X是直截了当地设定起来的；它是经验意识的事实。现在X等于命题我是我，于是命题“我是我”也是直截了当地被设定起来的。

但是，“我是我”具有一种与命题“A是A”完全不同的含义。——就是说，后一命题“A是A”只在一定条件下才有一个内容。如果A被设定了，那么它作为A连同宾词A，当然被设定了。但通过上述命题它是否一般地被设定了，以及它是否连同任何一个宾词被设定了，还根本不确定。而命题“我是我”则不同，它的有效是无条件的、直截了当的，因为它等于命题X①；它不仅按形式说是有效的，即使按它的内容说也是有效的。在它那里，〔自〕我是不带条件的、直截了当的连同与自己等同的宾词被设定下来，因而它是被设定下来；而命题〔我是我〕也可以说成是：我是。

“我是”这个命题，直到现在只是建立在一个事实上的，它除了具有一个事实的效准之外，没有别的效准。如果命题“A＝A”（或者说得更确切些，其中直截了当设定了的那个东西＝X），是明确无误的，那么命题“我是”就必定也是明确无误的。我们不得不认为X是直截了当地明确无误，这是经验意识的事实；同理，命题“我是”，我们也不得不认为是直截了当地明确无误。因此，一切意识经验的事实的理由根据就在于，在自我中的一切设定之前，自我本身就先已设定了。——（我说的是一切事实：而且这全在于证明“X是经验意识的最高事实，是一切事实的根据，包含于一切事实

① 1802年版注：用完全通俗的话来说，〔自〕我由于是在主词地位上就被设定了的，所以，我，在设定宾词地位上的A时，必然知道有关我的主词设定活动，即关于我自己的情况，我再度直观我自己，我，对我来说乃是同一个东西。

之中”这一命题：这个命题其实是无须任何证明就被认准的，尽管整个知识学的任务就在于证明它。）

6）让我们回到我们的出发点。

a）通过命题“A＝A”进行了判断。但每一判断按照经验意识来说都是人类精神的一个行动；因为判断的一切行动条件都在经验性的自我意识里，而一切行动条件为了反思的缘故都必须作为公认的毋庸置疑的，被预先设定下来。

b）而这种行动是以某种再没有更高根据的东西、即“X＝我是”为根据。

c）因此，直截了当地被设定的、以自己本身为根据的东西，就是人类精神的某一行动（整个知识学将表明，是一切行动）的根据，从而是行动的纯粹品性；抽去其特殊经验条件的自在活动的纯粹品性。

于是，自我由自己所作的设定，是自我的纯粹活动。——自我设定自己，而且凭着这个由自己所作的单纯设定，它是〔或，它存在着〕；反过来，自我是〔或，自我存在着〕，而且凭着它的单纯存在，它设定它的存在。——它同时既是行动者，又是行动的产物；既是活动着的东西，又是由活动制造出来的东西；行动（Handlung）与事实〔或事迹 That〕，两者是一个东西，而且完全是同一个东西；因此“我是”乃是对一种事实行动（Thathandlung）的表述，但也是对整个知识学里必定出现的那唯一可能的事实行动的表述。

7）我们现在来再一次考察命题“我是我”。

a）自我是直截了当地设定了的。人们承认，占据上述命题的形式主词位置①的自我意味着直截了当地设定了的东西，而占据宾词位置的自我意味着存在着的东西；因此，通过“两者完全是同一个东西”这一直截了当地有效准的判断，说出来的或直截了当地设定了的是：“自我是〔或，自我存在着〕，因为它已设定自己。”

b)第一意义下的自我与第二意义下的自我都应该是直截了当地或无条件地自身等同的。因而人们可以把上述命题颠倒过来，说，“自我设定自己本身，直截了当因为它是〔或，它存在着〕”。它通过它的单纯存在而设定自己，它通过它的单纯被设定而是〔或，存在〕。

而这就完全看得清楚，我们在这里是在哪种意义上使用“自我”这个词，并使我们进而能给作为绝对主体的自我作出一定的说明了。自我的存在(本质)完全在于自己把自己设定为存在者的那种自我，就是作为绝对主体的自我。既然它设定自己，所以它是〔或，存在〕；既然它是，所以它设定自己；因此对自我来说，自我直截了当地必然地是。对自己本身而言不是、不存在的那种东西，就不是自我。

(让我们阐明一下吧！人们时常听到这样的提问：在我有自我

---

① 任何一个命题的逻辑形式，情况当然也都是这样。在命题“A＝A”中，第一个A是这样的东西：它或者像自我本身那样直截了当地在自我中被设定，或者像某个特定的“非我”那样根据某一理由在自我中被设定。在这件事情中，自我以绝对主体自居；因而人们把第一个A叫做主词。第二个A指的是这样的东西，它发现那个使自己成为反思的客体的自我已现成地在自身中设定了，因为只是由它把作为思维的客体的它设定了的。那进行判断的自我，不是以真正属于A的东西而是以属于它自己的东西当宾词，只不过它发现在自身中有一个A；所以第二个A叫做宾词。——这样，在命题“A＝B”中，A指的是现在被设定的东西；B指的是已经被设定而碰巧遇上的东西。——是表示从设定到就被设定的东西进行反思这中间的自我过渡。

意识以前，我究竟是什么呢？对此，自然的回答是：我根本不是，不存在，因为我〔那时〕不是自我。只在自我对它自己有所意识时，自我才是。——上述问题所以可能发生，是由于在作为主体的自我与作为绝对主体的反思的客体的自我之间有了混淆，问题本是完全不成立的。自我将自己展示于自己之前，从而使自己具有表象的形式，这样才是某物，才是客体；意识在这表象形式下获得一个基础，即使没有现实的意识，也没对它作形体方面的考虑，这个基础仍然是。人们想到这样一种状态，就会问，自我当时是个什么呢，即是说，意识的基础是个什么呢？但即使在那个时候，人们也已不知不觉地把绝对主体当作上述那个基础一起思维进去了；这就是，人们不知不觉地恰恰把他自以为已经抽掉了的那个东西思维进去了；他这就自相矛盾了。人们不把他那对自己有所意识的自我一起思维进去，是根本不能思维什么的；人们决不能抽掉他自己的自我意识；因而上述那一类的所有问题都是不可回答的；因为只要人们真有自知之明，它们就不会被提出来。）

8）如果自我只当它设定自己时它才是〔或，存在〕，那么它也就只为设定者〔或，只对设定者而言〕才是，而且只为存在者才设定。——自我为自我而是——但如果它直截了当地设定自己（实际上正是这样），那么它就必然地设定自己，而且必然地为自我而是。我只对我而言才是；但对我而言我必然地是。（当我说对我而言或为我时，我已在设定我的是、我的存在。）

9）设定自己，和是〔或存在〕，这两者由自我来使用，是完全等同的。因而命题“我是”，由于我已设定我自己，也就可被表述为：我直截了当地是，因为我是。

另外，设定着自己的自我，与存在着的自我，这两者是完全等同的、统一的、同一个东西。自我就是它将自己设定成为的那个东西；而且它将自己设定成为它所是的那个东西。于是这就成为：我直截了当地是我所是的那个东西。

10）我们至今阐发的事实行动可用下列公式予以直接表述：我直截了当地是，即是说，我直截了当地是，因为我是；而且直截了当地是我之所是；两者都是对自我而言的。

如果人们想到这是在一门知识学的开头所作的关于这个事实行动的论述，那它就应被表述如下：自我自己就直截了当地设定它自己的存在〔或，它自己的是〕①。

我们是从命题“A＝A”出发的；这并不是因为，仿佛命题“我是”可以从它那里出发而得到证明，而是因为，我们不得不从随便一个什么在经验意识中确信其已被给予了的命题出发。但即使在我的论述中也已可以看出，不是命题“A＝A”充当命题“我是”的根据，毋宁是反过来，命题“我是”充当命题“A＝A”的根据。

如果从命题“我是”里抽掉特定的内容，抽掉自我，而只剩下和那个内容一起被给予了的单纯形式，剩下从被设定推出存在的推论形式，就像逻辑上必定出现的那样（参看《知识学的概念》第6

① 1802年版的注：这个命题如用我们以前讲过的其他说法来说，就意味着：自我必然地是主体与客体的同一、主体—客体：而且这个〔主体—客体〕直截了当地、无需任何其他中介地就是它。我说这个，就意味着它；尽管这命题不像人们所想的那样容易认识到、那样容易按它在知识学建立前彻底被忽视了的高度重要性去考虑；因此，先前关于它的种种阐述，都不能省略。

节)，那么，人们就得到作为逻辑原理的命题“A＝A”，而命题“A＝A”只能通过知识学而被证明和被规定。被证明：A是A，因为设定了A的自我与A在其中被设定的那个自我，是相同的；被规定：一切是的〔或存在着的〕东西，只因它是在自我之中设定起来的，才是或才存在；在自我之外没有任何东西。上述命题中没有任何可能的A(没有任何事物)能够不是一个在自我中被设定的东西而是什么别的。

如果人们再进一步抽掉一切判断，即抽掉特定的行动，而仅仅注视上述形式所显示的人类精神的一般行动样态，则人们就有了实在性的范畴。凡可应用命题“A＝A”的一切东西，只要这个命题可对之适用，就有实在性。由于随便一个什么事物(一个在自我中设定起来的事物)的单纯设定而被设定了的那个东西，就是该事物中的实在性，就是它的本质。

(梅蒙的怀疑主义归根到底是建立在对我们是否有权使用实在性范畴的疑问上的。这个权力不能从任何别的权力中推演出来，毋宁我们是直截了当地被授予这种权力的。一切别的可能的权力倒不如说都必定是从它这里推导出来的；甚至梅蒙的怀疑主义也不知不觉地以它为前提条件。因为他的怀疑主义承认普通逻辑的正确性。——但是，这里可以展示出某种东西，一切范畴本身都是从它推导出来的，这东西就是：自我，绝对主体。对于可应用实在性范畴的一切其他可能的东西而言，必须指明，实在性是从自我那里转移到它们身上的：——只要自我存在，它们就必定存在。)

我们的作为一切知识的绝对原理的命题，康德已在他的范畴演绎中提示过了；不过，他从没把它建立为基本原理。在他之前，笛卡尔曾提出过一个类似的命题“我思，故我在”，这命题并不是以“凡思维的人都在”为大前提的那个三段推论的小前提和结论，而很可能他也已能把它当作意识的直接事实看待了的。因为如果不然，那它就仅仅意味着“思维着的我在，故我在”（如用我们的话说，那就是，“我在，故我在”）。但那样，附加语“思维着的”就完全是多余的了；当人存在的时候，人并不必然地思维，但当人思维的时候，人必然地存在。思维绝不是存在的本质，而只是它的一个特殊规定；我们的存在除了思维之外还有好多别的规定。——莱因霍尔德（Karl Leonhard Reinhold）建立了表象的命题，如果以笛卡尔的形式来表述，他的命题该是说“我想象，故我在”，或者说的更正确些：“表象着的我存在，故我存在”。他比笛卡尔走的远得多；但由于他只想建立知识本身而不想建立知识的概论，他走的还不够远；因为表象也不是存在的本质，而是它的一个特殊规定；我们的存在除了表象之外还有别的规定，尽管这些规定都必须通过表象的中介以达到经验意识。

在上述意义上超越我们的命题而走远了的是斯宾诺萨。他并不否认经验意识的统一性，但他根本否认有纯粹意识。在他看来，一个经验主体的一整系列的表象同唯一的纯粹主体的关系，就像一个表象同表象系列的关系一样。在他看来，自我（他称之为他的自我，或我称之为我的自我的那个东西）直截了当地是、存在着，并非因为它是、存在着，而是因为有某种别的东西是、存在着。——在他看来，自我诚然对自我而言是一个自我，但是他问，在自我之外的是什么呢。他认为，这样一种“自我之外”的东西也同样是一个自我，而设定起来的自我(例如，我的自我)和一切可设定的自我，都是它的种种变体。他区分了纯粹的意识和经验的意识。他将前者，即纯粹意识，化为上帝，这上帝永远意识不到它自己，因为纯粹意识永远达不到意识；将后者，即经验意识，当成上帝的种种特殊变体。他这样建立的体系是完满贯通的、无可反驳的，因为他是到了一个理性不再能跟随他进入的领域里；但他的体系是无根据的；因为，是什么使他走出经验意识里给定了的那个纯粹意识以外去的呢？——其实，驱使他走上他的体系的东西完全可以指明出来，那就是，要显示人类知识中的最高统一性的那种必然的努力(Streben)。这种统一性他的体系里有；错误只在于，当他自信是根据理论理性的理由进行推论时，他却仅仅是受了一种实践需要的驱使，当他自信是陈述某种实际给定了的东西时，他却仅仅树立了一种可望而不可即的理想。他的最高统一性，我们在知识学里将再次见到；但它不是作为某种存在着的东西，而是作为某种应当由我们制造出来、但我们不能够制造出来的东西。——我还要指明的是：如果谁越过了"我是"，谁就必然要走到斯宾诺莎那里去！(莱布尼兹的体系，就其完整状态来说，只不过是斯宾诺莎主义，这一点可参看一篇很值得一读的文章：萨洛摩·梅蒙的《论哲学的进步及其他》。)而且，只有两个完全贯通一致的体系，即，承认这个界限的批判体系和越过这个界限的斯宾诺莎体系。

§2. 第二条：内容上有条件的原理

基于同一理由，第二原理也像第一原理一样，既不能证明也不能推论。因此我们在这里，恰恰同前面一样，也从一个经验意识的事实出发，并且我们根据同样的权力按照同样的方式来处理这个事实。

1)命题“－A≠A”，毫无疑问，任何人都承认是完全明确和毋庸置疑的，很难设想有谁会要求证明它。

2)但假如这样一种证明是可能的，那么，这个证明，在我们的体系里（我们体系的正确性，真正说来，直到科学完成之前一直还是成问题的）就只能从命题“A＝A”引导出来。

3)但这样一种证明是不可能的。这是因为，充其量我们只能这样设定：我们提出来的命题〔“－A≠A”〕和命题“－A＝－A”是完全相同的，－A 又和在自我中设定起来的随便一个什么 Y 是完全相同的，而命题“－A＝－A”于是意味着：**如果** A 的对立面被设定了，**则**它是被设定了；但假如我们这样设定，那么，在这里，如同前面一样，同一个关联（＝X）就直截了当地设定起来了；而且它根本不是一个从命题“A＝A”推导出来并经命题“A＝A”证明了的命题，毋宁它就是命题“A＝A”本身……（而且在这种情况下，这个命题的形式，就这命题是一个单纯的逻辑命题而言，实际上也隶属于意识统一性这一最高形式、这一一般**形式性**之下）。

4)下述问题至今还完全没接触到：A 的对立面**是**设定了吗？它是在什么条件下、在哪一种**单纯行动的形式**下被设定的呢？假如上面提出的那个命题本身确是一个被推导出来的命题，则这个条件就该一定是从命题“A＝A”推导出来的。但是，这样一种条件根本不能由命题“A＝A”中产生，因为反设定（Gegensetzen）的形式并不包含于设定（Setzen）的形式中，甚至可以说，反设定的形式是与设定的形式正相对立的。因此，反设定是无待任何条件而直截了当地对设起来的。－A是作为－A直截了当地被设定的，因为它是被设定的。

于是，正如命题“A＝A”出现于经验意识的诸事实之间，成为经验意识事实之一那样，一种对设（Entgegensetzen）就出现于自我的诸行动之间，成为自我的行动之一；而这种对设，就其单纯形式来说，是一种全然可能的、不须任何条件为前提的、不以任何更高的根据为基础的行动。

（〔当人们建立起命题“－A＝－A”时〕，这命题作为命题，其逻辑的形式是以主词和宾词的同一性为条件的，〔即是说，以进行表象的自我与被表象的自我的同一性为条件的；可参看上文11页的注释〕。但就连反设定的可能性，本来也是以意识的同一性为前提；而且在这种作用中行动着的自我的行动进程，真正说来是这样的：〔直截了当地被设定的〕A＝〔被反思的〕A。在这个作为反思对象的A的对面，由一种绝对的行动对设起来一个－A，而从这个－A就可判定，它〔－A〕也是同那直截了当地被设定的A对立的、相反的，因为前一个A等同于后一个A，而它们的等同性〔参看§1〕是出自进行设定的自我与进行反思的自我的同一性。——而且还有一个前提，即：在两种行动中行动着的自我和对两种行动判断着的自我就是同一个自我。假如这同一个自我在两种行动中竟能是自己与自己对立的、相反的，那么－A就会是＝A。由此可见，从设定到对设的过渡，也只是通过自我的同一性才可能的）。

5）通过这种绝对的行动，而且完全通过它，于是被对设的东西，作为一种反义物（作为单纯的对立面一般），就被设定起来。任何对立面，在它是对立面这个意义下，是直截了当地、凭借自我的一种行动、无须任何其他根据而被设定的。一般说来，反义物(Entgegengesetzrsein)是通过自我直截了当地设定起来的。

6)如果设定了一个－A，就必已设定了一个A。因此，对设定的行动，从另一个角度来看，也是有条件的。一个行动是否可能，取决于另外一个行动；这行动因此从实质上说，作为一个一般行动，是有条件的；它是一个与另一行动联系着的行动。至于它恰恰这样而不是别样地行动，则是无条件的；这行动就其形式(从如何的角度)来看，是无条件的。

(对设，只在设定者和对设者的意识的统一性这个条件下，才是可能的。假如前一行动〔设定〕的意识和后一行动〔对设〕的意识并不结合在一起，那后一设定就不会是一个反设定或对设，而干脆就是一个设定。由于它与前一设定联系着，它才成为一个反设定。)

7)直到现在，我们讨论的是作为单纯行动的行动，是行动样式。下面让我们进而讨论行动的产物＝－A。

我们可把－A再分为两个方面：它的形式，和实质。由形式所规定的是，它是一个对立面(某个X的对立面)。如果它是和一个有规定的A对立的、相反的，它就具有实质；它不是任何有规定的东西。

8)－A的形式，是通过行动直截了当地被规定的；－A是一个对立面，因为它是一个对设的产物。－A的实质，则是通过A被规定的；它不是A所是的那个东西；而且它的整个本质就在于它不是A所是的那个东西。——关于－A，我所知道的是：它是某个A的对立面。但我所据以知道－A的那个对立面、〔A〕，到底是什么，或不是什么，这就只在我认识了 A 的条件之下，我才能知道。

9)原初被设定的没有别的，只有自我；而自我只是直截了当被设定的(§1.)。因此只能直截了当地对自我进行反设定。但是，同自我相反或对立的东西，就是＝非我。

10)“－A≠A”确实是经验意识的事实之一，命题“－A≠A”的绝对确实性是大家无条件承认的；同样确实的是：相对于自我，直截了当地对设起来一个非我。我们刚才关于一般的对设或反设定所说的那些话，都是从这个原始的反设定推导出来的；因此，反设定自来就具有这样的性质：它在形式上是绝对无条件的，但在实质上是有条件的。而这样一来，我们也就找到了人类全部知识的第二原理。

11)由于单纯的反设定(或对设)，非我应得到与自我所应得到的东西相反的东西、对立面。

(通常总认为，非我的概念是从表象出来的东西中通过抽象作用产生出来的一种谈话方式上的概念。但这种见解的肤浅是显而易见的。比如说，我要表象随便一个什么东西，我就必须把这东西对设在表象者的对面，这样，表象作用的客体里当然就能够而且必定包含有一个 X，通过这个 X，客体才发现自己是一种可以表象的东西而不是表象者；但关于这个情况，即，凡包含 X 的一切东西都不是表象者而是一个可以表象的东西，我是不能通过任何对象而懂得的*；要能设定随便一个什么对象，我就必须首先知道这个对

* 此后直至括弧结束这一段话，是 1780 年版中增添的。——译者注

象；因此对象必须在一切可能的经验以前原来就存在于我自身之中、存在于表象者之中。——这个论断是一目了然的，可以说，谁若是不理解它，谁若不会从它出发上升到超验的唯心主义，那么谁就一定是无可争辩的精神盲人。）

从实质命题“我是”中抽掉它的内容，曾得到纯粹形式的、逻辑的命题“A＝A”。从本段建立的命题中通过同样的抽象就得到我称之为对设命题的逻辑命题“－A≠A”。在这里，它还既不可予以规定，也不可用文字公式加以表述；其所以不能的理由，将在下一段里看到。如果人们终于完全抽掉特定的判断行动而单单注视从反义物到不存在这一推论形式，那么人们就得到了否定的范畴。关于这个范畴，也要到下一段才可能有一个明晰的认识。

§3. 第三条：形式上有条件的原理

在我们的科学里，我们每前进一步都使我们更接近于这样一个领域，在这个领域里一切都是可以证明的。在第一条原理中，根本没有任何东西应该得到证明和可以证明；无论就形式说或就内容说，第一条原理都是无条件的，无须任何更高的根据就已经确定的。在第二条原理中，反设定或对设的行动，诚然不是可以推导出来的；但是，只要这种行动就其单纯形式而言是无条件地设定起来的，则对设起来的东西必定是＝非我这一点，就是可以确切证明的。第三条原理几乎是完全可以证明的，因为它不像第二条原理那样就内容说而是就形式说是规定了的，并且不像第二条原理那样由一个命题、而是由两个命题所规定的。

第三条原理，就形式而言，是规定了的，只就内容而言，才是无条件的——就是说，它所提出的**行动任务**，是由先行的两个命题给它规定了的，但任务的解决却不是这样；任务的解决是无条件地和直截了当地由理性的命令来完成的。

因此我们现在从一种能够推导出这项任务的演绎法开始，并且尽可能地用这个方法演绎下去。等到演绎不可能继续进行，我们就将毫无疑问地看出：在什么地方我们必须中断这个演绎，必须依靠从上述任务中产生出来的那种无条件的理性命令。

A)

1)只要设定了非我，就不能设定自我；因为自我通过非我而被完全扬弃了。现在，非我是**在自我中**被设定了：因为非我是被树立起来了的对立面；但一切对设〔行动〕都以在自身中被设定、又对被设定的东西进行了对设的那个自我的同一性为前提。

因此，只要非我在自我中被设定了，自我就不能在自我中设定起来。

2)但是，只有在自我中(在同一的意识中)设定了一个非我可以与之相对立的自我，非我才能设定起来。

现在，非我应当在同一的意识中被设定。

因此，只要非我被设定了，自我也就必定在那同一意识中被设定了。

3)这两个结论是互相对立的：两者都是从第二条原理中通过分析发展出来的，因而两者都包含于第二条原理之中。所以第二条原理本身是自相矛盾的，并且自己扬弃自己。

4)但是，第二条原理，只有在设定起来的东西为对设起来的东西所扬弃的情况下，因而只有在它本身有效准的情况下，才自己扬弃自己。现在，它应该是自己扬弃了自己，应该没有效准。

因此，它并不扬弃自己。

第二条原理扬弃自己；同时它又不扬弃自己。

5）如果第二条原理的情况是这样，那么第一条原理的情况也没有什么不同。第一条原理自己扬弃自己，同时又不扬弃自己。因为：

如果自我＝自我，那么凡在自我之中被设定了的一切就都被设定了。

现在，第二条原理应该是在自我中设定了，而又不应该在自我中设定。

因此，自我≠自我，而是自我＝非我，非我＝自我。

B）

这一切结论，都是从已建立的那些原理中，依据被预定为有效的那些反思规律，推导出来的；因此它们必定都是正确的。但是，如果它们是正确的，则意识的同一性亦即我们知识的统一的绝对的基础就被扬弃了。因此，现在我们的任务就规定下来了，那就是，应该找出任何一个 X，凭借它，上述一切结论都可以是正确的，而意识的同一性又不被扬弃。

1）各个应该统一起来的对立面，都是在作为意识的自我之中。因此 X 也必定是在意识之中。

2）自我与非我是自我的原始行动的两个产物，而意识本身是自我的第一个原始行动的这样一种产物、是自我的自己设定自己的设定行动的这样一种产物。

3)但是,按照上述那些结论,产生非我的那个行动,亦即反设定,如果没有 X,是根本不可能的。因此,X 本身必定是一种产物,而且必定是自我的一种原始行动的产物。因此就有了一种以＝X为其产物的人类精神的活动＝Y。

4)这种行动的形式,是由上述的任务完全规定了的。对设起来的自我和非我,应该通过这种行动被设定为统一的、等同的东西,它们并不因此而互相扬弃。上述那些对立物都应该被吸收到统一的意识的同一性里去。

5)但如何才能做到这一点,以及用什么方式才可能做到这一点,还没有因为任务确定了就被规定下来;这不在任务之内,也不能以任何方式从任务中发展出来。因此我们必须像上面那样做一个实验,并且反问自己一下:A 与－A,存在与非存在,实在与否定,它们怎样才能结合在一起来加以思维,而彼此并不互相取消、互相扬弃?

6)对这个问题,不能指望有人会提出别的答案,答案只能如下:它们彼此互相制约。因而如果这个答案是正确的,那么行动 Y 就该是对立双方的相互制约;而 X 就是这些限制的标志。

(请大家不要这样了解我:好像我主张限制的概念是一个分析概念,它形成于实在与否定的统一,可从这统一中发展出来。诚然,两个对立的概念是由前两条原理给定了的;但它们应该被统一起来这一要求,则包含在第一原理里。至于它们如何才能被统一起来,则完全不包含在那两条原理之中,而是由我们精神的一条特殊的规律来规定的,而这条特殊精神规律则要通过上述实验才能被意识到。)

7)但是在限制的概念里不仅只包含着我们寻求的X,这就是说,其中同时还包含着统一起来的实在性和否定性的概念。因此我们为了单纯地得到X,就还必须进行一番抽象。

8)限制某个东西,意思就是说,不由否定性把它的实在性整个地扬弃掉,而只部分地扬弃掉。因此,在限制的概念里,除实在性和否定性的概念之外,还含有可分割性的概念(即,一般的可有量性的概念,而不是某一特定的量的概念)。这个概念就是我们所寻找的X,而这样一来,无论自我还是非我就都由行动Y直截了当地设定成为可分割的。

9)无论自我还是非我,都被设定为可分割的;因为行动Y不能跟随在对设行动之后,这就是说,它不能被认为是由于有了对设行动才成为可能的;因为按照前面的论证,对设行动如没有行动Y,就会把自己扬弃掉,因而是不可能的。另外,行动Y又不能先于对设行动之前;因为采取这一行动仅仅是为了使对设行动成为可能,而且,没有可分割的东西,可分割性就是虚无的。由此可见,行动Y是直接就在对设或反设行动之中并且是与它一起发生的;两者是同一回事,只在反思中才被分别开来的。一个非我既然已相对于自我而对设起来,那么与之相对立的那个自我,和对设起来的那个非我,就因而都被设定为可分割的。

C)

现在,我们只还需要审查一下,通过我们所提出的行动,任务是否已真正解决,一切对立的东西是否已统一起来。

1)第一个结论,从现在起,被规定如下:就非我所据以被设定的那部分实在性来说,自我没有在自我之中设定起来。因为实在性的一部分，即，已归属于非我的那一部分的实在性，已在自我之中被扬弃了。第二个命题与这个命题并不矛盾。只要非我被设定了，自我也就必定被设定了，因为它们两者，就它们的实在性来说，一般地已被设定为可分割的。

只是到现在，凭借着建立起来的概念，人们才能说，自我与非我都是某种东西。第一条原理的绝对自我并不是某种东西（它没有宾词，并且不能有宾词）；它直截了当地就是它所是的东西，而这个东西是不能进一步说明的。现在，凭着这个概念，在意识中的一切都是实在性；其中不属于自我的实在性属于非我，反之，不属于非我的实在性属于自我。两者都是某种东西；非我就是不是自我的那种东西，反之，自我就是不是非我的那种东西。与绝对自我相对立（但非我只在它被表象的情况下而非在它自在的情况下，才能被对设起来与绝对自我相对立，这是到时候它将表现出来的），非我是绝对的虚无；与可限制的自我相对立，非我是一个负量。

2）自我应该是自身等同的，却又应该是自身对立的。但是，自我在意识看来是自身等同的，因为意识是统一的；不过在这个意识之中，绝对自我是被设定为不可分割的；相反，有非我与之对设起来的那种自我，则是被设定为可分割的。因此，只要有一个非我被对设起来以与自我相对立，而这个自我本身则是与绝对自我对立的。

这样一来，一切对立物就都已统一起来，而又无损于意识的统一性；而这就仿佛是一次考验，证明了建立起来的概念是正确的概念。

D)

由于按照我们那个要等完成了一门知识学才能加以证明的前提来说，只有一条绝对无条件的原理、一条在内容方面有条件的原理、一条在形式方面有条件的原理是可能的。因此，除了以上所提各条原理之外，再也不能有别的原理。至此，绝对无条件地明确无误的东西，已详述无遗；我将用以下公式来表述它：自我在自我之中对设一个可分割的非我以与可分割的自我相对立。

没有哲学越出这种认识；但任何彻底的哲学，都应该回溯到这种认识上来；而且只要它做到了这一点，它就成了知识学。从现在起，一切在人类精神的体系中出现的东西，都必定能从我们已建立的东西中推演出来。

1)我们已经通过可分割性这一概念将互相对立的自我与非我统一起来。如果抽掉特定的内容，抽掉自我与非我，而将两个对立物通过可分割性概念所达到的单纯的统一形式保留下来，那么我们就得到了人们迄今称之为根据命题的那个逻辑命题：A 部分地＝－A，和－A 部分地＝A。每个对立的东西都在一个标志＝X 中与它的对立物等同；而且，每个等同的东西都在一个标志＝X 中与它的等同物对立。这样一个标志＝X 就叫做根据，在第一种情况下就是关联根据，在第二种情况下就是区别根据；因为，把对立的东西加以等同或加以比较，叫做关联；把等同的东西对设起来或使之对立，叫做区别。这个逻辑命题，通过我们建立的实质原理，已得到证明和规定。说得到了证明，是因为：

a)一切对立物＝－A，都是对一个 A 而对设起来的，而这个 A

是设定了的。通过一个－A 的设定，A 被扬弃了，却又没被扬弃。

因此 A 仅只部分地被扬弃；并且，尽管在未被扬弃的 A 中设定了 X，而在－A 中并未设定－X，却是设定了 X 本身。因此，在 X 之中，是 A＝－A。而这个 X 曾是第一个 X。

b)一切被等同起来的东西(＝A＝B)，由于是在自我之中被设定的，都是自相等同的。A＝A，B＝B。

现在如果设定 B＝A，在这里 B 并不是通过 A 而被设定；因为假如 B 是由于 A 而被设定，B 就会＝A 而≠B 了。(那将不是存在着两个被设定者，而是只有一个被设定者了。)

但是，如果 B 不是由于 A 的设定而被设定，那么在这个情况下 B 就＝－A；而且通过设定两者等同，被设定的就既不是 A，也不是 B，而是某一个 X，而这个 X 是既＝X，又＝A，又＝B。这个 X 曾是第二个 X。

由此我们就可看出，那个本来与命题 A＝A 互相矛盾的命题 A＝B，怎样竟能是有效准的了。X＝X，A＝X，B＝X；因此，就 A 与 B两者都＝X 来说，A＝B。但是，就两者都＝－X 来说，A＝－B。

仅只在**一个**部分里，相同的东西是对立的，对立的东西是相同的。因为假如它们在一个以上的部分里是彼此对立的，即是说，假如在互相对立的东西自身中存在着互相对立的标志，那么，两个标志中总有一个属于这样的标志：在该标志下两个被比较的东西是等同的，因而它们不是对立的；反过来的情况也是这样。因此，每个有根据的判断都只有一个关联根据，也只有一个区别根据。如果它有许多根据，它就不是一个判断，而是许多个判断了。

2)逻辑上的根据命题受着上述实质原理的规定;这就是说,它的有效准性本身受到限制,它只对我们知识的一部分有效准。

各种事物都一般地被设定为等同,或一般地被设定为对立,这是一个条件;只在这个条件之下,它们才按某一个标志被设定为对立的或被设定为等同的。但这决不等于说,一切在我们意识中出现的东西,都必定径直地无条件地被设定为与任何一个其他东西等同、与某一第三个东西对立。一个判断,如果它所判断的东西既不能有什么被设定为与它等同,也不能有什么被对设与它对立,这个判断就根本不属于根据命题,因为它不在根据命题的有效性的条件之下;它不是有根据的,但它却使一切可能的判断成为有根据的;它没有根据,但它自身却说明一切有根据的判断的根据。这样的判断的对象就是绝对自我,而且一切判断,凡是以绝对自我为其主词的,都无需任何根据即径直地有效准;关于这一点下面还要详谈。

3)当人们在其所比较的东西中寻找它们因之而彼此对立的那种标志时,人们的这种行动叫做反题处理;通常叫做分析方法。但这个名称不是那么合适,一方面是因为这个名称更清楚地指明,这种处理方法是综合方法的对立面。因为综合方法就在于从对立的东西中找出它们所以相同的那种标志。按照那完全抽掉了一切知识内容、并且抽掉了人们取得知识的方式的单纯逻辑形式来说,以前一种处理方法得到的判断,叫做反题判断或否定判断,以后一种处理方法得到的判断叫做综合判断或肯定判断。

4)如果一切反题与合题所遵守的那些逻辑规则是从知识学的第三条原理中推演出来的,那么,一切反题与合题的权利就一般地也是从这条原理中推演出来的。但我们在陈述这第三条原理时已经看到,第三原理所表达的那种原始行动,即将对立的事物在第三者之中结合起来的那种行动,如果没有树立对立面的对设行动,是不可能有的。同样,树立对立面的行动,如果没有结合的行动,也是不可能有的;因此两者事实上是不可分割地结合在一起、并且只在反思中才能加以区别的。从这里得出的结论是:这两种逻辑行动,既然都以上述原始行动为根据,并且真正说来只不过是原始行动的特殊的进一步的规定,那么它们也将缺一不可,这一个没有那一个,或那一个没有这一个,也将是不可能的。没有合题,就不可能有反题;因为反题就在于:从相同的东西中找出对立的标志;但是相同的东西,假如不是事先已通过综合行动被等同起来,就不会是相同的。在单纯的反题里,相同的东西之先曾通过综合行动被等同起来这一情况,被撇开不管了,所以它们不问来由地直截了当地被承认为相同;反思是专找它们中间的对立面,从而把这对立面突出起来,使之达到明确的意识。——反过来也是这样,没有反题,就不可能有合题。对立的东西应该被结合起来:但假如它们不是通过自我的一种行动被对立起来了,它们就不会是对立的,而在合题中,自我的这一行动所以被抽去不管,那只是为了要通过反思将关联根据提进意识。——因此一般地按内容来说,根本就没有单纯的分析判断;人们假如单凭分析判断行事,就不仅如康德所说的那样,不能远行,而且根本不会前进一步。

5)康德在《纯粹理性批判》中提到首要地位的那个“先验综合判断是怎样可能的?”著名问题,现在是以最普遍的最令人满意的方式答复了。我们在第三条原理中通过设定起来的自我与非我的可分割性已经把这互相对立的自我与非我综合起来，而对于这种综合的可能性既不能进一步追问，也不能给它提出任何根据了；这种综合，直截了当地是可能的，人们无需任何进一步的根据就有权这样做。其余的一切应该有效准的综合，都必定包括在那个综合之内，都必定是同时既在其中又与它同在的综合；而且正如那个综合得到了证明一样，它们也都得到了最有说服力的证明，证明它们如同那个综合一样地有效准。

6)其余的一切综合都必定包含在那个综合之内：而这一点就同时以最确切的方式提出了在我们的知识学中我们继续前进应走的道路。——凡是综合都应该是这样，因此我们的整个处理方法，从现在起，(至少在知识学的理论部分中是如此，因为在实践部分里情况相反，这等以后到时候将会看得出来)将是综合的；每一个命题将包含一个综合。——但是，没有一个先行的反题，就不可能有综合〔合题〕；不过这先行的反题，作为一种行动，我们总把它抽掉，而单单去寻找它的产物、对立面。因此，在处理每一个命题时，我们都必须从指出那应该被统一起来的对立面出发。——一切建立起来的综合，都应该是包含于我们刚才所建立的那个最高综合之中、并可从其中引申出来的。既然自我和非我是由最高综合联合起来的，我们就必须在最高综合所联合起来的自我和非我两者中，寻找其余的各种对立的标志，并且通过一个新的关联根据把它们结合起来，当然这个新关联根据本身，又必须是包含于一切关联根据的最高关联根据之中的；我们必须在这第一个综合所结合起来的对立面中再一次寻找新的对立面，并通过一个新的、包含于刚才推演出来的那个关联根据之中的关联根据，把这一对新的对立面再结合起来；我们必须尽可能地这样继续做下去，直到最后我们遇到再也不能完全联合起来的对立面，于是我们过渡到实践部分的领域里去。这样，我们的进程就是稳妥可靠的，由事情本身预先规定了的，而且我们能够预先知道，只要对我们的道路适当注意，我们就完全能够不误入歧途。

7）正如没有合题（综合）就不可能有反题，没有反题就不可能有合题那样，没有正题也就不可能有合题和反题两者；而正题就是这样一种直截了当的设定，通过这种设定，一个A（自我）就既不与任何别的东西相同，也不与任何别的东西相对立，而单纯地直截了当地被设定起来。联系着我们的体系来说，这个正题给整体提供了稳定性和完满性；这个整体必须是一个体系，而且是唯一的体系；任何时候只要还有什么对立的东西，它就必须被结合起来，直至出现绝对的统一为止。当然，这种绝对的统一，正如到时候将会显示的那样，只在完成了一个无限接近过程时才会出现，而完成这无限接近，本身是不可能的。——按照一定的方式进行对设和进行结合的必要性，是直接建立在第三条原理上面的；一般地进行结合的必要性，则是建立在最高的、绝对无条件的第一条原理上面的。体系的**形式**是以最高的综合为基础；而体系**之所以**一般地应该是一个体系，则是以绝对的正题为基础。——关于上述说明对我们的体系一般的应用，就说这么一些；但这种说明对判断形式却还另有一种更重要的应用，在这里出于种种理由，不可略而不谈。就是说，既然曾有反题判断与综合判断，那么按照类比，就也完全可以有一些在任何一个规定之下都会与前两种判断恰恰对立的正题判断。就是说，前两种判断的正确性是以一个根据为前提，而且是以一个双重根据为前提：一方面是关联根据，一方面是区别根据，这两方面的根据都可以予以指明，而如果要证明判断，它们就都必须予以指明。（例如“鸟是一种动物”：在这里被反思的关联根据是确定的动物概念，即，动物是由物质、由有机物质、由赋有动物活力的物质构成的；而被我们抽去了的区别根据，则是不同动物物种的独特差异，即它们有两只脚还是有四只脚，有羽毛、鳞甲还是有毛皮。或者说，“一种植物不是动物”：在这里被我们反思的区别根据，是植物与动物之间的独特差异；而被我们抽去的关联根据，则是一般的有机物。）但是有一种正题判断，会是这样的判断，在它那里，某种东西既不与别的东西相同，也不与别的东西对立，而仅仅被设定为与自身等同。这样的正题判断因此根本不能以任何关联根据或区别根据为前提，而如果说，按逻辑形式，它必须以一个第三者为前提，那么这个第三者毋宁只是一项寻找根据的**任务**。这种原始的最高的判断就是“我是”，在这个判断里，对于自我什么也没说，说明自我的可能规定的宾词位子是无限地空着的。一切判断，凡在这个判断之下的，那是说，凡在自我的绝对设定里面包含着的判断，都属于这一类（即使它们实际上并非每次都以自我为逻辑主词）；例如“人是自由的”。要么是，人们把这个判断看作一个积极的判断，（在这种情况下，就等于说，人属于自由物这个类）那就应该在人与自然物之间指出一个这样的关联根据，它作为自由的根据既一般地包含于自由物的概念之中又特殊地包含于人的概念之中；但是，要指出这样一种根据，那是距离辽远的，就连一个自由物的类，都根本指不出来。要么是，人们把这种判断看作一个消极的判断，在这种情况下，人就被设定为与一切受自然界必然性规律所支配的东西相对立；但这样一来，显然就必须指明必然与非必然之间的区别根据，还必须表明区别根据不存在于人的概念之中，而确实存在于人的对立物的概念之中。与此同时还必须指出双方所以会彼此一致的那一个标志。但是人，就他能适用自由这个宾词而言，也就是说，就他是一个绝对的主体、而既不是表象出来的也不是可以表象的主体而言，他与自然物根本没有共同之处，从而与自然物也并不是对立的。然而按照积极判断的逻辑形式来说，人与自然物这两个概念应该被统一起来；但它们不能在任何概念之中统一起来，而只能统一于这样一个自我的观念之中，这个自我，其意识不会受它以外的任何东西所规定，却通过它的单纯意识规定着它以外的一切东西：而这样的观念，根本是不可思议的，因为在我们看来，它包含着一个矛盾。但是尽管这样，它已被树立为我们最高的实践目标。人应该无限地、不断地接近那个本来永远达不到的自由。——审美判断就是这样，“A 是美的”（等于说，在 A 里有的一个标志，在美的理想里也有）是一个正题判断；因为我不能拿那个标志同理想相比较，因为我并不认识那个理想。寻求理想毋宁说是我的精神的一项任务，一项从我的精神的绝对设定中产生出来、然而只在完成了向无限接近的过程之后才能得到解决的任务。——因此，康德及其后继者们把这些判断称为**无限的**判断，那是非常正确的，虽然据我所知，没有一个人曾以明白而确定的方式说明过它们。

8）所以任何一个确定的正题判断，我们都不能给它指出根据；但在处理一般正题判断时，人的精神是以自我自己对自己的绝对设定为根据的。所以如果我们将一般正题判断的这种根据与反题判断和合题判断的根据加以比较，那是有用处的，将使我们对批判哲学体系的固有特性获得最明白最确切的认识。

一切包含于某个表示区别根据的概念中的对立物，都在一个人们称之为种概念的、较高的（较普遍的较概括的）概念中彼此一致：这就是说，这里有一个综合作为前提，而对立双方在这个综合中彼此等同，所以它们就包含于这个综合之中。（例如，金和银是作为相同的东西被包含于金属的概念之中，而金属的概念却不包含两者因之而成为对立物的那个概念，在这里即是，比如说，特定的颜色。）因此，定义的逻辑规则是：一切定义都必须既指明那包含着关联根据的种概念，又指明那包含着区别根据的独特差异。——另一方面，一切被设定为相同的东西，都在一个曾于关联判断中被抽掉了的、表示着某一特殊规定的、较低的概念之中彼此对立，这就是说，一切合题或综合都以一个先行的反题为其前提。例如，在物体概念中，颜色、特定的重量、滋味、气味等方面的差异都已被抽掉，因而凡是占有空间的、不可透入的、具有任何重量的东西，都能是一个物体，而不管在上述那些标志方面它们彼此是多么对立。——哪些规定是较普遍的或较特别的，从而哪些概念是较高的或较低的，这是要由知识学来确定的。一个概念从最高概念、实在性概念中推演出来时，通过的中间概念越少，它就越高级；通过的中间概念越多，它就越低级。如果Y是从最高的概念X顺序推演出来的，Y就被确定为一个比X较低的概念；反过来说也是这样。对于直截了当地设定起来的东西、自我来说，情况就完全不同了。当设定一个非我以与自我相对立时，也就同时设定了这个非我与自我相同，但非我与自我相同，却不是像进行其余一切比较时那样在一个较高的概念中相同(仿佛这个较高概念,会包含两者于自身之内,并以一个更高的合题或至少一个更高的正题为其前提),而是在一个较低的概念中相同。自我本身被降低为一个较低的概念、一个可分割性概念,以便它可以被设定为与非我相同;而就在这同一个概念中它已成为与非我对立。因此在这里根本不像往常在各个合题里那样是一个上升,而是一个下降。自我与非我,于今通过相互的可限制性这一概念,都成了既相同而又对立的东西,然而它们本身之是那作为可分割的实体的自我中的两个某物(两个偶然性东西),则是通过那既无任何东西与之相同又无任何东西与之对立的、作为绝对的不可限制的主体的自我而设定起来的。——所以,一切判断,凡是以可限制的或可规定的自我、或者说凡是以某种对自我起规定作用的东西充当自己的逻辑主词的,都是受某种更高的东西所限制或规定的判断。但是一切判断,凡是以绝对不可规定的自我充当自己的逻辑主词的,都不能由任何更高的东西所规定,因为绝对自我不受任何更高的东西规定;这样的判断,毋宁都是直截了当地以自身为根据、为自己所规定的。

批判的哲学的本质,就在于它建立了一个绝对无条件的和不能由任何更高的东西规定的绝对自我;而如果这种哲学从这条原理出发,始终如一地进行推论,那它就成为知识学了。相反,独断的哲学是这样的哲学,它在一个应该是更高的物的概念中设定某种东西与自在的我既相同又对立,而同时又完全武断地提出物的概念是绝对最高的概念。在批判的体系里,物是在我之中设定起来的东西;在独断的体系里,物是我在其中被设定起来的那种东西;因此,批判主义是内在的,因为它把一切都置于自我以内;独断主义是超验的，因为它还要超出自我以外去。如果独断主义能贯彻到底，那么斯宾诺莎主义就是它最彻底一致的产物。可是如果人们按照独断主义自己的原理来对待独断主义，当然应该这样，那么人们就该问它，既然它对于自我曾追问一个更高的根据，为什么它竟承认它的自在之物而无须更高的根据呢，既然我不是什么绝对的，为什么物就算得是绝对的呢？它不能证明它有权这么做，从而我们就有权要求它按照它自己的不得无根据地承认任何东西的原理再给自在之物的概念提出一个更高的种概念，再给这个更高的种概念提出一个更高的种概念，继续不已，以至无穷。因此，一种贯彻始终的独断主义，要么就否认我们的知识有一个根据，否认人的精神是一个体系，要么就自相矛盾。彻底的独断主义是一种怀疑它在怀疑的怀疑主义；因为它必定取消意识的统一性从而取消整个逻辑。因此它不是独断主义，而由于它自称是独断主义，这就自相矛盾。①

（斯宾诺莎就是这样，他把意识统一性的根据安置在一个实体里，在这个实体里，意识无论从实质上看、即从确定的表象系列上看，还是从统一性的形式上看，都是必然地规定了的。但是我要问

① 只有两种体系：批判的与独断的。怀疑主义，正如我们前面规定的那样，完全不是一种体系，因为它可以说根本否认体系的可能性。但是体系的可能性它却只能按体系来加以否认，因而它是自相矛盾的和完全违反理性的。而且人类精神的本性早已表明它也是不可能的。从来还不曾有人当真地是这样一种怀疑主义者。批判的怀疑主义则是另外一回事，如休姆的、梅蒙的、艾奈西德穆斯的，它揭示了以往论据的不足，并且恰恰因此而暗示了何处可以找到更为可靠的论据。通过批判的怀疑主义，知识才彻底取得胜利，即是并非总是在内容上，却肯定是在形式上。如果谁不给予见解精辟的怀疑主义者以应得的尊重，那他就是完全不懂知识的价值。

他，既然这个实体的实质是它所包含的各种表象系列，它的形式是它所包含的一切可能的表象系列因之而应该是已经穷尽并构成了一个完全的整体的那种形式，那么，就它的实质和形式来说，这个实体之所以必然如此的必然性根据，又是包含在什么东西里的呢？至此，他不再进一步给我指出这种必然性的根据，而说，这直截了当地就是这样。他所以这样说，乃是因为他不得不承认某种绝对第一的东西，不得不承认一个最高的统一性。但是，假如他真是这样，那他何必当初，早就应该直接在意识给他提供的统一性那里停留下来，早就无须再去编造一个更高的统一性；没有什么东西迫使他去编造嘛。）

假如我们不是找到了一种实践上的所与作为充分的说明理由，那么，一个思想家有时竟能越过自我，或者，竟能一度越过然后又在某个地方停留下来，这样的现象，就会绝对无法解释。迫使独断主义者越过自我的，并非像人们相信的那样是理论上的所与，而是一种实践上的所与，即是说，是我们的自我在实践中感到自己依存于一个绝对不受我们立法支配的、独立而自由的非我的那种依附性的感觉；迫使独断主义者又在某处停留下来的，也是一种实践上的所与，即是说，是自我感到必须让一切非我受制于和统一于自我的实践规律的那种从属性的感觉；但这种非我对自我的从属性，绝不是作为概念对象而现已存在的东西，而是作为理念对象而应该存在、应该由我们制造出来的东西，这一点以后将会看到。

终于我们由此看出：独断主义根本不是它所自称的那种东西，我们曾用上述论断指责它，那是不公正的，而如果它自己把那些论断拉到身上，那是它自己糟践自己。它的最高统一性实际上只不过是意识的统一性，而且不能是别的；它的物就是一般可分割性的基础，或自我与非我（斯宾诺莎的思维与广延）两者被设定于其中的那个最高实体。独断主义根本不曾上升到纯粹的绝对的自我，更不用说超出这自我了；它走得最远时，如在斯宾诺莎体系中，也只走到我们的第二条和第三条原理，但从没达到过第一条绝对无条件的原理；通常它是远远上升不到那么高的。它把走这最后一步，从而完成知识学的工作，留给了批判哲学来做。我们知识学的理论部分，也只是从第二和第三两条原理中发挥出来的，由于在这里第一条原理仅仅具有规范的效力，所以知识学的理论部分，正如到时候将看到的那样，实际上就是成体系的斯宾诺莎主义；只不过在这里每一个自我本身就是唯一的最高的实体。但我们的体系增添了一个实践部分，它使理论部分有了根据和规定，从而完成了整个的知识体系，穷尽了人类精神所有的一切东西，并由此而使常识（康德以前的一切哲学都侮辱它，由于显然没有任何和解的希望，我们的理论体系已把它同哲学的关系切断），重新和哲学达到完全的和解。

9）一个建立在区别根据上的对立性判断，或一个建立在关联根据上的比较性判断，都有它特定的判断形式，如果我们把判断的特定的形式完全抽去，只余留下由一方限制另一方的普遍行为方式，我们就有了规定（限定，康德的限制）的范畴。这就是说，不管所设定的是实在性的量还是否定性的量，只要是对量的设定，就叫做规定。

第二部分

理论知识学的基础

§4. 第一定理

让我们在踏上我们的道路之前，先对这条道路进行一番简短的反省！——我们现在有三条逻辑原理：同一性原理，它是其余一切原理的根据。还有反设的原理和根据的原理，这两条原理是在第一条原理中彼此互相把自己建立起来的。后两条原理使一般的综合方法成为可能，并且建立了综合方法的形式以及为它提供了根据。因此，为了在反省中肯定我们的方法的形式的有效性，我们再不需要别的什么了。同样，在第一个综合活动中，即在（我与非我的）基本综合中，建立了一个容纳一切可能的未来的综合的内容，在这方面，我们也不再需要别的什么了。凡是属于知识学领域内的东西，一定都可以从上述的基本综合中引申出来。

但是，要从基本综合中引申出某种东西，那么，由基本综合所统一的那些概念里必定包含有至今还没有建立起来的其他东西；我们的任务就是要找出它们。人们采取下列的方式去寻找它们。——根据§3，一切综合概念都是通过对立物的统一而产生的。因此，人们首先必须找出已经建立的概念（这里指的是自我与非我的概念，因为它们是相互规定着设定起来的）的这样一些对立的标志；而这就要通过反省，反省乃是我们精神的一种任意的活动：我在这里指的是**寻求**；因此，其前提条件是：它们都是现成的、已有的，而不是通过我们的反省才制造出来的，才捏造出来的（反省根本就完全不可能搞这种捏造），这就是说，这是以自我的一种原初的必然的对立活动为前提的。

反省已经展示了这种对立活动，就这一点而言，反省首先是分析的。这就是说，通过反省把包含在一个确定的概念＝A 里的对立的标志提高到明确的意识，这就叫对概念 A 进行分析。但是，这里特别要注意的是：我们的反省所分析的一个概念是反省还根本没有得到的，而是要靠反省通过分析才能找出来的概念；这个被分析的概念，到分析完结时就是＝X。于是提出了这样一个问题：怎么能够分析一个根本不知道的概念呢？

没有一个综合的活动，就没有任何对立的活动，虽然对立活动是分析之所以可能的前提；而且没有它的特定的综合，就没有特定的对立活动（参见§3）。它们两者是内在的统一的，它们就是同一个活动，只是在反省中才被区分开来。因此，从对立可以推演出综合；两个对立物在其中得以联合统一的那个第三者同样也可以推断出来：不是作为反省的产物，而是作为反省的发现；但是，那是作为自我的上述原初的综合活动的产物；原初的综合活动作为活动并不必定进入经验意识，就像迄今所展示出来的行动也都不进入经验意识那样。因此，从现在起，我们遇见了纯粹的综合活动，但是它又并不是像前者那样的绝对无条件的活动。但是，我们的演绎将证明：它们都是活动，而且都是自我的活动。这就是说，它们都是如此明确无误地是我的活动，正如它们从中被引申出来而又与之合而为一的那个第一个综合明确无误地是我的一个活动一样；而那个第一个综合是我的活动，就像自我借以自己设定自己的那个最高的事实行动明确无误地是一个我的活动一样。——被展现出来的活动，都是综合的，但是，展现它们的那个反省，则是分析的。

但是，通过反省进行分析而有可能预先设定的那些反提，都必须被设想为事先已经完成了的反提，即是说，被设想为将要展现出来的那些综合概念的可能性所依靠的反提。而没有综合就不可能有任何反提，因此，一个更高的综合就预先被设定为已经完成了的综合；而我们的首要任务必定是找出这个综合，并把它确切地展示出来。现在，这个综合必然已经在前一节里展示过了。但是，由此毕竟可以看出，由于现在是向知识学的一个崭新的部分过渡，其中确实还有某些特别的东西需要回忆。

A. 要进行分析的综合命题的规定

自我与非我两者都是由自我而且在自我之中设定的彼此互相限制的东西，就是说，它们是这一个的实在性扬弃另一个的实在性，反之亦然(参看§3)。

在这个命题里包含着下面两个命题：

1. 自我设定非我为受自我限制的东西。我们采纳的这个在我们的知识科学的实践部分里将起巨大作用的命题，在目前，至少看起来还根本没有什么用处。因为，到现在为止，非我只是个无；它没有实在性，因而完全不能设想在它之中怎么能够有一个实在性被我扬弃，因为它一无所有；正如它不可能被限制那样，因为它一无所是。这样一来，在非我可以按照某种方式被赋予实在性之前，这个命题看来是完全无处可用的。诚然，包含着这个命题的那个命题：自我与非我互相限制，是已经设定了的；但是，刚才展示的这个命题是否也由它设定，以及是否包含在它之中，则完全还是一个问题。自我也仅仅在考虑非我的情况下才可能受到限制，即是说，当它自己首先已经限制了非我，当它已经有了限制作用的时候。也许非我根本不限制自我自身，而只不过限制自我的限制；而假如是这样的话，那么无须非我一定被赋予一个绝对的实在性，也无须上述那个有问题的被展示的命题确实包含在它之中，前面的那个命题仍然可以是真的和正确的。

2. 在那个命题里还包含这样的命题：**自我设定自己为受非我限制的**。这个命题是可以有用的，而且，它必须被认为是明确无误的，因为它可以从前面展示过的那个命题里推演出来。

自我首先被设定为绝对的实在性，然后被设置为可限制的，能够有量的实在性，而且是可以受非我限制的。但是，所有这一切都是由自我设定的；而且，这些都是我们的命题的环节。

这是显而易见的：

1. 第二个命题是知识学理论部分的基础——却又在这个理论部分完成之后才出现，这是综合论述不得不如此的情况。

2. 第一个，至今很成问题的那个命题是知识学实践部分的基础。但是，因为它自己是成问题的，所以，这样一个实践部分的可能性同样仍然是成问题的。

3. 由此可知，为什么反省必须从理论部分开始进行；虽然随后即将表明，并不是好像理论能力使实践能力成为可能，反之，倒是实践能力使理论能力成为可能(理性自身只是实践的东西,只在它的法则被应用于一个对理性施加限制的非我时,它才成为理论的东西)。一反省所以必须这样,是因为实践原理的可思维性是建立在理论原理的可思维性之上的。但是,只要是在反省,那就反正要提到可思维性。

4. 由此可见,像我们现在所做的这样,把知识学划分为理论的和实践的两个部分,简直是成问题的(正是由于这个原因,我们曾经不得不仅仅那么临时划分一下,而且不能划出明确的界限,实际上我们还不知道这个明确的界限)。我们还根本不知道,我们是否会完成这个理论部分,或者说,我们是否会碰上根本无法解决的矛盾;我们更不能知道究竟我们是否会从理论部分被赶进一个特殊的实践部分里去。

B. 在已经建立的命题中和在普遍的命题中所包含的对立物的综合

命题:自我设定自己是受非我规定的,恰好是从第三个原理中推演出来的;如果第三个原理是有效的,那么,这个命题也必然有效;但第三个原理必定有效,所以意识的统一性肯定没有被扬弃掉,而自我肯定还继续是自我(参见§3)。因此,既然意识的统一性没有被扬弃,这个命题本身也就肯定地必然有效。

我们必须首先分析这个命题,就是说,必须看看在它里面是否包含着对立物,以及包含的到底是什么样的对立物。

自我设定自己是受非我规定的。因此,自我应该不规定,而是应该被规定;但是,非我应该规定,应该给自我的实在性设定界限。

因此，我们已经展示过的命题里包含着下列命题：

非我规定（活动的）自我（在这种情况下，这个我是被动的）。自我设定自己是受绝对的活动规定的。至少就我们迄今所理解的来说，一切活动都必须从自我出发。自我已经设定了自己为量，它已设定了非我为量，它已设定了这两者为量。自我设定自己是被规定的，显然就等于说自我规定自己。因此，已建立的命题里确实包含着：自我（通过绝对的活动）规定自己本身。

我们现在暂时还完全撇开下列的问题不管，不管这两个命题中的每一个命题是否都自相矛盾，是否各自都包含着一个内在的矛盾，以及是否因此而自己扬弃自己。但是，有一些矛盾是立刻就看得出来的：如，两个命题彼此是互相矛盾的那种矛盾，以及如果我是被动的，我就不能是活动的，反过来，如果我是活动的，我就不能是被动的那种矛盾。

（诚然，活动的概念和被动的概念都还没有作为对立的概念被推演和发展出来；但是，确实没有什么进一步的东西应该从这两个对立的概念里被推论出来；人们在这里只不过利用了这两个字，以便使自己有个清楚的认识而已。可以认识清楚的一点是：在两个发展了的命题中的一个命题里被肯定的东西，在另一个命题里被否定了，反之亦然；而这一点毕竟是一个矛盾。）

包含在同一个命题里的两个命题彼此互相矛盾，因而它们扬弃自己：而且，包含它们两者于自身的那个命题扬弃自己本身。上面展示过的命题的情况就是这样。所以它扬弃自己本身。

但是，如果意识的统一性不应该被扬弃的话，它就不可以扬弃自己。因此，我们必须设法把已经指出的两个对立的命题统一起来(根据前面的说法,这并不意味着在我们的反省活动中,我们应该通过穿凿附会去替两个对立的命题臆造一个联合点;而毋宁是,由于意识的统一性,同时还有那个威胁着要扬弃意识的统一性的命题,都是设定了的,所以联合点必定已经现成地就在我们的意识之中,而我们仅仅需要通过反省把它寻找出来。我们刚才分析了一个现实存在着的综合概念=X;而从那两个通过分析所得到的命题中,我们应该能推论出来未知的 X 是一个什么样的概念。)

让我们着手解决我们的任务。

在一个命题里被肯定的东西,在另一个命题里被否定了。实在性和否定性就是这种情况,它们扬弃自己,并且它们不应该扬弃自己,毋宁说它们应该被统一起来,而要出现这种情况(参见§3)就得通过限制和规定。

只要我们说:自我规定自己本身,自我就被赋予了绝对全部的实在性。自我只能把自己规定为实在性,因为它是绝对地被设定为实在性的(参见§1),而且在它之中根本没有设定什么否定性。可是,据说它是由它自己规定的:这并不是说它扬弃了自身的实在性;因为这样它就会直接陷入与自己相矛盾;相反,这就是说,自我规定实在性,而且依靠实在性规定自己本身。它把实在性设定为一个绝对的定量。除了这个实在性之外,根本没有实在性。这个实在性是在自我里设定的。因此,只要实在性是被规定了,自我就被规定了。

还应该注意的是,这乃是自我的一个绝对行动,乃是曾经在§3中出现过的同一个行动,在那里,自我把自己规定为量;而为了前后联系的原因，这个行动不可不明确地建立起来。

非我是与自我相对立的，正如在自我之中有实在性那样，在非我之中有否定性。既然绝对全部的实在性是被设定到自我里了，绝对全部的否定性一定就必然被设定到非我里，并且否定性本身必定被设定为绝对完全的。

在自我之中的绝对全部的实在性，和在非我之中的绝对全部的否定性，两者应当通过规定而统一起来。于是，自我部分地规定自己，并且它部分地被规定——换句话说，命题可以在双重的含义下来理解，而两种含义却必须能够同时并存。

但是，两者应当被设想为是同一个东西，就是说，正是考虑到自我被规定，自我应当规定自己，而且正是考虑到它规定自己，它应当被规定。

自我被规定，意思是说，在它之中的实在性被扬弃。于是，如果自我只设定自身中的绝对全体的实在性的一部分，则它因此扬弃自身中的那个全部实在性的其余部分（参见§2），而且由于量的自身等同性的缘故而把实在性中与被扬弃的实在性相等的那一部分设定于非我之中（参见§3）。一度总是一度；它是一度实在性，或者是一度否定性（比如，把全部实在性分为十等份；设定五份实在性于自我之中；则必然有五份否定性被设定于自我之中。）

自我设定多少份的否定性在自身之中，它就设定多少份的实在性于非我之中；对立面中的那部分实在性恰恰扬弃它自身中的实在性。（比如，有五份的否定性被设定于自我之中，就有五份的实在性被设定于非我之中。）

因此，只要自我设定实在性于非我之中，它就设定否定性于自身之中，只要它设定否定性于非我之中，它就设定实在性于自身之中；因此，只要它受到规定，它就设定自己为规定着自己的；只要它规定自己，它就经受着规定。而只要任务在上面已被放弃，则任务就解决了。

（任务之所以被放弃掉，这是因为关于自我怎么能够设定否定性于自身中，或者怎么能够设定实在性于非我之中这样的问题始终没有得到回答；而且如果这些问题没有得到回答，则事情等于什么进展也没有。我们所以提醒这一点，是因为要让任何人都不会感到我们的任务解决的虚无和不足。）

我们刚才进行了一次新的综合。在这个综合中被建立起来的概念，是包含在更高的规定的种概念之中的；因为通过这个概念设定了量。但是，如果那真正是一个另外的概念，如果由那个概念作标志的综合真正是一个新的综合，那么，那个概念与规定的概念之间的一般的物种差异必定会显示出来，两个概念的区别根据必定显示出来。——通过一般的规定，量被单纯地确定起来；不追究它是怎么样、以哪种方式确定的：通过我们现在刚建立起来的综合概念，则一个概念的量（通过它的对立概念的量）被确定起来，反过来说也一样，对立概念的量（通过这个概念的量）被确立起来。通过自我的实在性或否定性的规定，非我的否定性或实在性就同时得到规定，反过来说也一样，通过非我的实在性或否定性的规定，自我的否定性或实在性就同时得到规定。我们可以从对立的两者中的任何一方出发，只要我们愿意，从哪一方出发都行，而每一次都在规定一方时通过从事规定的行动而同时规定了对方。人们尽管可以恰如其分地把这种比较确定的规定叫做相互规定(按照相互作用来类推)。这种相互规定在康德那里被叫做关系。

C. 两个对立命题中的第一个命题本身所包含的对立命题通过相互规定而综合

我们随之就会看到,通过综合并借助相互规定,对于解决主要困难本身来说,几乎没有取得什么重要的进展。但对于解除困难的方法来说,我们已经牢固地立定了脚跟。

如果说本段开始时建立起来的主要命题已经包含了这里要予以统一的一切对立,而且这些对立按照我们在前面对于方法所作的论述而应该都包含在那个主要命题里,如果进一步说,这些对立都曾经是可以通过相互规定的概念在普遍的概念里予以统一的话,那么,已经统一了的普遍的概念里所包含的那些对立命题,一定已经必然地直接通过相互规定而统一起来了。正如特殊的对立物是包含在新建立的普遍命题里那样,使这些特殊对立命题统一起来的那个综合概念必定也是包含在普遍的相互规定的概念里的。因此,我们恰恰也要像我们刚才对于一般的规定的概念那样来对相互规定的概念进行处理。我们规定它自身,就是说,我们通过附加条件(即一方的量要受其对方规定,反过来,对方要受这一方的规定)把它的全部范围限制在一个较小的量上;这样一来,我们就得到了相互规定的概念。根据刚才所做的证明,我们从现在起必须更详细地规定这个概念本身,就是说,必须通过一个特殊的附加条件来限制相互规定的概念的范围;而这样一来,我们就得到了包含在相互规定这一较高概念之中的一些综合概念。

我们因此就能够通过划分严格的界线来规定这些概念，以至于我们可以直截了当地排除掉这些概念彼此替换和从一个概念领域滑进另一个概念领域的那种可能性。任何错误都能通过规定的不严格而立即被发现出来。

非我应该规定自我，就是说，非我应该扬弃它自身中的实在性。但这只在下列条件下才有可能：非我在自己本身中具有它从自我中扬弃掉的那一部分实在性，这就是说，非我在自己本身中拥有实在性。

但是，一切实在性都被设定于自我之中了，而非我是与自我相对立的；因而根本没有实在性被设定于非我之中，毋宁只有否定性被设定于非我之中。一切非我都是否定性；因而非我自身中根本没有任何实在性。

两个命题彼此互相扬弃。两者都包含在非我规定自我这个命题里。因此这个命题扬弃自己本身。（在A和B版本中，在这里还接着下面一段话：但是，这个命题是包含在刚才建立起来的主要命题里的；而主要命题又是包含在意识的统一性的命题里的；如果这个命题被扬弃了，则包含着它的那个主要命题也被扬弃掉，而且包含着主要命题的那个意识统一性的命题也被扬弃掉。因此，这个命题并不扬弃自己，而毋宁是它所包含着的两个对立命题必定自己统一起来。）

1. 矛盾并没有通过相互规定的概念而得到消除。如果我们把绝对全部的实在性设定为可分割的，就是说，设定为一种可以使之增加或减少的实在性（甚至这样做的权利也还没有推演出来），那么，我们固然可以随意扣除实在性的某些部分，而在这种条件下，我们却一定要把扣除掉的这部分实在性设定于非我之中；这就是相互规定的概念给我们带来的进展。但是，为什么我们要从实在性那里扣除一部分呢？这是至今我们还没有涉及的问题——当然，按照相互规定的法则，反省要把一方之中扬弃了的实在性设定于对立一方之中，并把对立一方扬弃了的实在性设定于这一方之中，如果反省事先曾扬弃过某一方的实在性的话。但是，什么东西授权或迫使反省进行这种相互规定的呢？

让我们说明的更确切些！——实在性是被直截了当地设定于自我之中的。在第三条原理里，以及在刚才完全确定的方式下，非我被设定为一个定量：但每个定量都是某种东西，因而也是实在性。可是非我应当是否定性——从而等于说也是一种实在的否定性（一种负量）。

按照单纯的关系概念来说，人们究竟愿意赋予对立双方中哪一方以实在性，哪一方以否定性，乃是完全无所谓的事情。问题只在于，反省究竟从两个客体中的哪一个客体出发。在数学里，客体总是现实的，因为数学抽掉一切质而单纯考察量。究竟我们把后退的步伐还是把前进的步伐叫做正量，那根本是完全无关紧要的；而问题仅仅取决于究竟我们愿意把前一种步伐的数量还是把后一种步伐的数量建立为有限的结果。在知识学里，情形就是这样。在自我中是否定性的那个东西，就是在非我中的实在性，反之，在非我中是否定性的那个东西，就是在自我中的实在性；通过相互规定的概念展示出来的就是这么多，再多也没有了。究竟我们现在把自我中的东西称为实在性还是称为否定性，完全随我的便，这里谈的仅仅是相对的实在。①

因此,在实在性的概念里出现了一个恰恰由相互规定的概念所引起的歧义。如果不能扬弃这个歧义,则意识的统一性就被扬弃了:我是实在性,非我同样是实在性;两者不再是对立的了,自我不是=自我,而毋宁是=非我。

2. 如果指出的矛盾得不到满意的解决,则上述的歧义必须首先扬弃掉,在那个歧义的背后,可以说矛盾能够隐藏下来,并且还可能不是一个真正的,而只是一个虚假的矛盾。

一切实在性的来源都是自我,因为自我是直截了当地绝对地被设定起来的东西。但是,自我是(存在着的),因为它设定自身;因为它是(存在着的)。因此,设定自身与存在乃是一个东西。但设定自身的概念与活动的概念一般地说又是同一回事。于是,一切实在性是活动的;一切活动的东西是实在性。活动是积极的,绝对的(只与相对的对立的)实在性。

(当我们思考活动的概念时,非常重要的是要完全纯粹地思考它。这个概念丝毫不能表示那些并不包含在自我自己对自己的绝对设定中的东西;不能表示那些并不直接包含在命题"我是"之中的东西。由此可见,不仅完全应当抽掉一切活动的时间条件,而且应当完全抽掉活动的对象。因为自我设定它自己的存在,所以自我的原初活动完全不涉及对象,而毋宁是它返回自己本身。自

① 值得注意的是,在普通语言习惯里,相对的这个词总是被正确使用的,总是被使用于那种只能通过量来加以区别的,而不能再通过任何别的什么来加以区别的东西上的;可是人们根本没有一个与作为相对的这个词的词源的关系这个字相联系的特定概念。

我只在表象自己本身时，它才成为对象。——想象力不大能够克制自己，使自己不把活动所涉及的那个对象的标志混淆到纯粹活动的概念里去。但是，只要人们对于活动的错觉保持警惕，至少在推论中能把一切可能来自这种混淆的东西都抽掉，那也就足够了。)

3. 自我应当被规定，就是说，实在性，或者如刚才这个概念被规定的那样，活动，应当在自我中被扬弃掉。因而在自我中活动的对立面就设定起来了。但活动的对立面叫做受动。受动是积极的绝对的否定性，因此和单纯的相对的否定性相对立。

(但愿受动这个词能够少一些附带含义。)这里不应该想到痛苦的感受，这当然是不必提醒的问题了。但是，也许还应该提醒一下，应该撇开不想一切时间条件，不想至今还会想的在对方中的一切制造痛苦的活动。受动是刚才建立起来的那个纯粹的活动概念的单纯否定性；而且，由于活动概念本身是有量的，受动是有量的否定性；因为，活动的单纯否定性，如果抽去它的量就＝0，应该说它是静止。自我中一切不是直接包含在“我是”之中的，不是直接通过自我自己对自己的设定而设定起来的东西，对于自我来说，就是受动(一般的感受)。

4. 如果说，当自我处于受动状态时，绝对全部的实在性是在自我中被保存下来的，那么，根据上文就必然地由于相互规定的法则的缘故，一个同等分量的活动就一定被转让到非我中去。

这样一来，上面的矛盾就消除了。非我作为非我，自身没有实在性；但是，只要自我是受动的，由于相互规定的法则的缘故，非我就有实在性。对于自我来说，非我，就我们至今所见的而言，只在自我是受动的这一情况下才有实在性；而且在自我的受动性这一条件之外，非我根本没有实在性——这个命题从结论的角度来看是非常重要的。

5. 现在推论出来的这个综合概念是包含在相互规定的概念之下的；因为，在它里面的非我一方的量是由它的对方、自我的量所规定的。但是，这个概念也与相互规定的概念有种属上的差异，就是说，在相互规定的概念里，究竟对立双方中哪一方受对方的规定，双方中哪一方得到实在性和哪一方得到否定性，是完全互不相关的。只有量（而再多的东西也没有）作为单纯的量被规定起来。——但在目前这个综合里，变换并非毫不相关；对立双方中哪一方应当得到实在性而不得到否定性，哪一方应该得到否定性而不得到实在性，这是规定了的。因此，通过目前这个综合，活动，而且等量的活动，被设定于固定的一方，受动被设定于它的对方，反之亦然。

这个综合称为积极的（因果性）综合。被赋予活动的一方，而且只在它没有被赋予受动的情况下，叫做原因（原初的实在性，直截了当地设定起来的积极的实在性，原因这个词恰当地表示了它的含义）；被赋予受动的一方，而且只在它没有被赋予活动的情况下，叫做结果（或者效果，因而是一种依赖另一实在性的实在性，而不是原初的实在性）。两者结合起来加以思考就叫做一个作用、效用，人们决不能把结果叫做效用。

（在效用的概念里，正如它刚才被演绎出来那样，经验上的时间条件完全被抽掉了；而且，没有经验条件，这个概念也完全可以思维。这是因为，一方面，时间还没有被演绎出来，我们还根本无权利用时间的概念;一方面,正如将来在图式论里所证明的那样,说人们必须把原因当作原因,就是说,它在某个效用中活动着时,当作在时间上先于效果来思维的东西,那根本是不真实的。)原因与效果,由于综合统一性的缘故,可以说应当被认为是同一个东西。由于种种将会证明的理由,(我们会看到)并不是作为原因的原因,而是实体在时间上先于效用。但是,就这一方面而言,受到效用影响的实体也在时间上先于在实体中的效果。

D. 两个对立命题中的第二个命题所包含的对立命题通过相互规定而综合

我们建立起来的、作为包含在我们的主要命题中的第二个命题:自我设定自己为被规定的,就是说,自我规定自己,本身包含着对立命题;因此,这第二个命题扬弃自己。但是,由于如果意识的统一性没有也被直接扬弃的话,那么,第二个命题就不能扬弃自己,所以我们必须通过一个新的综合把其中的对立命题统一起来。

a)自我规定自己;它是一个规定者(就是说,这个字是正在行动),因而是活动的。

b)它规定自己;它是一个被规定者,因而是受动的(被规定,就其内在意义来说,总是表示着一种受动,一种实在性的缺损)。于是,自我在同一个行动中同时既是活动的又是受动的;它同时既得到了实在性又得到了否定性,这当然是一个矛盾。

这个矛盾可以通过相互规定的概念来消除;而且,假如我们不用上面那些命题而用下述命题来思维,则矛盾毫无疑问地会得到完全的解决:自我通过活动规定它的受动;或,通过受动规定它的活动。这样,它们就在同一个状态中同时既是活动的又是受动的。问题只不过是:是否可以思维上面这个命题和如何思维它。

为了有可能进行任何规定(一切衡量),一般地说,必须确定一个尺度。但这个尺度不会是别的,只能是自我本身,因为最初只有自我是直截了当地设定起来的。

但是,实在性是被设定在自我中的。因此,要使刚才提出来的那个关于综合的问题成为可能,并且矛盾得到令人满意的解决,自我就必须被设定为绝对全部(即被设定为一个定量,它包含着一切定量,并且可以是一切定量的尺度)的实在性;而且是最初地和绝对地设定的。

1. 自我绝对地、不用任何根据地、不带任何可能条件地设定绝对全部的实在性为一个定量,对于这个量来说,这个设定的绝对力量不可能更大了;而且自我设定这个绝对最大限度的实在性于自己本身。——一切在自我之中设定的东西是实在性;一切存在着的实在性是在自我中设定起来的(§1)。但是,这个在自我中的实在性是一个定量,而且是一个绝对设定起来的定量。(§3)

2. 应当通过和依靠这个绝对地设定起来的尺度来规定缺乏实在性(一个受动)的量。但是,缺乏的不是任何什么东西;缺乏着的东西什么也不是。(无是不可感知的)。因而缺乏要想得到规定,只能通过实在性的剩余部分得到规定。于是,自我只能规定它自己的实在性的被限制了的量;而且通过实在性的量的规定,否定性的量也就同时得到了规定。(凭借相互规定的概念。)

(这里,我们也完全撇开了作为自我的自在的实在性之对立物的那个否定性的规定问题,而只把我们的注意力集中在实在性的一个比全部量小些的定量的规定问题上。）

3. 一个不等于全部实在性的定量，本身是否定性，即全部性的否定性。它作为限量是与全部性相对立的；但是，一切对立物都是与这对立物相对立的东西的否定性。任何规定了的量都是非全部。

4. 但是，如果说这样一个定量能够（根据一切合题和反题的规则）与全部相对立，那么，在两者之间就必定有一个关联根据；而这个关联根据就是可分割性的概念（§3）。在绝对的全部中是没有部分的；但是，这个绝对全部可以与部分相比较，并且，可以跟部分相区别，这样一来，上面的那个矛盾就可以令人满意地解决了。

5. 为了更明确地理解这一点，我们对实在性的概念加以反省。实在性的概念等于活动性的概念。一切实在性是设定在自我中的，就是说，一切活动性是设定在自我中，反之亦然。自我中的一切都是实在性，就是说，自我完全是活动的；只有自我是活动的，自我才是自我；如果它不是活动的，它就是非我。

一切受动都是不活动的。因此，除非受动跟活动发生了关系，否则受动根本不能规定自己。

这种情况当然适合我们的任务，我们的任务是要借助于活动，通过一个相互规定而使一个受动得到规定。

6. 受动不能跟活动发生关系，除非在这样的条件下：它与活动有一个关联根据。但是，这个关联根据不可能是别的东西，只能是实在性与否定性的普遍的关联根据、量的关联根据。受动通过量和活动发生关系，就是说，受动是一个定量的活动。

7. 为了可以思维一个定量的活动，人们必须有一个活动的尺度，即一般活动（这在上文里曾被叫做绝对全部的实在性）。一般定量则是限度。

8. 如果说一切活动都是被设定在一般自我中的，那么，设定活动的一个定量就是减少自我；而这样一个定量，只要它不是一切活动，就是一个受动，虽然它自在地是活动。

9. 因此，通过设定活动的一个定量和通过相对着活动而反设一个定量（不是说在活动是一般活动的情况下，而是说在活动是一切活动的情况下），一个受动就被设定起来了；就是说，活动的那个定量，作为定量，本身就被设定为受动；并且就被规定为受动。

（我们说，被规定。一切受动都是活动的否定；通过一个定量的活动，活动的全部性就被否定了。而在活动的全部性被否定的情况下，定量从属于受动的范围——如果定量一般被认为是活动的话，则它就不属于受动的范围，而毋宁是从受动的范围里被排除出去了。）

10. 现在，出现了一个X，它同时既是实在性又是否定性，既是活动又是受动。

a) X是活动，只要这个X跟非我发生了关系；因为它是被设定在自我之中的，被设定在设定着的、行动着的自我之中的。

b) X是受动，只要这个X跟行动的全部性发生了关系。这个X不是一般行动，它毋宁是一个特定的行动：它是一个包含在一般行动范围内的特殊的行动方式。

（如果划一条圆线＝A，那么，由A圈起来的整个平面＝X就与无限空间里被排除在X之外的无限平面相对立了。如果在圆圈A的内部划另一条圆线＝B，则由这条圆线圈起来的平面＝Y首先就是被圈在圆圈A里的，而同时它又和圆圈A一起与无限的、被A排除在外的平面相对立；而在这种意义上，平面Y就与平面X完全相同。但是，如果把Y看成由B圈起来的东西，则平面Y就既与无限平面相对立，又与平面X的那个不在它的圈内的那个部分相对立。于是，空间Y是自己与自己相对立；因为它既是平面X的一部分，又是独立存在的平面Y。）

举一个例：**我思维**，这首先是一句表示活动的话；自我是被设定为**思维着的**，而且在这个意义上，是被设定为**行动着的**。此外，**我思维**又是一句表示否定的限制的受动的话；因为**思维**是存在的一个特殊规定；而在思维的概念里一切其余的存在样式都被排除了。于是，思维的概念是自己与自己相对立；当它与被思维的对象发生关系时，它指的是一种活动；当它与一般存在发生关系时，它指的是一种受动：因为，如果思维是可能的，则存在必定受到限制。

自我的每一个可能的宾词都表示一个自我的限制。主词：自我，是绝对的活动的东西，或者是存在着的东西。通过宾词（比如说：我想象，我努力等等）这个活动就被关闭在一个有限的范围之内了。（这种情况怎么发生，现在还不是问题。）

11. 现在我们可以完全看清，自我如何通过和凭借它的活动规定它的受动，以及它如何能够同时既是活动又是受动的。它是**从事规定的**，这是就下述意义而言的：它通过绝对的自发性把自己从它的绝对全部实在性所包含的一切范围那里设定到一个特定的范围中去；而且，这也是就下面这个意义说的：只考虑了这个绝对的设定，而把范围的界限撇开不管。它是被规定的，这是就下述意义而言的：只注重它是被设定在这个特定范围中的，而对设定的自发性是被撇开不管的。

12. 我们有了上文所提出的解决矛盾的那个自我的原始综合行动，并且，由此找到了一个有待我们更确切地探讨的、新的综合概念。

新的综合概念，正如原始的综合概念一样，是关于效用的概念，——是一种更确定的相互规定的概念；如果我们把它们与前一个相互规定相比较，并且将它们自行比较，则我们将获得对这两个综合的最完满的认识。

按照一般规定的原则，a)两个综合必定与相互规定相同，b)与相互规定对立，c)彼此相同，只要就它们与相互规定相对立而言，d)彼此对立。

a)两个综合与相互规定相同。这是因为在两个综合之中，正如在相互规定之中那样，通过受动性，活动性被规定，并且通过活动性，受动性被规定，换句话说，通过否定性而实在性被规定，并且通过实在性而否定性被规定。

b)两个综合与相互规定对立。这是因为在相互规定中，并没有确定地、而仅仅一般地设定了一种相互关系。究竟人们从实在性开始转入否定性，还是从否定性开始转入实在性，是完全随便的。但是，在最后推演出来的两个综合里，相互的顺序是确定和规定了的。

c)正是因为在它们两者中顺序都是确定了的，所以它们彼此相同。

d)在相互规定的顺序方面，它们两者是彼此对立的。在因果概念里，活动性被受动性所规定，而在刚才推演出来的概念里，受动性被活动性所规定。

13. 自我，当它被看作是绝对地被规定起来的、包括一切实在性的整个领域时，它就是**实体**。当它被设定于这个领域的一个并非无条件地规定的范围（这个范围是怎么规定的，目前还没有探讨）里的时候，它是**偶然的**，**或者说**，**它是实体中的一个偶体**。把这个特殊范围从整个领域中分割出来的那个界限，是使偶体所以成为偶体的界限。界限是实体与偶体之间的区别根据。界限存在于整个领域之中；因此，偶体存在于实体之中并属于实体；而界限排除某种东西于整个领域之外；因此，偶体不是实体。

14. 不和偶体发生关系的实体是不可思维的，因为正是通过在绝对的领域内设定可能的范围，自我才成为实体；通过可能的偶体，才产生**实在**；因为否则一切实在性就该绝对地是**一个东西**了。——自我的实在就是自我的行动方式：就一切可能的行动方式（存在方式）都被设定于它之中而言，自我就是实体。

没有实体，偶体是不可思维的；因为要想认识某个东西是一个**特定的**实在，我们就必须使它与一般实在发生关系。

实体被认为是**普遍的一切相互关系**：偶体则是一种**特定的东西**，和**另一交替物互相交替着**。

本来只有一个唯一的实体，即自我：一切可能的偶体，亦即一切可能的实在都是在这个唯一实体中设定起来的。——唯一实体的**从某一标志来看彼此相同的**众多偶体怎么可能被结合起来理解以及它们本身怎么可以被思维为许多实体(这些实体的偶体则是通过上述标志之间的与相同性并存的差异性而规定起来的),我们到时候就会看清的。

注释。有两个问题始终没有探讨,一直还是漆黑一团,一是:自我的这样一种活动,即自我通过它而将自己本身作为实体跟偶体区别开来的那种活动;二是:促使自我采取这种行动的那个东西;这后者,就我们依据第一个综合所能猜测的来说,很可能是非我的一种效用。

因此,正像在每一个综合那里经常出现的情况那样,一切居于中间的东西都可以正确地被统一和结合起来,而居于两头的两个极端则不能。

上面这个注释从一个新的方面向我们指明了知识学的研究任务。知识学将永远前进,永远在两个对立之间插入中间环节;但是,矛盾并不因此而得到完全解决,毋宁是只被继续拖延下去。比如说,两个被统一起来的环节,我们进一步探讨之后发现它们并没有得到完全统一,如果我们在两者之间插进一个新的中间环节,那么,最后出现的那个矛盾诚然是解决了,但是,为了解决这个矛盾,我们必须采用一个新的终点,而新的终点又是对立的,又必须重新统一起来。

真正的、最高的、包含一切其他任务于自身的任务是:自我如何能够直接对非我发生效用,或非我如何能够直接对自我直接发生效用?因为它们两者是彼此完全对立的。人们可以在两者之间插进随便一个什么东西 X,两者都对 X 发生效用,从而两者也就同时对彼此本身间接发生效用。但是,人们立刻就会发现,在这个

X里还必须再有一个自我与非我直接在那里会合的什么点才行。为了避免这种情况，人们在两者之间再插进一个新的中间环节Y，以代替两者之间的明确的界限。但是，我们立刻看到，在Y里正如在X里一样，必须再有一个对立双方直接接触的什么点才行。而如果不通过一个理性的绝对命令，那就得一直进行下去，以至于无穷。这个理性的绝对命令，并不是哲学家下达的命令，毋宁只是哲学家所揭示出来的，它就是**应当**，因为非我不能以任何方式将自己与自我统一起来，根本没有非我，接合点并没有解开，只是被割开了。

人们还可以从另外一个方面来看问题。只要自我是通过非我而被限制的，则自我就是有限的；但是，就自我是通过它自己的绝对活动而被设定的来说，自我则是无限的。在自我这里，无限与有限两者应当统一起来。然而这样的一种统一自在地是不可能的。争执的确通过中介早就得到了和解，无限限制着有限。但是，归根结底，由于事实表明了被寻求的那种统一是完全不可能的，所以有限必须从根本上被扬弃；一切界限必须消失，无限的自我必须作为唯一和一切而单独地保存下来。

如果在连续的空间A中的M点上设置**光明**，在N点上设置黑暗，那么，由于空间是连续的，并且在M与N之间没有**冲突**，必然在两点之间的某处有一个O点，这个O点同时既是光明又是黑暗，它们互相矛盾。——你们在两者之间设置一个中间环节：昏暗。昏暗占有从P到Q这个区域，于是在P点上昏暗与光明为界，在Q点上昏暗与黑暗为界。但是，这种做法，你们只是把矛盾往后推移，却并没有令人满意地予以解决。昏暗是光明与黑暗的混合。现在，只有当 P 点同时既是光明又是昏暗时，在 P 上光明才与黑暗为界；并且，只有当昏暗也就是黑暗时，昏暗才能与光明区别开来，所以，P 点同时既是光明又是黑暗。Q 点的情况也是这样。——因此，要想消除矛盾，没有任何别的途径，只有这样：光明与黑暗根本不是对立的，而仅只有程度上的差别。黑暗仅仅是一个非常小量的光明。——自我与非我之间的情况恰恰就是这样。

E. 已经建立的两种互相规定之间出现的对立的综合统一

自我设定自己是被非我所规定的，是我们当初据以开始的主要命题，这个命题是不能被扬弃的，除非意识的统一性同时被扬弃掉。但其中有须待我们解决的一些矛盾。首先，发生了这样的问题：自我怎么能同时既规定又被规定呢？——问题是这样回答的：**规定**和**被规定**，借助于交互规定的概念，两者是同一回事；因此，只要自我设定某个定量的否定性于自身中，它就同时设定某个定量的实在性于非我中，反过来情况也是这样。这里留下了这样的问题：那么实在性应该被设定于自我中呢，还是应该设定于非我之中？——这个问题是借助于效用性的概念这么回答的：否定性或受动应该被设定于自我中，并且根据一般相互规定的规定，等量的实在性或活动应该被设定于非我中。——但是，进一步的问题是：受动怎么能被设定于自我中呢？然后又借助于实体性的概念作了这样的回答：在自我中受动和活动是同一回事，因为受动只是一个较小定量的活动。

但是，这些解答已经使我们陷入了一个圆圈。**如果**自我设定一个较小程度的活动于自身，那么它固然由此而设定一个受动于自身和一个活动于非我。但是，自我不能有绝对地设定一个较低程度的活动于自身的能力，因为根据实体性的概念，自我设定一切活动于自身，它不设定除活动外的任何东西于自身。因此，在设定较低程度的活动于自我中之前，必须事先就有一个非我的活动；在自我能够设定一个较小部分的活动于自身之前，非我的活动必须先已现实地把非我的一部分活动毁灭掉。但是，这是不可能的，因为根据效用性的概念，只有在自我中被设定了受动时，非我才能取得一个活动性。

对于上述问题的要点，目前我们还不能明确地予以正式说明。请允许我们暂时把时间概念预先设定为众所周知的。——作为第一种情况，我们可以根据单纯的效用性概念设定自我的限制是完全出于非我的活动。如果你们设想在A时刻上非我不对自我施以效用，那么，在自我中一切都是实在性，根本没有否定性；因而根据上面所述的效用性的概念，就没有实在性被设定于非我之中。如果你们再设想，在B时刻，非我对自我以三度的活动施以效用，那么，根据相互规定的概念，当然就有三度的实在性从自我中被扬弃掉，并且有三度的否定性被设定于自我中以资顶替。但是，在这种情况下，自我完全处于受动的地位；三度的否定性固然在自我中设定起来了，但它们也只不过是**对于**自我以外的**某一个理智本质**（这个理智本质考察并且根据相互规定的规则判断在上述效用中的自我与非我）来说，是被设定了的，但是，并不是**对于自我本身来说**是被设定了的。另外，我们还可以要求自我能对它在A时刻的状态和它在B时刻的状态进行比较，并能对它在这两个时刻的活动的不同定量进行区别，而这一点如何可能，现在还看不出来。在我们设想的这种情况下，自我诚然是被限制了的，但是，自我对它的局限性是不曾意识到的。用我们命题里的话来说，自我诚然是被规定的，但是，它并没有设定自己是被规定的，而毋宁只有在它之外的某一本质才能设定它为被规定的。

或者作为第二种情况，可以根据单纯的实体性概念假设自我不依赖非我的任何效用而绝对地就有能力武断地把一个减少了的定量的实在性设定于自身之中；这是先验唯心主义预先设定的前提，特别是先验唯心主义所体现的那种预定和谐的前提。关于这个前提本身已经和绝对第一原理相矛盾的问题，这里完全撇开不谈。你们也还可以假设自我有能力拿这个减少了的量同绝对全部的量相比较，并且对它进行衡量。在这个前提之下，如果自我在A时刻设定减少了二度的活动，在B时刻设定减少了三度的活动，那么，我们就可以充分理解自我怎么能在这两个时刻断定自己是受了限制的，怎么能够断定自己在B时刻受到的限制比在A时刻多些；但是，我们却决不能理解自我怎么能够把这种限制联系到非我中的某个东西身上，说它是造成这种限制的原因。毋宁说，自我必须把自己本身看作是这种限制的原因。用我们命题里的话来说，在这种情况下，自我固然设定自己是被规定的，但是，它并不设定自己是通过非我而被规定的。（独断主义者诚然有权否认自我这样与一个非我相联系，这种唯心主义者是彻底的、论断前后一致的唯心主义者，但是，他不能否认自我与非我相互联系这个事实，而且也没有人会想入非非地去否认这个事实。但是，暂且撇开联系的事实不谈，他至少应该对他所承认的这种事实给予说明。但是，根据他的前提，他是不能给予说明的，所以他的哲学是不完满的。如果他除了这种联系之外，竟然还承认有在我们之外的事物存在，至少像有些莱布尼兹主义者的预定和谐说里所表现的那样，那么，他就是非常不彻底的，不能自圆其说了。）

因此，单独地使用两个综合，并不能说明它们应该说明的东西，而前面所揭示的矛盾就会依然如故：如果自我设定自己是被规定的，那么，它就并不通过非我而被规定；如果它通过非我而被规定，则它并不设定自己是被规定的。

I. 我们现在完全确定地提出这个矛盾。

不设定活动于非我之中，自我就不能设定受动于自身之中；但是，不设定一个受动于自身中，它就不能设定活动于非我。没有对方的设定，它不能设定任何东西；它不能绝对地设定任何东西，因而它两者中一个也不能设定。因此：

1）只要自我设定活动于非我中，自我就不能设定受动于自身之中；只要自我设定受动于自身中，它就不能设定活动于非我中。它根本不设定。（这里否定的不是条件，而是受条件限制的东西，这是应当充分注意的；这里所主张的不是一般相互规定的规则本身，而是这种规则对于当前情况的应用。）这是刚才已经证明了的。

2）但是，只要自我设定活动于非我中，自我就应该设定受动于自身，反之，只要自我设定受动于自身，它就应该设定活动于非我：这是从前面绝对地设定起来的那些原理中推演出来的明确论断。

II. 第一个命题所否认的正是第二个命题所主张的。

两个命题之间的关系因而就像实在性与否定性的关系那样。

但是，实在性与否定性通过量而得到了统一。两个命题都必须有效；但是，它们两者都只能部分地有效。必须像下面这样思维它们：

1）在自我设定活动于非我的情况下，自我部分地设定受动于自身；但在它设定活动于非我的情况下，它部分地不设定受动于自身；反之，在自我设定受动于自身的情况下，情况也是这样。（说的更清楚些，相互规定在一定的条件下是有效的，得到应用的，但在另外的条件下，它得不到应用。）

2）在自我设定活动于自我的情况下，自我只部分地设定受动于非我，而在它设定活动于自我的情况下，它部分地不设定受动于非我。（明确地说：一个活动被设定于自我，而根本没有非我中的受动与它相对立，同样，一个活动被设定于非我，而根本没有自我中的受动与之相对立。在我们确切认识这种活动之前，我们暂时把它称为独立的活动。）

III. 但是，自我与非我中的这种独立的活动，是与现在通过相互规定法则所详细规定了的对立法则互相矛盾的；因而它特别与当前在我们的探讨中起主导作用的相互规定的概念发生矛盾。

自我中的一切活动规定着非我中的一个受动（可以推论出这样一种受动），反之，非我中的一切活动规定着自我中一种受动。这是根据相互规定的概念。——但是，现在正好提出了这样的命题：

自我中一定的活动不规定非我中的任何受动（不可能推论出这样一种受动）；同样，非我中的一定的活动不规定自我中的任何受动。

第二个命题与前面第一个命题的关系，就像否定性和实在性的关系一样。因此，两者可以通过规定而统一起来，就是说，两者都只能部分地有效。

前面列举的矛盾着的命题是互相规定的命题。这个命题只应当部分地有效，就是说，它应当自己规定自己，它的有效性应当通过一种规则被限制于一定的范围之内。

或者用另外一种方式来说，自我与非我的独立活动只在一定意义上是独立的。这一点立即可以看清楚。因为：

IV. 根据上面的命题，自我中应当有一种活动，这种活动规定着非我中的一种受动，并由这个受动所规定；反之，非我中应当有一种活动，而这种活动规定着自我中的一种受动，并由这个受动所规定；对于这种活动和受动，相互规定的概念是可以应用的。

同时，在自我与非我中应当有一种活动，而这种活动不是由对方的任何受动来规定的；正如刚才为了解决已出现的矛盾而假设的那样。

两个命题应当并行不悖；因而它们必须能通过一个综合概念而被设想为在同一个行动中统一起来了。但是，这个概念不可能是别的，只能是相互规定的概念。被认为统一了这两个命题的那个命题是这样的：

独立的活动由行动与受动的交替而被规定着（这是指通过相互规定而彼此互相规定着的行动与受动）；反之，行动与受动的交替通过独立活动而被规定着。（属于交替范围的东西不属于独立活动的范围，反之，属于独立活动的范围的东西不属于交替范围；因此，每一个范围都可以通过与它对立的范围而规定自己。）

假如这个命题能够成立，那么很清楚：

1. 在什么意义下自我的独立活动与非我的独立活动相互规定，在什么意义下它们并不相互规定。它们并不直接地规定自己，但是，它们通过它们的包含在交替之中的行动与受动而间接地规定自己。

2. 相互规定的命题怎么能同时既是有效的又是无效的；它对于交替与独立活动是可以应用的；但它对于独立活动与自在的独立活动是不能应用的。交替与独立活动两者从属于这个命题，但是，独立活动与自在的独立活动两者不属于它。

现在我来回顾一下前面提出的命题的意义。

它里面包含下面三点：

1. 通过行动与受动的交替来规定独立活动。

2. 通过独立活动来规定行动与受动的交替。

3. 行动与受动通过对方而被相互规定着。至于人们究竟是从交替行动与受动向独立活动或者是从独立活动向交替行动与受动过渡，那是无所谓的事。

I

关于第一个命题，我们应该首先探讨一下，一个独立活动通过一个交替行动与受动而被规定究竟是什么意思；然后，我们应该把它应用到当前的情况上来。

1. 通过行动与受动的交替，一个独立活动被一般地规定着(命题的一个特定的量被设定起来)。——我们这是在规定相互规定的概念本身，就是说，通过一种规则来限制这个概念的有效范围，关于这一点我们已经提醒过了。但是，进行规定就是指出根据。如果这个命题的应用根据被提出来了，那么，应用也就同时被限制了。

就是说，根据相互规定的命题，通过一方中的一种活动的设定，对方中的受动就直接地被设定起来，反之亦然。根据设定对立面的命题，现在如果有一个受动一般地被设定了，那么，必定有一个受动被设定于活动者的对方，这一点当然是清楚了，但是，为什么一般地要有一个受动被设定起来，为什么一方中的活动不能就此告终，换句话说，为什么一般地要出现相互规定的情况，这个问题还是没有通过相互规定的命题而得到解答。——受动与活动，作为两方，是对立的，可是受动应当直接通过活动被设定起来，活动应当直接通过受动被设定起来，因此，根据规定的命题，它们必定在一个第三者＝X那里又是相同的。（这个第三者使受动可能过渡为活动，使活动可能过渡为受动，而不至于使意识的统一性被打断，更不至于使意识的统一性里如我们所说的出现冲突。）这个第三者就是处于交替中的行动与受动之间的关联根据。（§3）

这个关联根据不依赖于相互规定，毋宁说相互规定依赖于关联根据；关联根据不因相互规定才是可能的，但相互规定却是因为关联根据才成为可能的。因此，关联根据虽然在反省中是通过相互规定而被设定起来的，但是，它被设定为这样一种东西，这种东西不依存于相互规定，也不依存于因相互规定而交替出现的东西，它是独立的。

此外，关联根据还在反省中通过交替而被规定，并且在反省中取得它的地位，就是说，如果相互规定被设定了，则关联根据就被设定在这样一个范围里:这个范围本身包括相互规定的范围,就好像通过关联根据画定了一个比相互规定的圆圈更大的圆圈,以便用这个圆圈把关联根据稳妥地安置下来似的。关联根据占有一般规定的范围,而相互规定则仅仅占有这个范围的一部分;从上述命题是完全可以看清这一点的,不过为了反省的缘故,在这里必须提醒一下。

这种根据是一种实在性,或者,如果相互规定被认为是行动,那么,这种根据就是一种活动。——这样一来,通过相互规定就一般地规定了一种独立的活动。

(从上述命题同样可以看到,一切相互规定的根据就是绝对全部的实在性。这个绝对全部的实在性根本不可能被扬弃,因而在一方中被扬弃了的它那一部分定量,必定在对方中被设定起来。)

2. 我们把这个普遍的命题应用到它所包含的和当前出现的事例上来。

a)借助于**效用**的交替概念,一个非我的活动就通过自我的受动被设定起来。这是已经指出的交替中的一种交替:一个独立的活动就是通过这种交替设定和规定的。

相互规定从受动开始。受动**是**设定起来的;通过受动,活动被设定起来。受动是被设定于**自我之中**的。因而如果相对于这种受动而设定一种活动与之对立,那么,这种活动必定被设定于自我的对方,被设定于非我之中,这从相互规定的概念来看,是完全有根据的。——在这个过渡里,当然也有并且必定也有一个联结环节。这个联结环节大家都知道就是量,在自我与非我中,在受动与活动中,量是自身等同的。量就是关系根据,但是,我们也可以恰如其分地称之为理想的根据。于是自我里的受动就是非我里的活动的理想根据。——我们现在所考察的这个处理方法，通过相互规定的规则被证明是完全正确的。

下面完全是另一个问题：如果说相互规定的规则在这里也被完全应用上了，那么，为什么相互规定的规则在这里应该被用上呢？在受动被设定于自我之中以后，活动就被设定于非我之中，这是不加任何考虑就承认了的，但是为什么一般说来要有活动被设定起来呢？这个问题是必定不能通过相互规定的命题来解答的，而是要通过更高的根据命题来解答的。

一个受动被设定于自我之中，意思是说，自我的一个定量的活动被扬弃了。

这个受动，或者说，这个活动的减小，必须有一个根据；因为被扬弃的东西应当是一个定量；但是，每一个定量都受另一个定量规定，而由于另一个定量的缘故，这个定量就既不较大也不能较小，而恰恰就是这个定量；这是符合规定的命题的(参见§3)。

这个减小的根据不能存在于自我之中(从自我那里，从它的原始本质那里不能直接出现这种东西)；因为自我只设定自己为活动，并不能设定自己为受动；它只设定自己为存在着的东西，并不设定自己为不存在的东西(参见§1)。

根据设定对立面的规定，凡不属于自我的都属于非我(参见§2)，根据不存在于自我之中，这个命题等于说减少的根据存在于非我之中。

这里所说的已经不再是单纯的量了，而是质；受动只要是由存在构成的，它就被设定为与自我的本质相对立，而且只有在这种情况下,受动的根据才能不被设定于自我之中,而必定被设定于非我之中。受动被设定为与实在性相对立的质,即否定性(否定性并不仅仅是活动的一个较小的量,参见本段中的 B)。但是,质的根据叫做实质根据。一个不依附于交替关系而独立的、为交替关系的可能性所设定的那种非我的活动,就是受动的实质根据;而那种非我的活动所以被设定起来,是为了使我们能有一个受动的实质根据。——于是通过上述的交替关系,就设定了一种不依附于交替关系的,作为交替关系的前提的非我活动。

(一方面是因为我们在这里到达了可以很方便地概观整个体系的要点之一,一方面也是为了不让独断论的唯心主义在短时间内有一个它可以从上述命题中取得的证明,我们再次明确地指出:一种在非我中的实质根据乃是以在自我中的受动的某种质的东西为基础的。在对单纯的效用命题进行反省时,我们确实必须承认这种质的东西。因而实质根据仅仅在它的前提条件可能有效的范围内才是有效的。——当我们在探讨第二种,即实体性的交替概念时,就会看到:在对交替概念进行反省的时候,受动不能被思维为某种质的东西,而只能被思维为某种量的东西,即活动的单纯减少;因此,在这种反省中,非我就重新成了单纯的理想的根据,因为既然根据已经不再存在,建立在它上面的东西也就没有了。——我们简略地总结一下:如果表象的说明,即全部的思辨哲学的出发点是非我被设定为表象的原因,表象被设定为非我的效果,那么,非我就是一切的实质根据;非我绝对地存在着,因为它存在着,而且它绝对地就是它所是的那个东西,即斯宾诺莎所谓的事实。自我本身只是非我的一个偶态,绝对不是实体,这样,我们就得到了斯宾诺莎主义所谓的物质。斯宾诺莎主义是一种独断的实在论，这个体系并不以进行最高可能的抽象，即并不以抽除非我为前提，而且它并不建立最后的根据，所以这个体系是完全无根据的体系。——反之，如果表象的说明从这样的观点出发：自我是非我的实体，而非我是自我的一个偶态，那么，非我就根本不是自我的实质根据，而只是它的理想根据，因此，非我除了表象之外就根本没有实在性；它不是实体，不是任何自为存在的，绝对地设定起来的东西，而是自我的一个纯粹的偶态。对于自我中的实在的局限性，对于产生表象的冲动，这个体系根本提不出根据。它把对于根据的探讨完全省略了。这样的体系就是独断的唯心主义，它固然进行了最高的抽象，因而有着充分的根据；但是，它毋宁是不完全的，因为它没有说明一切应当说明的东西。因此，实在主义与唯心主义的真正争论是：人们在说明表象时应当采取什么道路的问题。大家将会看到，在我们的知识学的理论部分里，这个问题是完全未予解答的，就是说，它被解答到这种地步：两条路都是正确的。在一定的条件下，人们不得不走其中的一条路，而在相反的条件下，人们不得不走另外一条路。而这样一来，人类的理性，就是说，一切有限的理性，就陷于自相矛盾，陷于无限循环。有一个体系指明了这种情况，那就是康德以最彻底的最完备的方式建立起来的那种批判的唯心主义。理性的自相矛盾必须解决，即使在理论知识学里这个矛盾是不可能解决的。由于自我的绝对存在是不可能被取消的，所以争论的结局必然有利于最后的那种结论，就像在独断的唯心主义里那样。只有一点不同，那就是我们的唯心主义不是独断的，而是实践的，不是规定了它**是**什么，而是规定了它**应当**是什么。但是要实现这一点，必须采取这样的方式：一切应当得到说明的都得到说明。而这一点是独断主义所做不到的。自我的活动的减少，必须从自我本身来说明。活动减少的最后根据，必须被设定于自我之中。要实现这一点，就只有这样：自我被设定为这样一种东西：它应当包含那个使有理智的自我的活动为之而减少的那个非我的存在根据于自身之中：这是一个无限的理想，其本身是不可思议的，因而它并不能使我们说明应该说明的东西，而只是向我们指出其所以不能加以说明的情况和原因。从这个角度来看，自我是实践的。问题的症结与其说是解开了，不如说是被设定于无限之中了。)

一种非我的独立活动曾经通过自我的受动与非我的活动之间的交替而被设定起来；这种独立的活动现在通过同一个交替作用也得到了规定。它被设定，是为了给在自我中设定起来的受动建立根据。因而它所涉及的范围也不大于非我所涉及的范围。对于自我来说，除了非我的受动之外，根本没有非我的原始实在性和活动。自我中没有受动，非我中没有活动，即使在谈论这种活动的时候，谈论不依附于效用性的概念而构成着实质根据的那种独立的活动的时候，这话也是有效的。甚至自在之物也只是在一种受动的可能性至少被设定于自我之中时，才是存在的。这是一条教规，它只在知识学的实践部分中才会得到它的完全规定和可应用性。

b)借助于实体性概念，通过自我的活动(自我的偶态)，一个受动(一个否定性)在同一个自我中被设定和规定起来。自我的活动与受动，两者都包括在交替作用之中；它们彼此的规定是前面建立起来的相互规定的第二类型；而且也是通过这种交替作用，一种并不依附于它的、并不包括在它之内的独立活动应当被设定和规定起来。

活动与受动，自在地是对立的。如同我们已经看到的那样，通过某一定量的活动被设定于一方之中时所通过的那同一个行动，当然可以把同样定量的受动设定于对方之中；反之，通过某一定量的受动被设定于一方之中时所通过的那同一个行动，当然也可以把同样定量的活动设定于对方之中。但是，如果说，通过同一个行动，活动与受动不是在对立双方中，而是在一方中，而且在这一方中被设定起来，那是矛盾的。

现在，这个矛盾确实在前面进行实体性概念的演绎时通过下列情况一般地说已经解决了：就是说，受动就其自在和质来说，根本不是别的什么，只不过是一种活动，而就量来说，则应当是一种比全部活动少些的活动；而且在这种意义上，我们甚至完全可以搞清楚一个较小的量是怎么可以与绝对全部的量相比较的，以及它既然同绝对全部不相等，它是怎么能够**作为**一个较小的量而被设定起来的。

现在，两者的关联根据是活动。无论全部活动还是非全部活动，两者都是活动。

但是，也有活动被设定于非我之中，而且被设定于非我之中的同样是一个与全部活动不相等的，被限制了的活动。那么，这就发生了如下的问题：自我的一个有限制的活动通过什么同非我的一个有限制的活动相区别呢？这恰恰等于说，在这种条件下，自我与非我一般地说怎么还能区别开呢？因为自我因之成为活动的而非我因之成为受动的那个自我与非我的关系根据已经没有了(我们请读者千万不可忽视这点)。

如果这样一种区别是不可能的，前面所要求的相互规定也就不可能了，而且一切推演出来的规定就一般地都不可能了。非我的活动通过自我的受动而受到规定；而自我的受动则通过它自己的活动在减少之后余留下来的那个量而受到规定。在这里，显然为了与自我的绝对全部的活动有可能发生关系而作了这种预先设定，即减少了的活动就是自我的活动，就是绝对全部的活动被设定于其中的那同一个自我的活动。——减少了的活动是与全部的活动相对立的，而全部的活动是被设定于自我之中的，因此，根据前面的规则，全部活动的对方，或者说减少了的活动，就应当被设定于非我之中。可是，假如减少了的活动被设定到非我中去了，它就不会通过任何关系根据与绝对全部的活动联结起来了；相互规定就不会发生，而至今所推演出来的一切就都被扬弃了。

这样一来，减少了的活动，既然作为一般的活动不可能与全部活动发生关系，也就必定没有特性了；而减少了的活动的这种特性是应当能够指明关系根据的，并使减少了的活动成为自我的活动，而绝对不能成为非我的活动。但是，自我的这种特性是非我根本不可能得到的，这种特性就是绝对没有任何根据地设定和被设定。(参见§1)因而那种减少了的活动必定是绝对的。

但是，绝对的和无根据的，就是完全无限制的(参见§3)；可是，自我的那种本原行动毕竟是有限制的。这个疑难可以这样解答：只要这个行动是一个一般的行动而不是更多的什么，那它就是没有受任何根据、任何条件所限制；行动可以被采取，也可以不被采取;行动自在地通过绝对自发性而发生。但是,一旦它涉及一个对象,它就是被限制了的;也可以不采取行动(虽然受着非我的影响,如果我们愿意设想不经自我的参与而通过反省就可能有这样一种非我的影响的话);但是,一旦采取了行动,这行动就必定恰恰涉及这个对象,而不能涉及任何别的对象。

于是,通过上面列举的相互规定,一种独立的活动就被设定起来。这就是说,正在交互作用的活动,其本身是独立的,但是,这并不是因为它正在交互作用,而是因为它是活动。既然它有交互作用,它就是有限制的,并且因此是一种受动。它是从双重观点上看待问题的。

另外,这种独立的活动,特别在纯粹的反省里还受着交互作用的规定。为了可能有交互作用,活动必须被认为是绝对的;因此,建立起来的不是一般的绝对活动,而是规定着一个交互作用的绝对活动。(这种绝对活动叫做想象力,这是将来会看到的。)但是,这样一种绝对活动,只是在交互作用需要加以规定的情况下才设定起来的;因此,它的范围将由这种交互作用的范围本身来加以规定。

II

通过一种独立的活动,相互作用的活动和受动得到了规定,这是我们要讨论的第二个命题。我们必须对这个命题作一般地阐明。

1. 并且把它的含义与前面的命题的含义严格地加以区别。

在前一个命题里,我们是从交互作用开始的;它被作为已经发生了的东西预先设定起来，因而我们根本没有谈到作为一个纯粹的交替作用(一个从一方到另一方的过渡)的交替作用的形式，而只谈了交替作用的实质，只谈了正在交替着的端项。如果一个交替作用已现成地在那里——这是前面一般的结论——，那么，端项就必定已现成地在那里，这样它们才能进行交替。它们怎么可能是这样交替的呢？我们当曾提出一种独立的活动作为它们的根据。

但是，我们现在不从交替作用出发，而从使交替可能成为交替、并根据交替的形式而使交替可能成为一种由一方到另一方的过渡的那个东西出发，向前进行。那里谈的是交替的实质的根据，这里要说的是交替的形式的根据。而交替的这个形式根据也应当是一种独立活动；这里，我们要对这个主张加以证明。

我们还可以更明确地指出交替的形式所以不同于交替的实质的区别根据，如果我们仔细地对我们自己的反省进行反省的话。

在第一种情况下，交替被当作已经发生了的东西而设定起来的，因而关于它如何发生的方式就被撇开了而没有考虑，只考虑了正在进行交替的端项是如何可能的问题。——磁石吸引铁，铁被磁石吸引，这是两个彼此交替的命题，即，其中一个命题是通过另一个命题被设定起来的。这是预先设定起来的，而且作为有限的根据而预先设定的事实；因而没有问是谁通过一个命题而设定另一个命题的，并且，通过一个命题去设定另一个命题一般地说究竟是何种情况？而毋宁只是问在其中的一个可以通过另一个而被设定起来的这两个命题的范围内，为什么恰恰包含有这样两个命题？在两个命题中必定包含有某种使它们两者有条件能够互相交替作用的东西。这个东西也就是使它们成为交替命题的实质，而这是应该找出来的。

在第二种情况下，反省是指向交替过程本身的。互相交替的命题则完全被撇开不管。这不再是根据什么权利去和那些命题进行交替的问题，而是一般地怎么进行交替的问题。而且，在这个时候出现了这样的情况：必须在磁石和铁之外有一个有智慧的本质现成存在着，他观察磁石和铁两者，把两者的概念在他的意识里统一起来，并且必然给一方提供一个与对方的宾词相对立的宾词（吸引和被吸引）。

在第一种情况下发生的是对于现象的一种简单的反省，即观察者的反省；在第二种情况下发生的是对于前一种反省的反省，即哲学家对于观察的方式的反省。

一旦明确了我们所寻找的那种独立活动应该规定着交替的形式而不是规定交替的单纯的实质这一点之后，就没有什么东西阻碍我们不去以新的方法在我们的反省中从交替出发进行探讨了，因为探讨工作因此而得到了极大的方便。

2. 现在我们把刚才一般地说明了的命题应用到它们所包含的个别情况上来。

a）在效用性的交替里，通过自我中的一个受动，在非我中设定了一个活动，就是说，一定的活动没有被设定于自我中，或者说，一定的活动被从自我中剥夺了，反而被设定于非我中。为了纯粹地得到这种交替的单纯形式，我们必须既把被设定的东西即活动撇开，又把设定于其中的与不设定于其中的两个端项即自我与非我抽掉，这样一来，我们作为纯粹的形式而保留下来的就是一种因为不设定而设定，或者说，一种让渡。这可以说就是效用性的综合里的交替的形式特性，因而就是进行交替的活动（在积极的含义上，是它实现了的交替）的实质特性。

这种活动是不依存于因它而可能并由它而实现的那个交替的，它并不是通过交替才成为可能的。

这种活动并不依存于交替的两个端项本身，因为通过活动，两个交替着的端项才是交替的端项，正是活动使两个端项进行交替的。没有它，两个端项仍然可以是两个端项，然而它们是孤立的，没有互相联系起来。

然而，任何设定都出于自我，都是自我的特性，因而上述那种让渡活动，即为了通过效用性概念而使一种规定成为可能的那种让渡活动是属于自我的。自我把活动从自我那里让渡给非我，从而把它自身中的活动扬弃掉。如上所述，这就是自我通过活动把一个受动设定于自身之中。只要自我在让渡活动给非我时是活动的，那么，在这个意义上，非我就是受动的：活动是被让渡到它这里来的。

（请大家暂时不要因为这个命题在它被建立起来的意义上与第一原理相矛盾而受到干扰，因为在前面讨论最后一个命题时，曾经从第一原理推论出非我的一种不依存于任何交替而独立的实在性。认识到这点就行了。然而这个命题和跟它相矛盾的命题一样是从证明了的前提中通过正确的推论得到的。两者统一的根据，不用我们进行任何有意的干预，到时就会显现出来。）

请大家不要忽略前面说过的一句话：这种活动是不依存于通过它才成为可能的那种交替而独立的。因为毕竟还可能有另一种不必通过它才可能的交替。

尽管已建立起来的命题受到各种各样的限制，至少我们通过它已经赢得了这样的结论：自我甚至当它是受动的时候，也必定是活动的，即并不单是活动的。而且这个结论很可能是使我们的探讨所花费的精力得到丰富的报酬的一个非常重要的收获。

b)借助于绝对全部的活动，在实体性的交替里，活动应当被设定为是受了限制的，就是说，绝对全部的活动中通过限制而被排除的那一部分活动被设定为没有被有限制的活动的设定所设定的，被设定为有限制的活动中所缺少的：因而这种交替的单纯形式的特性乃是设定中的一个不设定。在绝对全部的活动中，缺少的东西被设定起来了。它不是在有限制的活动中被设定起来的，它被设定为是在交替中被设定的，这是绝对地从设定出发，而且是从对绝对全部活动的设定出发，而且是根据前面建立的实体性概念出发的。

因此，设定这种交替本身的那个行动，其实质特性必定同样是一个通过一个设定的不设定，而且是通过一个绝对设定的不设定。受到限制的活动（它此时被当作给定了的来看待）中的没有被设定是从哪里来的，以及这个没有被设定的根据可能是个什么东西，在这里都完全被撇开没去管它。受到限制的活动已经存在在那里，这是事先设定为前提的，所以我们不去追问它怎么会自在地存在在那里，我们只问它怎么会与没受限制的活动相交替的。

一般地说，一切设定，特别地说，绝对设定，都属于自我。设定现在这种交替本身的那个行动，是从绝对设定来的，所以是自我的一种行动。

自我的这种行动或活动，是完全不依存于通过它才被设定起来的那个交替的。这种行动本身无条件地设定了交替的一个端项、绝对全部的活动，并且通过这个设定，它才把交替的另一个端项设定成为被减小了的活动，即比全部活动小些的活动。活动作为活动，是从哪里来的，这并不是问题，因为作为活动，活动不是交替的端项，仅仅作为被减小了的活动，活动才是交替的端项，而且它是先通过绝对全部活动的设定并通过与绝对全部活动发生关系才成为交替的端项的。

上述的独立活动来自设定，但就其真正表现出来的说，它是不设定，因而从这个意义说，我们可以把它称之为一个外他。绝对全部活动的某个定量为那个被设定为减小了的活动所排除出去，被认为不存在于绝对全部活动之内，而毋宁是存在于它之外。

请大家不要忽视这种外他与前面提出来的让渡之间的区别的特征。在让渡那里，诚然也有某种东西从自我中被扬弃掉，但是，我们在反省时是撇开这个东西不管的，而只考虑它被设定到对立的东西中去了。相反，在外他这里，仅仅表示有某种东西被排除出去了，至于这种被排除出去的东西是否被设定到某个别的东西中去了，以及这某个别的东西是什么，至少在这里是与问题无关的。

相对于已指出的外化活动，必定有一个受动与之对立，而且实际上当然就是这样，即绝对全部的活动的一部分被外化了，被设定为被设定的了。活动有一个对象，全部的一部分就是这个对象。至于这种活动的减少，或者说，这种受动，究竟属于哪一个实在性基础，究竟属于自我还是非我，在这里不是问题。重要的是大家不要进一步去推论除了从已经建立的命题里可以推论到的东西之外的别的什么东西，而是在交替的完全纯粹的状态下去理解交替的形式。

（每一事物都是它所是的那种东西，每一事物都有当它被设定起来时被设定的那些实在性。A＝A〈参见§1〉。说某种东西是这个事物的偶态，这主要是说，这个某种东西不是通过该事物的设定而被设定起来的，它不属于该事物的本质，而是可以从该事物的原初概念中排除出去的。偶态的这个规定正是我们现在必须加以说明的。但是，在另外一定的意义上，偶态又被归属于事物，并被设定于事物之中。这到底是怎么回事，到时候我们同样会看到。）

III

交替和不依存于它的独立活动，两者应该互相规定自己。像过去一样，我们必须首先探讨这个命题的普遍含义是什么，然后把它们应用到它本身所包含的特殊事例上去。

1. 在独立的活动中，同样也在交替中，我们必须重新一分为二。我们必须区别交替的形式和交替的实质，而且根据这个区别标准，我们应当分清一种规定交替形式的独立活动和另一种在反省中被交替实质所规定的独立活动。因此，人们不能就现有的这个样子直接地把要讨论的命题拿来分析研究。因为如果我们现在说交替，那就模棱两可。究竟我们指的是交替的形式，还是它的实质，就不明确。对于独立活动，情况也是这样。因而在交替和独立活动这两者之中，首先必须把区别开来的两个方面统一起来，而要实现这一点，除了通过交互规定的综合之外没有别的办法。因此，上面列举的那个命题必定包含下列三个命题：

a)不依存于交替的形式而独立的活动规定着不依存于交替的实质而独立的活动，反之，不依存于交替的实质的独立活动规定着不依存于交替的形式而独立的活动，就是说，双方互相规定着，是综合统一了的。

b)交替的形式规定着交替的实质，反之，交替的实质规定着交替的形式，就是说，双方互相规定着，是综合统一的。而这样的命题才可以理解，才可以讨论。

c)交替(作为综合的统一体)规定着独立的活动(作为综合的统一体)，反过来也一样，独立的活动规定着交替，就是说，两者互相规定着，本身就是综合统一的。

α)规定着交替的形式，或者说，规定着作为交替的交替，但又绝对不依存于交替而独立的那种活动，乃是一种过渡，一种从正在交替着的一个端项向另一个端项的过渡，这是作为过渡(不是作为什么一般行动)的过渡。规定着交替的实质的那种活动，乃是这样一种活动，这种活动把能使一个端项向另一个端项过渡成为可能的那种东西设定于(两个)端项中去。——这后一种活动提供了前面(第 24 页)所寻求的 X，而这个 X 是包含于两个交替端项中的，并且只能是包含在两个端项中的，而不能包含在单独一个端项中。它使我们不可能满足于设定一个端项(实在性的或否定性的)，而是使我们不得不同时设定另一个端项，因为没有另一个端项则单独一个端项的不完全性就显露出来了。——这个 X 就是意识的统一性赖以延续下去的那个东西，而且如果意识里没有发生矛盾，则意识的统一性必须赖以延续下去的那个东西，就好比是意识的导体。至于前一种活动,在下述情况下乃是意识本身,就是说,如果意识到两个交替端项的那个意识是依赖这个 X 而得以延续的,是统一的(虽然意识交替着它的对象,交替着这些端项,并且如果它是一个统一体,它就必然地交替着两个交替端项),则前一种活动就是意识本身。

前一种过渡规定着后一种过渡,意思是:过渡本身充当在其中进行过渡的那个东西的根据。通过单纯的过渡,过渡才成为可能(一种理想主义的主张)。后一种过渡规定着前一种过渡,意思是:在其中进行过渡的那个东西充当着作为行动的那个过渡的根据,通过前一种过渡,过渡本身被直接设定起来(一种独断主义的主张)。两者互相规定着,因此这意味着:通过单纯的过渡,那种依赖单纯过渡才能被过渡的东西就被设定于交替的端项之中了。并且由于交替的端项作为交替的端项被设定起来,它们之间就直接发生了交替。过渡之所以成为可能,是由于过渡发生了,它只在它实际发生了的情况下才是可能的。它是自己通过自己奠立了根据的,它是绝对地发生的,因为它发生了,而且它是一种没有任何规定根据和没有任何自身之外的条件的绝对行动。——它从一个端项过渡到另一个端项的根据就在意识本身之中,并不在意识之外。意识之所以必须过渡,仅仅因为它是意识,而且如果它不过渡,它的内部就要发生矛盾,而其所以如此,仅仅因为不这样它就不是意识了。

β)交替的形式与交替的实质应当互相规定。

正如我们不久前提到的那样,交替之所以不同于因它而预先设定的活动,就在于人们把这种活动(比如,一位理智的观察者在自己的理智中把交替端项设定为可交替的东西的那种活动)抽掉了。人们自己把交替端项思维为正在交替着的,人们把那种也许只存在于我们自身之中的东西让渡给外物。这种抽象的方法究竟在什么程度上有效或无效,将来到时候就会看到。

从这个角度来看,端项自己交替。两个端项的互相干预乃是交替的形式。直接出现于两者的这种干预与被干预中的活动与受动乃是交替的实质。为了简便起见,我们把交替的实质叫做交替端项的相互关系。前面说的那种干预应该规定端项的关系,就是说,关系应当直接地通过单纯的干预,通过干预本身,无任何其他规定而被规定着;反之,交替端项的关系应当规定它们的干预,就是说,通过它们的单纯关系,无须任何更进一步的规定,它们的互相干预就设定了。通过它们的单纯关系(单纯关系在这里是被当作在交替之前就起规定作用的),它们的干预就已经被设定了(干涉不是它们的一个什么偶态,好像没有这个干预它们也能照常存在似的),反之,通过它们的干预,干预在这里是被当作在关系之前就起规定作用的,它们的关系也同时就已经被设定了。它们的干预与它们的关系就是二而一的同一个东西。1. 它们彼此发生关系,就是它们进行交替,而且除了这种交替之外,它们根本没有任何相互关系。如果它们不是被设定为交替的,它们就根本没有被设定。2. 按照单纯形式来说,在它们之间根本上是设定了一个交替的。通过这一点,这个交替的实质,即交替的方式、因交替而设定了的行动和受动的量以及其他等等,也就无须其他任何进一步的条件而完全被规定了。——它们必然交替,而且它们以唯一可能的(直接由于它们的交替)规定了的方式而交替。——只要它们是设定了的，一个特定的交替也就被设定了，而且只要一个特定的交替是设定了，它们也就设定了。它们和一个特定的，或者说被规定了的交替，是同一回事。

γ）独立的活动（作为综合的统一体）规定着交替（作为综合的统一体），反之，交替规定着独立活动，就是说，两者互相规定着，本身是综合统一了的。

活动，作为综合的统一体，是一种绝对的过渡；交替则是一种绝对的完全由自身规定了的干预。活动规定着干预，意思应该是：只要发生了过渡，交替端项的干预就被设定了；交替规定着活动，意思应该是：只要两个端项发生干预，活动就必然从一个端项过渡到另一个端项。两者互相规定着，意思是说：只要一方是设定了，另一方也就设定了，反之亦然。人们可以而且必须从一个对比端项向另一个对比端项过渡。所有的一切，都是同一回事。——但是，整体是绝对地设定了的，它以自己本身为根据。

为了更容易理解这个命题，为了表明它的重要性，我们把它应用到它所包含的一些命题上去。

规定着交替形式的那个活动，规定着在交替中发生的一切，反之，在交替中发生的一切规定着上面说的那个活动。就其形式而言，单纯的交替即端项的互相干预，如果没有过渡行动那是不可能的；有了过渡，交替端项的干预就同样被设定起来；反之，有了交替端项的干预，过渡也同样被设定起来。只要交替端项被设定为有干预作用的，那就必然发生过渡。没有干预，就没有过渡，没有过渡，就没有干预，两者是一回事。它们只在反省里才能加以区别。另外，同样的活动也规定着交替的实质。通过必然的过渡，各交替端项作为端项才被设定起来，而且正是由于它们仅仅是作为端项而设定的，所以它们才被设定起来。因此，人们可以从不同的环节中的任何一个出发，只要你愿意。只要其中的一个设定了，其余的三个也就设定了。规定着交替实质的那个活动规定着整个的交替。它设定在其中可以发生过渡并因而必定发生过渡的那种东西，也就是说，它设定形式的活动，并且通过形式活动而设定其余的一切。

因此可以说，活动借助于交替而返回到自己本身，而交替则借助活动而返回自己本身。一切都再生产自己本身，在这里不可能有任何矛盾。从任何一个端项出发，人们都将被推进到其余一切端项那里去。形式的活动规定着实质的活动，实质的活动规定着交替的实质，交替的实质规定着交替的形式，交替的形式规定着形式的活动，如此等等。它们统统是同一个综合状态。行动经历一个循环而重返自身。但是，整个的循环是绝对地设定了的。它是存在着的，因为它是存在着的，不可能指出它的任何更高的根据。

下面才是这个命题的应用。

2. 交替与至今还被视为是不依存于交替的独立的活动应当彼此互相规定，这个命题现在可以被应用到它本身内所包含的各特殊事例上了。

a)首先可以应用到**效用性的概念**上。——我们根据前面建立的程序来研究由效用性概念所假设的综合：α)在效用性的交替里，形式的活动规定着实质的活动，反之亦然。β)在效用性的交替里，交替的形式规定着交替的实质，反之亦然。γ)综合统一的活动规定着综合统一的交替，反之亦然，就是说，活动与交替本身是综合统一的。

α)为了在效用性的概念里有可能假设交替而设定之为前提的活动，按照单纯的形式来说，是一种让渡。通过一个不设定的设定，(从一定的方面说)没有被设定(从另一方面说)而被设定了。交替的实质活动应当通过这种形式的活动而被规定。交替的实质活动当初是非我的一个独立活动，通过这个活动，作为交替的起点的那个端项亦即自我中的受动才是可能的。交替的实质的活动通过交替的形式的活动而被规定着，被奠立着、被设定着，这显然就是说，非我的这种活动本身乃是这样的活动，它是通过交替的形式的活动、借助于它的设定作用而被设定起来的。而且它之所以被设定，仅仅因为有某种东西没有被设定。(这个没有被设定的东西会是个什么，我们现在必须加以探讨。)——非我的活动因而被划定了一个局部的范围，而形式的活动就是这个范围。非我只在这个意义上是活动的，即它是由于一个不设定而被自我(形式的活动属于这个自我)设定为活动的。——没有一个由于一个不设定而来的设定，就没有非我的活动。反之，我们说实质的活动，也就是说非我的独立活动，奠立着和规定着形式的活动，也就是过渡、由于一个不设定而来的设定。根据上面的一切说法，这话显然等于说它应当把过渡规定为一个过渡，它应当设定一个 X，这个 X 指明某一个端项的不完全性，从而不得不把这个端项设定为交替的端项，并通过这个交替端项而另设定一个与之交替的第二个端项。这第二个端项就是作为受动的受动。因此，非我作为根据奠立着不设定，并且因而制约着和规定着形式的活动。形式的活动通过一个不设定，根本不设定什么他物，但是，不设定是以有一个非我的活动为条件的，因而整个假设的行动也是以有一个非我的活动为条件的。通过一个不设定的设定被封闭在非我的活动范围之内。——没有非我的活动——就没有通过一个不设定的设定。

（现在我们已经非常接近前面接触过的那个争论，只是稍微缓和了一点。第一种反省的结果建立了一种独断的唯心主义，非我的一切实在性都只不过是一种从自我让渡过来的实在性。第二种反省的结果建立了一种独断的实在主义：如果不是已经预先设定一个非我的独立的实在性、一个自在之物为前提的话，那么，实在性就不可能被让渡。因此，现在要建立的综合，必须完全负责来解决争论，指出唯心主义与实在主义之间的中间道路。）

两个命题可以综合地统一起来，就是说，它们可以被认为是同一的。这就要在下述意义上才能实现：在非我中是活动，在自我中就是受动（利用设立对立面的命题），因此我们可以设定自我的受动代替非我的活动。这样，利用假设的综合，在效用性概念里，自我的受动与自我的活动，不设定与设定就完全是同一个东西。在效用性概念里，两个命题所说的是，自我在自身中不设定某种东西和自我设定某种东西于非我中完全是一回事：它们并不表示不同的行动，而是表示了同一个行动。没有哪一个是对方的根据，也没有哪一个以对方为根据，因为两者是同一个东西。

我们进一步来反省这个命题。它本身包含着下列命题：a）自我不设定某种东西于自身，就是说，它设定某种东西于非我。b）因此在非我中被设定的东西，恰恰就是这样的东西：不设定，或者说否定那在自我中没有被设定的东西。行动回到了自己本身：只要自我不设定某种东西于自身，那它本身就是非我。但是，由于它毕竟是自我,所以它必须设定:而且由于它不在自我中设定,所以在非我中设定。但是,尽管这个命题现在已经经过如此严格的证明,常识毕竟还在继续反对它。我们想找出这种反对的理由,以便使常识方面的论断至少暂时平息下来,等到我们能够指出它们的统辖领域之后,才能使它们真正满意。

在前面列举的那两个命题里,设定这个词的意义明显地有双重含义。常识感觉到了这一点,所以坚持不同意。——非我在自我中不设定什么东西,或者否定什么东西,意思是说:对于自我而言,非我根本不进行设定,而只是从事扬弃,因此,非我是在这个意义上与自我在质上相对立,并且是自我的一个规定的实在根据。——但是,自我不在自我中设定什么东西,并不是说自我根本不进行设定,它当然是进行设定的,因为它不设定被它设定为否定性的那种东西,——自我不在自我中设定什么东西,而只是说,自我只部分地是不进行设定的。因此,自我不在质上而只在量上与自己本身相对立。因而它只是自己本身中的一个规定的理想根据。——它不设定什么东西于自身,与它设定这个东西于非我乃是同一回事。因此,自我是非我的实在性的根据,并不表示其他什么,只不过是说,它是自己本身中的规定,即它的受动的根据,它仅仅是理想根据。

非我中这种单纯理想地设定起来的东西应当实在地就是自我中的一个受动的根据。理想根据应当变成实在根据,而这一点是人们的独断癖性所不能理解的。——我们可以使这种独断癖性陷于极大的困惑,如果我们让非我像独断癖性所乐意那样作为实在根据,在自我不采取任何行动的情况下,对自我施加作用,给自我提供有待创造的材料，那么我们可以问：实在的根据怎么会变成理想根据的呢？——如果自我中的受动应当被设定并且通过表象而进入意识，那么，实在根据毕竟是非变成一个理想根据不可的。上述问题的解答，像前面的解答一样，恰恰是以预先设定自我与非我的直接汇合为前提的，而具有独断癖性的人及其所有的追随者们都将永远不会给我们提出对这个问题的彻底解答。而且它们只有通过一个综合，就是说，这一个通过另一个，另一个通过这一个，才能得到解答。

因此，上面的综合的较深含义是：理想根据与实在根据在效用性概念里（因而在任何情况下，只有在实在性概念里才出现一个实在根据）是统一的，而且是同一个东西。这个命题为批判的唯心主义奠定了基础，并且通过批判的唯心主义把唯心主义和实在主义统一起来，而人们是不愿意深究这个命题的。人们所以不愿意深究它，乃在于缺乏抽象力。

这就是说，如果在我们之外的不同事物通过效用性概念而联系起来，那么，在多大程度上这是对的或是不对，届时我们就会看到。不同事物的可联系性的实在根据与这个可联系性的理想根据之间是有区别的。在不同的事物里应该自在地存在着某种不依赖我们的表象而独立的东西。借助于这种东西，它们不用我们的干预就联结起来了。但是，我们把它们联系在一起，其根据应当存在于我们身上，比如说存在于我们的感觉里。这样一来，我们就把我们的自我也设定到我们之外，设定到设定者之外了，使之成为一个自在的我，成为一个不用我们参与（谁也不知道怎么样的）存在着的事物了。而在这个时候，就应该不用我们的干预而另外有某种东西对它们发生作用，比如，像磁对一块铁发生作用那样。[①]

但是，自我不是在自我之外的什么东西，它本身就是自我。如果说自我的本质仅仅在于它设定自己本身，那么对于自我来说，设定自己与存在就是统一的，是同一回事。反之，不设定自己与不存在，对于自我来说，也是同一个东西。而且否定性的实在根据与理想根据也是同一个东西。如果这些话一部分一部分地说，那就是这样一些命题：自我不在自身中设定任何东西，以及自我不是任何东西，而这两个命题又是统一的和同一个东西。

因此，在自我中某种东西并没有被（实在地）设定起来，这显然是说，自我不在自身设定它（理想地），反之，自我在自身中不设定某种东西，就是说：在自我中它并没有被设定起来。

非我应当作用于自我，它应当在自我中扬弃某种东西，显然是说，它应当扬弃在自我中的设定，它应当使自我不在自身中设定某种东西。如果对之起作用的那个东西实际上只是一个自我，那么，对自我所起的效用就不可能是别的，只能是使它在自身中作为一

① 下面的注释，与其说是为我的听众写的，不如说更多地是为这部著作也许会落到他们手里的那些学者和哲学读者写的。对于大多数人来说，要他们把自己当成一块口里的火山石比当成一个自我更容易。因此，他们没有理解康德，一点也不懂他的精神。因而他们也不会理解我的论述，虽然进行一切哲学思维的条件在这个论述中占据突出的地位。谁如果在这个问题上面还没有达到自身的统一，谁就不理解彻底的哲学，而且他根本就不需要它。他是自然的机器，自然将在他要实行的一切事务中无需他自己作出任何努力而引导他前进。进行哲学思维需要独立自主，独立思考的能力只有人们自己赋予自己。我们不应该希望不用眼睛看东西，但我们也不应当主张眼睛看东西。（第一版注）

这个注解第一次发表后，遭到作者的朋友中个别感到被言中的人的各种各样的嘲笑。我曾想暂时把这段删去，但我认为不幸这句话仍然还是有效的。（C版新注）

个非我的那种效用。

反过来说，自我对自我来说应当是一个非我，这句话不能有别的意思，只能是说，自我应当设定实在性于非我中，因为对于自我来说，除了通过自我本身所设定的实在性之外，没有也不可能有别的实在性。

自我的活动与非我的活动是同一个东西，这句话意思是：自我只能通过它设定某种东西于非我中才能**不**设定这个东西于自我中。而且它只通过它不设定某种东西于非我中才能设定这种东西于自身。但是，自我一般地必须设定，所以它必定是自我，只不过并没有正好设定**在自身之中**。——自我的受动与非我的受动也是同一个东西。自我在自身中不设定某种东西，意思是，这个东西被设定在非我中。自我的活动与受动是同一个东西，因为只要它**不**设定某种东西于自身中，它就设定这个东西于非我中。非我的活动与受动是同一个东西，只要非我应当对自我起效用，把自我中的某种东西扬弃掉，那么，这个东西就通过自我而被设定于非我中。这样一来，完全的综合统一就明确地表示出来了。上述所有环节没有任何一个是其他环节的根据，它们毋宁说统统是同一个东西。

因此，就有了这样的问题：自我中的受动的根据是什么呢？这根本无法回答，至少不能通过预先设定一种非我的活动作为自在之物这种办法来解答。因为自我中本来就没有单纯的受动。但是，另一个问题却继续存在，那就是刚才列举的那整个交替，它以什么为根据呢？可以回答说，那个交替一般地是绝对地没有任何根据地设定的，而认定那个交替已是现成地存在了的那个判断，是一个正题判断，是不许可的。因为只有自我才是绝对地设定的。

而在单纯的自我中根本就没有这样的交替。但是,我们立即清楚地看到,这样一种根据在知识学的理论部分里是不可理解的。因为根据并不包含在知识学的原理里。自我设定自己为被非我所规定的,毋宁是由上述原理预先设定为前提的。因此,如果这样一种根据终究应该被指出来,那么,它也一定是存在于知识学的理论部分的范围之外。

这样一来,在我们理论中起主导作用的批判的唯心主义就建立起来了。它坚决反对独断的唯心主义和独断的实在主义,因为它证明自我的纯粹活动不是非我的实在性的根据,同样,非我的纯粹活动也不是自我的受动的根据。但是,在要求它回答这个问题方面,即在已被承认了的两者之间的交替以什么为根据的问题上,它满足于显示自己的无知,并且指出关于这个问题的探讨超出了知识学理论的范围。它在说明表象的时候,既不从自我的一个绝对活动出发,也不从非我的一个绝对活动出发,而是从一个被规定出发,这个被规定同时是一个规定,因为没有也不可能有任何别的东西直接包含在意识中。至于这个规定会进一步规定什么东西,知识学理论完全没有表示确定的意见。而正是由于它的这种不完全性,我们才不得不超出理论范围而进入知识学的实践部分。

同时,我们经常使用的术语:自我的**减少了的**、**局部的**、**有限制的**活动的意思也就完全清楚了。这个术语所指的是这样一种活动,它涉及非我里的某种东西,涉及一个**客体**。因而它是一个客观的行动。自我的一般行动,或者说,自我的设定是绝对没有并且绝不可能受限制的。但是,自我的设定自我的那个设定则受到了限制,并且因此它必然设定一个非我。

β)在效用性概念里的纯粹交替的形式与该交替的实质彼此互相规定着。

我们在上述效用性概念里，只是凭借反省才一般地认为纯粹的交替可以同不依存于它而独立的活动区别开来。如果交替本身被设定为交替的一个端项，那么，活动就被撇开了，而且交替就被纯粹地、自在地作为交替看待。究竟哪一种处理方式是正确的方式，或者说，是否单独地运用起来的两种方式也许都正确，这要到时候才会予以指明。

在交替里，作为交替本身，我们可以再把交替的形式与交替的实质区别开来。交替的形式就是交替端项之间的单纯的互相联接本身。而交替的实质则是两个端项里面的使两者能够并且必定彼此互相联结的那个东西。在效用性中的交替的典型形式乃是因为消灭而发生的(由于消灭而生成的)。(在这里，我们应该认真地注意这个由于消灭而发生，应该完全撇开对之发生效用的那个实体，完全撇开消灭的基础，从而完全抽掉一切时间条件。如果通过消灭而发生被设定了，那么，和这点有关的是正发生着的东西当然就被设定到时间里了。但是，不管想象力会感到多么难以办到，时间还是必须被抽掉，因为实体并不进入交替，而仅仅那出现于实体中的东西和那由于这个出现而排挤掉及被扬弃掉的东西进入交替。这里仅仅谈论那进入交替的东西，如果它真正进入交替的话。比如说，X 消灭一个－X：－X 当然在它被消灭之前预先就存在了。假如它是被当作存在着的，它当然就必须被设定在先前的时间里，而 X 则相反，必须被设定在随后的时间里。但是，它恰恰不应当被当作是存在着的，而应当被当作非存在着的予以思维。但是，X

的存在与－X的非存在根本不是在不同的时间里，它们毋宁是在同一个瞬间里。因此，如果另外没有什么东西迫使我们非把瞬间排列成一个瞬间的系列不可，那么，X和－X就根本不在时间里。）这里讨论的这种交替的实质乃是本质上的对立性（质的方面的不相容性）。

这种交替的形式规定着它的实质，意思是：因为而且既然交替的端项彼此互相扬弃，所以它们本质上是对立的。（实际上）互相扬弃规定着本质上的对立性的范围。如果它们并不扬弃自己，那么，它们就不是本质上互相对立的。——这是一种似是而非的怪论，它会重新引起我们刚才提到的误解。就是说，人们初看起来就会相信这是从一个偶然的东西推论出一个本质性的东西。人们诚然可以从当前的扬弃推论出本质上的对立，但不能反过来从本质上的对立推论出当前的扬弃。要作出后面这种推论就还必须添加上一个条件，即两者的直接互相影响（比如就两个物体来说，它们出现在同一个空间里）。两个本质上对立的东西，尽管可以是孤立的，没有任何联系的，在这种情况下，它们丝毫也不对立，而且因此并不互相扬弃。——这种误解，其产生的根源和消除的方法，我们马上就要指出来。

这种交替的实质规定着它的形式，意思是说，本质上的对立性规定着互相扬弃。它的条件仅仅是两个端项本质上是对立的，并且只要它们是对立的，它就能够彼此互相扬弃。——如果现在的扬弃确实被设定到一般对立性的范围之内，但是，比如说并不去填充这个对立性的整个范围，而只是去填充这个范围中的一个较小的范围，那么，每个人就都将不假思索地同意这个命题。而这里面的似是而非的怪论只能是我们直到那时才明确地提出的这个命题。

但是，交替的实质及其形式彼此互相规定，意思是从单纯的对立性推论出相互扬弃，从而也就推论出联结、直接影响，以及从相互扬弃推论出对立性。对立性与相互扬弃两者是同一个东西。它们自在地是对立的，或者说，它们彼此互相扬弃。它们的影响与它们的本质对立性是同一回事，同一个东西。

让我们再进一步反思这个结果。真正因为采取了综合而在交替端项之间被设定起来的东西，乃是两个端项彼此联结的必然性，乃是指明两者中的任何一个的不完全性的其本身只能同时包含在两者之中的那个 X。从一个在交替中的存在那里区别出一个自在的存在，这种可能性被否定了。因为两者都是作为交替端项而被设定的，在交替之外它们根本没有被设定。——或者从实在的对立性推论出设立对立面的行动或理论的独立性，或者反过来，从树立对立面行动或理论的对立性推论出实在的对立性。实在的对立性与理论的对立性是同一个东西。——交替的一个端项是自我，而除了自我给自己树立对立面之外，没有任何东西是与自我相对立的。并且自我本身是同任何它没有把自己树立为对立面以与之相对立的东西不相对立的。只要我们想到这一层，普通常识在这方面所遇到的阻碍就消失了。因此，现在得出来的结果恰恰就是以前的那个结果，只是换了另一个形式。

γ）在效用性里，作为综合统一体的活动与作为综合统一体的交替彼此互相规定着，并且共同构成一个综合统一体。

作为综合统一体的活动，我们可以称之为**间接设定**（一个经过中介了的附加物)(后面这个词是在肯定的意义上使用的——由于对实在性的一个不设定而来的一个对实在性的设定)。纯粹的交替,作为综合体是由本质上的对立性与实在性的扬弃两者的同一性构成的。

1. 纯粹的交替通过活动而被规定,意思是说,设定的间接性(这是这里真正要讨论的问题)是本质上的对立与实在的扬弃两者之所以是完全同一个东西的条件与根据。因为而且如果设定是一个间接的设定,则对立与扬弃就是同一的。——a)假如直接地设定了两个互相交替的端项,那么对立与扬弃是两个不同的东西。假设交替的端项是A与B,再假设首先A=A,而且B=B,随后是,就一定的量而言,A又等于-B,B等于-A,那么,根据A与B的第一个意义来说,它们完全可以被设定起来而不必因此而彼此扬弃。它们在其中成为对立物的那个东西被撇开了。因而它们就没有被设定为本质上是互相对立的、彼此互相扬弃的。但是,在这种情况下,它们也就不会被设定为单纯的交替端项,而是被设定为自在的实在(A=A,§1)。交替端项只能被间接地设定,A等于-B,就再也没有别的什么了。B=-A,也再没有别的什么。于是从设定的这个间接性中就推论出两者本质上的对立、互相扬弃及互相同一。这是因为b)如果A只被设定为B的对立面,不能另有任何别的宾词,而B只被设定为A的对立面,不能另有任何别的宾词(也不能具有一个事物的宾词,事物是经常准备混进对于严格抽象还不习惯的想象力之中的),既然A只能在B被设定的情况下被设定为实在的,B只能在A被设定的情况下被设定为现实的,那么显而易见的是A与B的共同本质就在于一方是由于另一方的被设定而被设定，也就是说，在于它们的对立性，而且——如果撇开一个进行设定的活动的理智不管，而单纯去反思两个交替端项——在于它们彼此互相扬弃。因此它们的本质对立性与它们的互相扬弃之所以是同一的是因为每一个端项的设定都只不过是由于另一个端项的不设定，而绝对不是由于别的什么。

现在，根据上面的论述，这正是自我与非我的情况，自我(在这里作为绝对的活动来理解)只能由于它不设定实在性于自身中，才能把实在性让渡给非我，反过来说，它只由于不设定实在性于非我中，才能把实在性让渡给自己。(后面这点与前面建立起来的自我的绝对实在性为什么不矛盾，在我们更详细地规定这一点的时候就会明白。而且现在也可以部分地看清了。这里说的是一种**让渡了的**实在性，而绝不是绝对的实在性。)因此，就自我与非我的本质彼此互相交替这一点而言，它们仅仅是对立的，是彼此互相扬弃的。

因此，它们是设定的间接性(正如将要证明的那样，意识的法则是**没有主体就没有客体**，没有客体就没有主体)，而且单单是设定的间接性给自我与非我的本质对立性提供了根据，从而既给非我的一切实在性又给自我的一切实在性提供了根据——如果实在性在这里是指一种仅仅作为被设定的东西而设定起来的实在性，亦即如果它是一种理想的实在性的话。因为在这种情况下绝对的实在性仍旧不失其为绝对实在性，它存在于设定者那里。绝对的实在性不应当再反过来以它自己充当其根据的那个东西为自己的根据。按照根据命题的法定程序，它也是不能那样做的。因此，在已经建立起来的东西里，在非我的实在性里，以及在自我的理想的实在性里，是找不出设定的间接性的根据的。因此这个间接性的根据必定是在绝对自我里，而且这个间接性本身必定是绝对的，是通过自身并在自身中建立起来的，是必定以自己本身为根据的。

在这里，这个完全正确的推论过程引导出了一个新的比以前的唯心主义更加抽象的唯心主义。在以前的那个唯心主义里，一种自在地设定起来的活动由于自我的本性和本质而被扬弃，它完全是自在地可能的活动，没有任何进一步的理由而绝对地被扬弃。从而一个客体和一个主体等等，都成为可能的了。在那个唯心主义里，种种表象作为表象都以一种来自自我的、我们完全不知道也无可奈何的方式发展着，好像是在一种融会贯通的，就是说在一种单纯的唯心主义的预定和谐中发展着。

在现在这种唯心主义里，一般活动直接在它自己本身中有其自己的法则：它是一种间接的活动，而绝对不是别的什么活动，唯一的理由是因为它就是这个样。因此，在自我里根本没有活动被扬弃：间接的活动是现成的，而直接的活动根本就不应当有。但是，通过这种活动的间接性，因而自我的否定性，自我的实在性，就完全可以得到充分说明。现在，各种表象都按照自我的一条特定的和可以知道的法则从自我中发展出来。对于**这些表象**，可以指出一个根据，只是对于法则不能指出它的根据。

这后一种唯心主义必然扬弃前一种唯心主义，因为它真正以一个更高的根据解释说明了前一种唯心主义所不能说明的东西。前一种唯心主义从这种唯心主义角度看完全可以被它驳倒。这样一种体系的原理应该是：**自我是有限的，绝对地因为它是有限的。**

可是，尽管这样一种唯心主义上升的也算比较高了，它毕竟没有上升到人们应当上升到的那种高度，没有提高成为直截了当设定的和无条件的唯心主义。诚然应该有一个有限性被绝对地设定起来，但是，任何有限的东西按照它的概念来说都是受它的对立物的限制的。因此，绝对的有限性是一个自相矛盾的概念。

为了便于区别，我把前一种唯心主义，即扬弃某种自在地设定起来的东西的那一种唯心主义称为**质的**唯心主义，把后一种唯心主义，即从一开始就给自己设定一个限量的那种唯心主义称为**量的**唯心主义。

2. 设定的间接性由于交替端项的本质在于单纯的对立性而得到了规定。设定的间接性只在第一种唯心主义的条件下才是可能的。如果交替端项的本质除了在于单纯的对立性之外还在于某种别的东西，那么，下面的这点就立即明确了：仅仅由于一个端项（就其整个本质来说）的不设定，另一个端项（就其整个本质来说）还根本没有完全设定起来，反之亦然。但是，如果它们被设定了，它们就只能是被间接地设定起来的，这一点我们已经作了说明。

但是，在这里，本质对立性，自在的对立性是被提出来作为设定的间接性的根据的。前者在这个体系里是绝对的，不能进一步加以说明。后者是以前者为根据的。

正如前一种推论过程建立了一种量的唯心主义那样，这后一种推论过程建立了一种质的实在主义。在质的实在主义那里，通过一个不依存于自我的、自己本身具有实在性的非我，自我产生出一种印象，而由于这种印象，自我的活动就部分地受到了压抑。单纯的量的实在主义者在这一点上承认自己的无知，并且承认对于自我来说，设定实在性于非我乃是依据根据法则而产生的。但是，它主张无需自我本身进行任何干预就实在地现成存在着一种自我的局限性。既不像质的唯心主义所主张的那样，这种局限性的出现是由于绝对的活动，也不像量的唯心主义主张的那样，这种局限性的出现是按照一条完全包含在自我的本性中的法则。质的实在主义主张一种属于规定者的不依存于自我的实在性；量的实在主义者主张存在着一种单纯的规定的不依存于自我的实在性。这样一种规定存在于自我那里，而它的根据则不应当设定于自我之中。在量的实在主义看来，这是一个它根本无法去追究其根据的现成的事实，换句话说，对于它来说，这种规定是无需任何根据而绝对地在那里的。它当然不得不按照存在于它本身中的根据法则把这种规定联系到非我中的作为实在根据的某种东西上去。但是，它知道这种法则只存在于它那里，并不因此而自欺欺人。于是任何人都一望而知这种实在主义不是别的什么，只不过是前面以批判的名称提出来的那种唯心主义。即使康德也没有提出批判的唯心主义以外的别的什么东西，他当时既不能也不愿意在他所达到的那个反思的水平上提出一个别的唯心主义。①

---

① 康德用预先设定的时间和空间的观念性来证明客体的客观性，我们反过来用经过证明的客体的客观性来证明时间和空间的观念性。他需要观念的客体来充实时空，我们需要时空以便能建立起观念的客体。因此，我们的唯心主义——但是它绝不是独断的，而是一种批判的唯心主义——就比康德的唯心主义更加进步。

这里既不是让我们指出康德可能已经知道的他没有说的东西的证据确凿的事实的适当地方，也不是提出他为什么不能也愿意把他所知道的一切都说出来的原因的适当的地方。我们在这里提出和将要提出的原理都显然是他的原理的根据，这是每一个愿意了解他的哲学（它毕竟需要精神）的精神的人都能深信无疑的。关于他在他的几个批判里不想提及关于科学本身的问题而只想提出它的导论，他已讲过多次，而难以理解的是为什么他的后继者们一直不愿意相信他所说的话。

现在提到的实在主义所以不同于刚才阐述的那种量的唯心主义，就在于两者虽然都承认自我的有限性，但是，量的唯心主义承认一个绝对地设定起来的有限性，而量的实在主义则承认一个偶然的有限性，虽然这偶然的有限性也是不能再进一步加以说明的。量的实在主义所以扬弃质的实在主义，认为它既无根据又是多余的，是因为它无需质的实在主义也能完全说明它应当说明的问题，当然犯有同样的错误。这个要说明的问题是：意识里现成地存在着一个客体的问题。我说犯有同样的错误，就是说它不能绝对地说明为什么一个实在的规定会变成一个观念的规定，为什么一个自在地存在的规定会变成一个对于进行设定的自我而存在的规定。——现在，设定的间接性是通过本质对立性而被规定的，而被赋予根据的这一点自然已经指明，但是，设定本身又是通过什么而取得根据的呢？如果被设定，当然就只能是间接地被设定。但是，设定毕竟自在地是在这个作用中绝对没经规定并且不可规定的自我的那个绝对行动。因而这个体系总是由于已经常常提到的那个从受限制的东西向无限制的东西过渡的不可能而感到压抑和苦恼。量的唯心主义无须去克服这层困难，因为它已经根本扬弃了过渡。但是，相反地，它却由于它绝对地设定一个有限的东西这一明显的矛盾而被搞垮了。可以指望的是，我们的探讨将来要采取的道路恰恰是上面所采取的道路，而且有一种批判的量的唯心主义将作为两种说明方式之间的中间道路而出现。

3. 设定的间接性与本质上的对立性彼此互相规定。两者占有同一个领域并且是同一个东西。这就使人立即看清如何不得不作这样的考虑以便使下面这一点能够被认为是可能的，即存在与被设定，观念关系与实在关系，树立对立面与对立面必定都是同一个东西。另外，还可以立即看出，在哪种条件下才有可能被设定于关系中的东西与进行设定的东西是同一个东西，就是说，在哪种条件下才有可能被设定于关系中的东西就是自我。——自我应当与某一个X发生关系，而这个X只在这种情况下才必然是一个非我，即它只是由于另外一方被设定而被设定，以及另外一方只是由于它没被设定而设定。那么，现在自我既然确实是一个自我，它就只当它设定自己是具有某种关系的情况下才具有该种关系。因此，无论人们说它被设定于这种关系中，或者说，它设定自己于这种关系中，这两个说法应用到自我身上都是完全相同的说法。只在它设定自己于其中的情况下，它才能被设定于其中，只在它被设定于其中的情况下，它才能设定自己于其中。因为通过单纯的无条件被设定的自我，这种关系是设定不起来的，而是与那种自我相矛盾的。

让我们把我们的合题的重要内容阐述得更清楚些。——只能间接地设定自我，也只能间接地设定非我，或者说，由于不设定非我而设定自我，由于不设定自我而设定非我，据我看，这乃是——在永远要在本书开始时提出来的、我们从中发展出上述一切的那条主要命题的前提之下——对于自我来说的一条法则。（自我在任何情况下，因而绝对地是进行着设定的，不过这一点在我们现在的探讨中被抽去了。自我只在下列条件下，即非我被设定为被设定的，或者它被否定了的条件下，才是被设定的。）——用通俗的话来说，自我就它在这里被考虑的情况来说，仅仅是非我的对立面，而不是任何别的东西。没有你，就没有我，没有我，就没有你。为了清楚的缘故，我们想从现在起，就这一方面，而不是任何别的方面，把非我称为客体，把自我称为主体。虽然我现在还不能指明这种名称何以恰当。与这个交替独立无关的非我不应当被称为客体，与这个交替独立无关的自我，不应当被称为主体。——因此可以说主体就是那不是客体的东西，除此而外至今它没有别的宾词。客体就是那不是主体的东西，除此而外它至今也没有别的宾词。

如果人们以这条法则（不再追问根据）作为说明表象的根据，那么，人们首先就不需要质的唯心主义为了解释自我的受动而假定的那种非我的干预，随之人们也就不需要量的唯心主义为了自己的说明的便利所假定的那种受动。如果我们假定自我由于它的本质的缘故根本不得不设定，这是我们在随后的主要综合里将要证明的一个命题，那么，自我就只能或者设定主体，或者设定客体，并且只能间接地设定两者。如果它设定客体，那么，它就必然扬弃主体，而它那里就出现受动，它就必然把这种受动联系到非我中的一个实在根据上，从而就出现了有关非我的一个与自我独立无关的实在性的表象。或者，如果它设定主体，它就必然扬弃设定了的客体，而这就再次出现一个受动，不过这个受动被联系到主体的一活动上，从而就出现了有关自我的一个与非我独立无关的实在性的表象（有关自我的一个自由的表象，当然这个自由在我们目前的推论过程中乃是一个**纯属想象的**自由）。——这样，正如由于综合法则的缘故而理所当然要如此进行那样从中项出发，自我的〔观念的〕受动以及自我和非我的〔观念的〕独立活动，就得到了完全的说明和根据。

但是，建立起来的法则既然明显地是自我活动本身的一个**规**

定，它就必定有一个根据，而知识学就不能不指明它的根据。可是如果我们不利用一个新的综合而插进去一个中项，其实是应当这么做的，那么，根据就只能到直接限制着这个规定的那些环节中去寻找，即要从自我的设定或受动中寻找。量的唯心主义者认为前者即设定就是规定的根据，把上述法则当成一般的设定法则。量的实在主义者认为后者即受动是规定的根据，从自我的受动中引申出上述法则。按照量的唯心主义者的看法，上述法则是一种主观的和观念的法则，其根据只在自我之中；依据量的实在主义者的看法，它是一种客观的和实在的法则，其根据不在自我之中。——根据究竟在什么地方，或者究竟有没有根据，对于这些问题，他们就再也没有去研究了。当然，被建起来作为不可说明的那种自我的受动必须与非我里对该受动发生影响的实在性联系起来，但这种联系只是从自我里的一条可以说明的并且恰恰通过受动而说明了的法则中推演出来的结果。

我们刚才建立起来的综合的结果表明两者都是不对的，上述法则既不是一种单纯主观的和观念的，也不是一种单纯客观的和实在的法则，它的根据毋宁必须同时在主体客体两者之中，目前已停止没有再探讨了。对于这个问题，我们满足于承认我们不知道。我们在前面许诺下来要去建立的是批判的量的唯心主义。不过，既然前面提出的任务还没有完全解决，而且我们面前还有许多综合需要处理，那么，将来在提供根据的这种论证方式方面也许还有某些更详尽的情况可说。

b）正如我们已经讨论过效用性概念那样，现在我们来讨论实体性概念。我们综合地统一形式的活动与实质的活动，然后统一单纯的交替的形式及其实质，最后再将由此产生的两个综合统一体综合地统一起来。

α）首先，形式的活动与实质的活动（这两个词在什么意义上使用的问题，我们假定通过前面的讨论是知道了的）。

在这个环节上，以及在随后的所有环节上，真正与问题有关的主要任务是正确地和确切地理解实体性的特性。（由于与效用性相对立）。

根据前面的论述，这种特殊交替的形式活动乃是通过一个绝对设定的不设定。由于设定某物的对方为被设定了的从而设定该物为没有被设定的：由于肯定而否定。——这样，没被设定的东西毕竟应该说是被设定了的，应当说它被设定为没被设定的。因此它不应当像在效用性的交替中那样一般地被取消，而只应当被排除于一定的领域之外。因此它不是被一般的设定所否定，而只是被一定的设定所否定。这种设定就它的这种否定作用而言，是被规定了的，同时作为客观的活动，它也是进行规定的。而由于这样一种设定，（作为被设定了的）被设定者必定同样被设定为有了规定的，也就是说，必定同样被设定在一个有规定的领域之中，作为充实这个领域的东西。而现在我们认识到，怎么由于这样一个设定而另外一个东西可以被设定为没有被设定的了。它仅仅被设定为在这个领域里，而且它所以没被设定在这个领域里，或者说，它所以被这个领域排除在外，恰恰因为被设定在这个领域里的东西应当把这个领域充实起来。——可是，通过这个行动，那被排除在外的东西还完全没有被设定到一个特定的领域里去，它的领域通过这个行动所得到的绝对不是别的什么宾词，只不过是一个否定性的宾词。那不是这个领域。究竟是一个什么领域，或者根本是不是一个特定的领域，仍旧统统是悬而未决的问题。——因而可以说由于实体性而来的交替规定方面的形式活动的特性乃是一种排除，即把一个特定的、充实了的、因而占有着（其中所包含的东西的）全部的领域排除在外。

这里困难显然是在这一点上：被排除的＝B当然是被设定了的，它只不过在A的领域里没有被设定起来。但是，A的领域是应该被设定为绝对全部的，那么B就可能根本没有被设定，这话从何而来呢？因而A的领域必定是同时被设定为既是全部又是非全部。联系到A，它被设定为全部，联系到被排除的B，它是被设定为非全部。但是，现在B的领域本身没有受到规定，它只是被否定地规定为非A领域。因此，如果考虑到所有的方面，则A就该被设定为一个无规定而不完全的整体的一个有规定因而完全的部分。设定这样一种包括着有规定的与无规定的两个领域于自身中的较高的领域的〔设定〕活动应该是使刚才提出来的形式的活动成为可能的那种活动，而这就是我们正在寻求的实质的活动。

（假定你们已经有了特定的铁块C，它是不断运动的。你根据§1中的命题A＝A，通过它的单纯的概念绝对地设定铁块A作为绝对全部，并且你会发现在A的领域里没有运动＝B。因此你通过对A的设定而把B排除在A的领域之外。可是你并不扬弃铁块C的运动，你根本不想绝对地否认这个运动的可能性：于是你把它设定到A的领域之外的一个无规定的领域里，因为你根本不知道铁块C在什么条件下和出于什么原因而运动。领域A是铁的全部，却又不是全部，因为C毕竟也是铁，而C的运动却没有包括在它里面。于是你就不得不在两个领域的外面再划一个较高的领域，以包括运动的和没运动的两种铁。由于铁充实了这个较高的领域，并不像人们通常所误解的那样是由于它充实了A本身的领域。在这个意义上，它是一个由它的单纯概念所规定的自为之物，它就是实体。运动和不运动都是它的偶体。关于不运动是在不同于运动的另一种意义上归属于铁的，以及其所以能够如此的根据何在等等，我们到时候就会看到。）

形式的活动规定实质的活动，意思应该是：仅仅由于某物被排除于绝对全部之外并且被设定为不包于绝对全部之内，〔仅仅由于这种情况〕一个更概括的〔更广泛的〕却又无规定的领域才能被设定起来。只有在现实地排除这个条件之下，一个更高的领域才有可能；没有排除，就没有更广泛的领域，也就是说，没有自我里面的偶体，就没有非我。这个命题的含义是一望而知的，我们现在只就它的应用再补充几点说明。——自我本来就是被设定为设定着自身的，因此设定自身就充满自我的绝对实在性的全部领域。如果自我设定一个客体，那么，这个客观的设定就应该被排除于上述绝对实在性的领域之外而被设定于不设定它自身的对立领域里。设定一个客体与不设定自身的含义是完全相同的。现在的推论从这个行动出发。它主张自我之所以设定一个客体，或者说，自我之所以排除某物于自身之外，绝对地是因为它排除，而绝无更高的根据。正是由于这个排除，包括着更高领域的一般设定（不管设定的是自我还是非我）才成为可能。——这种推论方式很清楚是唯心主义的，并且与上面建立起来的量的唯心主义绝对地互相吻合，因为它设定某物。根据这种量的唯心主义的看法，自我设定某物为非我。因此，在这样一种体系里，实体性概念不得不像它刚才说明的那样加以说明。——另外，从普遍的意义来说，这一点也是清楚的：设定自身具有双重量的关系。一方面是作为量的绝对全部，一方面是作为一个无规定的分量的一个有规定的部分。这个命题将来会带来极其重要的结论。——另外，还有一点是清楚的：即实体所指的不是持续的东西，而是指无所不包的东西。指出持续的东西的那种标志在实体性里只具有一种派生的意义。

实质的活动规定着并制约着形式的活动，意思是：作为一个比较概括的领域的比较概括的领域（连同隶属于它之下的自我的领域与非我的领域）是绝对地设定的；而且正是由于这样，作为自我的现实行动的排除（在一个还要附加上的条件下）才成为可能。——于是，这个推论方式引导出一个实在主义，而且引导出一个量的实在主义就很清楚了。自我与非我是作为对立的东西设定的：自我根本是进行设定的，自我在一定条件下，即当它不设定非我时才设定自身，它是偶然的并且是受那不包含于自我之中的一般设定的根据所规定的。——在这个推论过程中，自我是一种进行着想象的本质，它所指向的必定是自在之物的状态。

但是，两种推论过程都不应当是有效的。它们毋宁都应当通过对方而互相修正。因为自我应当排除一些东西于自身之外，所以一个更高的领域应当存在并且应当被设定，而且因为一个更高的领域存在着，并且是设定起来了，所以自我必定排除一些东西于自身之外。简单地说，自我是一个非我，因为自我树立对立面以与自己对立，而且自我树立对立面以与自己对立，是因为一个自我是存在着，被设定着。没有任何一方能充当对方的根据，毋宁两者是同一个行动，只在反思里才能有所区别。——于是这一点就很清楚了：这个结果与上面建立的那个命题即理想根据与实在根据都是同一个东西是等同的，并且可以从这个命题中得到说明。因此，批判的唯心主义，正如通过上述命题那样，也能通过现在的结果建立起来。

β)实体性中的交替形式与交替实质应当彼此互相规定。

交替的形式存在于交替的端项的互相排除与被排除。如果 A 被设定为绝对全部，那么，B 就被排除于绝对全部的领域之外，并被设定于无规定的却又可规定的领域 B 之中。——反之如果 B 被设定了(即把 B 当成被设定了的加以反思)，那么，A 就被排除于**绝对全部之外**，即不再包括于绝对全部的概念之内，领域 A 现在不再是绝对全部，而是与 B 同时是一个无规定的却又可规定的领域的一部分。——后面这种情况应当认真注意和正确理解，因为它是一切的关键所在。——因此可以说，交替的形式就是交替端项互相把对方排除于绝对全部之外。

(假如你设定一般的和自在的铁，你就有了一个特定的完全的概念，它充满着铁自己的领域。假如你设定铁本身是不断运动着的，那么，你就有了一个不包含在上述铁的概念之内因而被排除于该概念之外的标志。但是，如果你终究还是把这种运动赋予铁，那么，以前那个有规定的铁的概念就不再是有规定的了，而只是可规定的了。铁的概念中就少了一个规定，即少了你将要把它规定为对磁的可吸引性的那个规定。)

交替的实质方面，有一点是立即就清楚的，即在交替的形式中，正如刚才阐述的那样，哪一个是真正的全部，始终还没有确定下来。如果B被排除了,则A的领域就把全部领域充满起来;反之,如果B被设定了,则两个领域A和B就共同把当然无规定却又可规定的全部领域都充满起来。(这里暂且撇开不管A和B的领域也还有待于规定这点。)这种无规定性不能保持下去。在两种情况下,全部就是全部。可是,如果不是每一个全部都在这个标志之外还有一个标志以便彼此可以互相区别,那么,假设的整个交替就是不可能的了。因为在这种情况下,全部就是一个全部,并且只存在着一个交替端项,因而根本不存在交替。(请稍安毋躁!——请你们作为这种相互排除的旁观者想一想。假如你们对于交替往还于其间的那个双重的全部还不能加以区别,则对你们来说就没有交替。但是,如果在除了作为全部就什么再也不是的两个全部之外,不存在着某一个X,使你们有所依据,你们就不能对两者加以区别。)因此,为了使假设的交替成为可能的,就预先设定全部本身具有可能性以作为前提,以便人们能够依据任何一种什么东西来区别两种全部,而这个可规定性就是**交替的实质**,就是交替得以进行和得以确立的唯一根据。

(如果你们把铁就像它在没有自然科学知识的人的普通经验里所显现的那样当成自在的东西,就是说,当成与它自身以外的某种东西没有任何联系的孤立的东西,此外还当成**固定在它的原来位置上**的东西,那么,运动就不属于铁的概念。而且即使你们看到它表现出了运动的现象,如果你们把这个运动联系到它以外的某种东西上,那么,你们也完全是对的。但是,如果你们竟然把这个运动归属于铁,而你们仍然还是对的,那么,上述那个铁的概念就不再是完全的了。而从这个意义上说、你们就必须把那个概念进一步加以规定。比如设定它具有对其周围的磁的可吸引性。——这就构成一个区别。如果你们从第一个概念出发，则对于原来位置的固定性对于铁来说就是本质性的东西，而只有运动在它那里是偶然性的。但是，如果你们从第二个概念出发，则固定性就像运动那样也是偶然性的。因为固定不动是以没有磁的存在为条件，恰恰与运动是以有磁的存在为条件一样。因此，如果你们不能拿出一个根据说明为什么你们一定要从第一个概念出发而不从第二个概念出发，或者反过来，那么，你们就是稀里糊涂的了。也就是说，就普通意义来说，如果无法以某种方式规定下来，那么，人们应该对哪一种全体进行反省呢？是对绝对地设定的和有规定的全体，还是对通过这种被排除了的全部而产生的可规定的全体，还是对两种全体都进行反省呢？）

交替的形式规定着交替的实质，意思是，相互排除乃是这样的东西：它在上述意义下规定着全部，换句话说，它指明两个可能的全部中哪一个是绝对全部，应该从哪一个出发。把对方排除全部之外的那一方，由于它进行了排除，它就是全部；反之亦然。除此以外根本没有全部的规定根据。——如果B被绝对地设定的A所排除，那么，正是由于这一点A就是全部。如果对B进行反省，而不把B当成全部，那么，正是由于这一点本来无规定的A+B就是可规定的全部。有规定的是全部，还是可规定的是全部，这取决于人们怎么看这个问题。——诚然，这个结果好像没有说出什么新东西，说出的只不过是在综合之前我们预先就知道的东西，但是，先前我们毕竟曾抱有能找出某种规定根据的希望。而现在通过这个结果，这种希望就完全打消了。结果的含义是消极的，它告诉我们除了通过关系之外,根本不可能有什么规定根据。

(就上述的例子来说,人们可以从无条件地设定的铁的概念出发,这样,固定在原位置上不动,对铁来说就是它的本质,或者人们从铁的可规定的概念出发,则这种固定不动性对铁来说就是偶然性的。两种看法都对,全看人们怎么去做,而且在这方面绝对不能有什么起规定作用的规则。区别只是相对的。)

交替的实质规定着交替的形式,意思是,全部的可规定性,在已经说明的意义上,即在它由于规定某种别的东西而因之是被设定的意义上(换言之,规定实际上是可能的,而且存在着据以进行规定的某个X,但我们在这里不是在寻找这个X),规定着相互排除。两种全部之一,或者有规定的全部,或者可规定的全部,当其中一个是绝对的全部时,那另外一个全部就不是绝对全部了。因此,就有一种绝对被排除的东西,而这种东西是通过上述全部而被排除的。举例说,如果有规定的全部是绝对的全部,则因此而被排除的东西就是绝对被排除的东西。——因此可以说——这就是现在的综合的结果——全部有它的一个绝对的根据,这种区别不完全是相对的。

(就上面的例子来说——究竟人们是从有规定的铁的概念出发,还是从可规定的铁的概念出发,究竟人们把在原位置上固定不动当成铁的一种本质性的东西,还是把它当成某种偶然性的东西,这并不是毫不相干的问题。假定出于某种理由必须从有规定的铁的概念出发,那么,只有运动才是一种绝对偶然的东西,而固定不动就不是了。)

交替的形式与实质两者任何一方都不规定对方,而应当是两者彼此互相规定，意思是，(直截了当地说)全部的规定的绝对根据与相对根据应当是同一个东西；关系应当是绝对的，而绝对的东西应当只是关系，不是任何别的什么。

让我们尽力把这个极其重要的结论表述得更清楚些。——由于有了全部的规定，要去排除的东西同时也就被规定了，或者反过来说，由于有了要去排除的东西的规定，全部同时也就被规定了。这就是一种关系，对于这种关系是没有什么好疑问的。问题是：应当采取和确定两个可能的规定方式中的哪一个呢？在第一个交替端项里，答案是：不应确定两者中的任何一个。这里根本没有确定的规则，只不过是如果采取了其中的一个，就因此而不能采取另一个，反之亦然。但是人们应当采取两者中的哪一个的问题，是无从确定的。在第二个交替端项里答案是：可以采取两者中的一个，而且这方面必定有一个规则。但是，这条规则到底是何种规则，自然不得不悬而不决，因为要加以排除的东西的规定，据说是可规定性，而不是规定。

两个命题通过现在这个命题被统一起来。因此，由于现在这个命题而可以主张：规则确实是有的，但不是建立两个规定程序中的某一个的规则，而是建立作为彼此互相规定的两个规定程序的规则。——在至今被当作全部看待的各种全部中没有任何一种全部是我们所寻求的那种全部，而毋宁是只有彼此互相规定的两种全部才构成这种全部。因此，可以说这里所谈的是两种——一种通过关系的，一种绝对的——规定程序之间的关系。而且通过这种关系，我们所寻求的那种全部才彼此建立起来。这种绝对的全部不应当是A，也不应当是A+B，而应当是由A+B所规定的A。

可规定的东西应当被有规定的东西规定，有规定的东西应当被可规定的东西规定。由此产生的统一体才是我们所寻求的那种全部。——非常清楚，这一定就是我们的综合的结果。然而通过这个结果究竟说明了什么，实在是更难理解的了。

有规定的东西与可规定的东西应当彼此互相规定着，显然是说，要去加以规定的那个东西，它的规定恰恰就是这么一点：它是一个可规定的东西。它是*一个可规定的东西*，而此外什么也不是。这一点就是它的全部本质之所在。——现在，这个可规定性是一种有规定的限量，它有它的界限，超出这个界限之外就不再发生任何规定，而在这个界限之内存在着一切可规定性的可能性。

现在，我们把这个结果应用到我们的事例上来，而一切情况就将立即清楚了。——自我*设定自身*。在自身中存在着绝对地设定起来的自我的实在性。这个实在性的领域是穷尽了的，因而包含着绝对地设定的自我的实在性的绝对全部。自我设定*一个客体*。这个客体的设定必然被排除于自我的自我设定的领域之外，可是这个客观的设定却应当被赋予自我，因此，我们就得到了（至今仍然是无限的）自我的行动的全部领域 A+B。——根据现在的综合，A 和 B 两个领域应当彼此互相规定：A 提供它所有的绝对界限，A+B 提供它所有的内容。现在，自我是一个客体，而不是主体，或者自我是主体，而不是客体，——如果按照这条规则设定自身为正在进行设定的话。这样一来，两个领域就重叠在一起，开始共同充填一个唯一的*有限*领域。在这种情况下，自我的规定就在于它的可规定性，在于可以由主体和客体来加以规定的可规定性。

有规定的可规定性就是我们曾经寻找的那个全部，这样一个全部我们称之为一个实体。——如果实体不是首先从绝对地被设定起来的东西那里，不是从仅仅设定自身的那个自我那里推演出来的，换言之，如果不是有某种东西（在这里就是指一个设定起来的非我，或一个客体）从自我那里被排除出来，那么，作为这样一种实体的实体就是不可能的。——但是，实体既然本身只不过应当是单纯的可规定性，却毕竟又应当是一个有规定的、固定的、确定了的可规定性，那么，如果它不曾重新由无条件被设定的东西即自身设定所规定的话，那么它仍然还没有受到规定，它就不是实体（不是无所不包的东西）。自我由于自己排除了非我而设定自身为正在设定自身的，或者说，它由于自己排除了自身而设定自身为正在设定非我的。——设定自身在这里出现了两次，但意义非常不同。前一次所指的是一种无条件的设定，后一次所指的是一种有条件的，因为排除了非我而产生的可规定的设定。

（如果说，固定在原处是自在的铁的规定，那么，位置的变动就因此而被排除了。在这种意义上，铁就不是实体，因为它不是可规定的。但是，现在位置的变动应该归属于铁。要做到这一点，依靠把固定不动完全扬弃掉是不可能的，因为扬弃了固定不动，就像铁当初被设定的那样，它本身也就随之被扬弃了。位置的变动因而也就归属不到铁身上了，而这是与所要求的互相矛盾的。于是，固定不动只能部分地被扬弃，而且位置变动就受到固定不动的规定和限制，就是说，位置变动只发生在一定条件（比如有磁的情况下）的领域里，而不发生在这个领域之外。在这个领域之外发生的还是固定不动。——固定不动在这里是在两个非常不同的意义上出现的，一次无条件地出现，另一次以有磁存在为条件而出现，这种情况谁都看得出来。)

让我们在应用上述原理方面继续前进。由于A+B是受A规定的,B本身也就有规定了,因为B属于从今以后有规定的可规定的东西的范围。A本身现在就像刚才表示的那样是一个可规定的东西。现在,既然B本身是有规定的,那么通过B,A+B也就可以被规定,而且既然应当发生一种绝对关系,既然这种关系应当充满我们所寻求的那个全部,那么,它必定由此而受到规定。因此,如果A+B是被设定了的,而且在这个意义上A是被设定于可规定的领域之内的,A+B就重新被B规定着。

如果我们把这个命题应用到原来的事例上,其含义立刻就清楚了。——自我应当从自身中排除某物:这是至今被认为是我们所探讨的整个交替的第一环节的那个行动。我们继续推演——因为我现在是在根据的范围内,所以我有权继续推演——如果自我从自身中排除那个某物,则那个某物必定早在排除之前,就是说,与排除独立无关地在自我中设定起来的,因此可以说它是无条件地设定起来的,因为我们提不出更高的根据。如果我们从这点出发,则**自我的排除**就不是在无条件地设定的东西中(如果它是无条件地设定起来的话)的某种被设定了的东西,而且必定被排除于这个无条件地设定起来的东西的领域之外。并且自我的排除对于无条件地设定的东西来说就不是本质性的。(对于客体来说,尽管客体应当以某种我们完全不能理解的方式在自身中设定起来的,并且因此而当然应该是一个客体,但是,对于一个客体来说,它自己之所以被排除出去,这乃是偶然的,并且——像以后会看出来的那样,**被想象**为这种排除的后果,客体,自在地说,即没有这种排除之前，应是并非存在于自我之外而是存在于自我之中的。一般的客体（这里指 B）是有规定的东西：被主体排除出去的东西（这里指 A＋B）是可规定的东西。客体是可以被排除的，也可以是不能被排除的，无论如何，在上述意义上，它始终还是客体。——在这里，客体的被设定出现两次，但含义很不同，一次是无条件地、绝对地，一次是以被自我排除出去为条件的，有谁看不出这点呢？）

（运动应当从被设定为原地不动的铁那里排除出去。按照铁的概念，运动不曾被设定在铁的里面，它应当现在从铁那里被排除出去；因此，它必须是被设定为与这个排除独立无关的，而且考虑到它不是被铁设定起来的，所以它必定是绝对地被设定起来的。〔这就意味着——稍安毋躁——如果人们以运动与铁对立，那么，运动就必定是已经被认识了的。但是它应当不是**通过铁**而被了解的。因为它是**通过别的途径**而被知道的。可是既然我们在这里除了铁与运动之外没有和任何别的东西打交道，它就是绝对地被知道的。〕如果我们从运动**这个**概念出发，那么，就可以看出运动概念除了属于别的东西之外也属于铁，对于运动概念来说这是偶然的。运动概念是本质的东西，对于它来说，**铁**是偶然的东西，运动是绝对地设定起来的。作为原地不动的铁被排除于运动的领域之外。现在，原地不动被扬弃了，运动属于铁了。——在这里，运动的概念出现了两次，一次是无条件地，另一次是以扬弃铁的固定不动为条件的。）

因此——其实这本来是前面提出过的综合命题——全部仅仅是由完全的关系构成的，根本没有什么自在的固定的东西来规定全部。全部构成一种**关系**的完全性，而不构成实在性。

(关系的端项,孤立地来看,都是偶体,它们的全部就是实体,这是我们前面已经说过了的。——这里只还需要对于那些自己不能进行这样简易的推论的人明确地指出这一点,那就是,在实体里根本不能设想有什么固定的东西,有的只不过是纯粹的关系。——如果一个实体被设想为是有规定的——这是已经一再论述的令人讨厌的问题——或者说,如果某个有规定的东西被设想为实体,则交替当然必须从任何一个端项出发,而只要交替被规定了,这个端项也就因此而是固定了的。但是,它不是绝对地固定了的,因为我同样可以从同它对立的端项出发,而且这样一来,恰恰原来被确定和固定为本质的那个端项就成了偶然性的了。这是从前面的例子中可以看明白的。综合地统一起来的诸偶体提供着实体,而在实体中除了包含这些偶体而外再也没有任何东西:实体经过分析,提供着偶体,而在对实体进行彻底分析之后除了偶体之外就再也剩不下任何别的东西了。不能设想偶体会有一个连续的基础,有一个负荷者。任何一个偶体,随便你选哪一个总是它自己的和与它对立的偶体的负荷者,它并不另外再有一个负荷者。——进行设定的那个自我,通过我们将来要详尽论述的那种最神奇的能力,把正在消逝中的偶体保持住,直到它将这个偶体同排斥它的那个偶体进行了比较为止。——这种几乎永远被人忽视的能力乃是这样一种东西,它把顽固的对立面结合成一个统一体,——它出现于必然相互扬弃的环节之间,从而保存两者。——它是这样一种东西,只有它才使生命和意识,特别使作为连续的时间序列的那种意识成为可能。而且它之所以能够做到这一切,仅仅因为它以自己作为导体,让那些没有共同的负荷者的偶体在它自身内彼此传导，它们也不可能有共同的负荷者，因为它们彼此会互相摧毁。)

γ)作为综合的统一体的活动与作为综合的统一体的交替，应当彼此互相规定，并且它们本身也构成一个综合统一体。

作为综合统一体的活动，我们可以最简洁地描述为：将对立的东西(主观的东西和客观的东西)在可规定性的概念里(在这里尽管它们也还是对立的)**予以绝对地概括和保存**。(为阐明和提出一个更概括的观点，请大家把这里所说的综合同上面〔§3〕引用的那个由量而使自我与非我达成的联合加以比较。在那里，自我从**质**的方面曾首先被绝对地设定为绝对实在性，同样，在这里，某种东西，就是说，某种由量规定了的东西被绝对地设定于自我之中，或者说，自我被绝对地设定为**有规定的量**。某种主观的东西被设定为一种绝对主观的东西，而这种做法就是一个正题，而且是一种量的正题，不同于前面的质的正题。但是，自我的各种行动都必须从一种正题的做法出发。〔在知识学的理论部分里，在我们依照我们的原则给自己划定限界之内，这种做法是一种正题，因为为了尊重界限的缘故，我们不能继续向前走的更远，虽然我们如果一旦突破这个界限，大概就会看到这种做法其实同样是一种可以追源于一个最高的正题的合题(综合)。〕前面曾经有一个作为对立的**质**的非我相对于一般的自我被树立为对立面，同样，在这里有一个客观的东西仅仅由于它被排除于主观的东西之外也被相对于主观的东西而树立为对立面。由于它被排除于主观的东西之外，也可以说仅仅是由于量〔由于界限，由于规定〕。而这种处理方法乃是一种量的反题，正如前面的做法是一种质的反题一样。但是，正如前面一般自我不应当被非我所扬弃和非我不应当被自我所扬弃那样，现在既不应当主观被客观摧毁，也不应当客观被主观摧毁，而毋宁是两者应当同时并存。因此，两者必须综合地统一起来，并且统一要通过在其中两者彼此相同的第三者，通过可规定性。两者——不是指自在的主体和客体，而是指通过正题与反题而被设定起来的主体与客体——都是可以互相规定的，并且仅仅因为它们是可规定的，它们才能被概括到一起，才能通过自我在综合中的活动能力〔想象力〕被固定起来，被确定起来。——但是，正如前面一样，如果没有正题，反题是不可能的，因为只有相对于设定起来的东西才能树立对立面。但是，如果没有反题的实质，那么，就实质方面来说，即使这里主张的那种正题也是不可能的，因为在某种东西被规定之前，换句话说，在量的概念能够应用到某种东西上之前，就质的方面说该东西必定先就存在了。这也就是说，必须一般地先有某种东西存在着，活动的自我才能在那里替主观的东西划一条界线，把余下的部分留给客观的东西。——但是，正如前面那样，就形式而言，如果没有合题，反题是不可能的，因为如果没有合题，则正题设定起来的东西就被反题扬弃了，因而反题也就不成其为反题，毋宁本身就是一个正题了。由此可见，所有的三种行动只是一种行动而且是同一种行动。这同一种行动的各别环节只在对它们进行的反省中才能有所区别。）

关于单纯的交替——如果交替的形式，即交替的端项的相互排除，与交替的实质，即将两个互相排除的交替端项包括在自身之中的那个概括的领域，综合地统一起来，则互相排除本身就是概括的领域，而概括的领域本身就是互相排除，换句话说，交替就是单纯的关系。在单纯的关系中，除了互相排除，除了所谓的可规定性，就再也没有任何东西了。——要看出这个互相排除一定就是综合的中项是并不难的。但是，进行下面的想象就比较难，即要在一个单纯的可规定性那里，在一个没有某种东西发生关系的单纯关系那里(这样的某种东西我们在这里以及在整个知识学理论部分里都完全撇开不管)，想象并非绝对地是虚无的某种东西，那就比较难了。让我们竭尽所能地发挥想象力。——A与B(实际上A+B是通过A规定，还是同样地通过B来规定，是已知的。但是我们有我们的目的，我们可以撇开不管，直接称它们为A和B)，可以说A与B是对立的，当一个设定了的时候，另一个就不能是设定了的。可是它们却应当同时并存，而且不是像前面所要求的那样**部分地**，而是整个地，并且**作为**对立的东西同时并存，而并不互相扬弃。我们的任务就是去考察这种情况。但是，**由于它们互相扬弃**，它们不能以任何方式，不能在任何可能的宾词下被一起思维。不是要思维A，也不是要去思维B，而是要去思维A和B两者的**结合**、**联结**，而恰恰这个东西是它们的统一点。

(如果你们在物理点X上于时刻A放置光明，并且在紧接着随后的时间B里放置黑暗，那儿，光明与黑暗就彼此截然分开了，这是理所当然的。但是，时刻A与时刻B直接接界，它们之间没有任何缝隙。你们可以把两个时刻之间的严格界限设想为＝Z，那么，Z上的是什么呢？不是光明，因为光明只在时刻A上，而Z≠A；同样也不是黑暗，因为黑暗在时刻B上。因而既不是光明也不是黑暗。但我们同样可以有理由认为在Z点上既是光明又是黑暗，因为在A与B之间没有缝隙，所以在光明与黑暗之间也没有缝隙，因而光明与黑暗是彼此直接接触的。——有人会说我在第二种推论中依靠想象力本身已把原来只应当是界限的 Z 扩展成为一段时间了。是的，确实就是这样。〔如果不依靠想象力来作这种扩展，时刻 A 与时刻 B 就再也没有别的办法分别出现了。〕因此，我能够依靠单纯的想象力扩展 Z，而且如果我要设想时刻 A 与 B 的直接交界，我就必须这样——而这就是对我们的创造性的想象力的奇妙能力所作的一个实验。这种能力，我们不久就要说明它，而没有它，人类精神里的任何东西都不能说明上面的问题——人类精神的整个机制也许根本是建立在它上面的。)

a. 刚才说明的那种活动规定着我们已经说明了的交替，这意思是说，交替端项本身的会合须以自我的绝对活动为条件，依靠这种活动自我把一个主观的东西和客观的东西树立为对立面，并把两者统一起来。现在，它们两者在自我中并且仅仅借助于自我的这种行动成了交替的端项。只在自我中，只借助于自我的这种行动，它们两者才会合到一起。

显然，这样建立起来的命题是唯心主义的。如果这里建立起来的活动就像它在一些限制条件下应该被当成的那样被当成是穷尽了自我本质(如果这个自我是一个有理智的人)的活动，则想象就是这样构成的：自我设定一个主观的东西，并在这个主观的东西的对立面设立一个客观的东西，等等。这样我们就看到经验意识里的一系列表象的开端了。前面我们曾建立过一个设定间接性法则，按照那个法则，正如它在这里仍然还有效那样，如果没有一个主观的东西被扬弃掉就没有客观的东西能够被设定起来，而且如果一个客观的东西没有扬弃掉就没有主观的东西能被设定起来。而凭借这条法则，表象之间的交替就是可以说明的了。这里增加的一个规定是：它们两者应当被综合地统一起来，它们两者应当由于自我的同一个行动而被设定。而凭借这个规定，本身包含着交替的那个东西（虽然交替端项是互相对立的）的统一性就是可以说明的了。这种说明当初凭借单纯的中介法则是不可能的。这样一来，大家仿佛仅仅通过绝对自发性就成了具备着自己一切可能规定的一个理智的人了。自我好像天生地就是**像**它设定、像它设定自身的那个样子，并且**因为**它设定自身成为这个样子。——但是，人们假如沿着系列尽可能走得远些，最后就一定遇到这样一个已经现成存在于自我之中的东西。在这个现成的东西那里，一部分被规定为主观的，另一部分被设定为客观的与主观相对立。应当是主观的那个东西，它的现成存在虽然能够由自我的设定来加以说明，但是，应该是客观的那个东西，它的现成存在，可就不能由自我的设定来说明了。因为这样一种东西通过自我的设定是绝对设定不起来的。——因此，建立起来的命题并不能完全说明应当予以说明的东西。

b. 交替规定着活动，这意思是说，由自我的活动所进行的设定对立面的活动与概括，即使不因对立物的实际存在而成为可能，却因刚才说明过的对立物在意识里的单纯的会合或接触而成为可能：这种会合是这种活动的条件。问题只在于正确地理解这一点。

刚才在反驳新建立的唯心主义的说明方法时曾提醒过：如果在自我里有某种东西被规定为一种主观的东西，而另外一种东西作为客观的就被这个规定排除于自我之外，那就必须说明，要排除的客观的东西怎么会是现成存在于自我里的，而这一点上述那种推论方式是无法说明的。这个辩驳通过现在的命题作了辩护。据说要被排除出去的客观的东西根本不需要是现成存在的。用我的话来说，现成存在着也许仅仅是对自我的一种障碍，换句话说，不管出于哪一种来自自我活动以外的理由，主观的东西必须不再继续扩展。继续扩展的这种不可能性构成我们所描述的那种单纯交替或单纯联结。单纯交替并不作为活动着的东西限制自我，但是给自我提出一个限制自己的任务。但是，一切限制都产生于对立，因此，正是为了完成这项任务，自我必须相对于要加以限制的那个主观的东西设定某种客观的东西作为对立面，然后像我们刚才指明的那样把两者综合地统一起来。于是一整套的表象就可以推演出来了。一望而知，这种说明是实在主义的，不过在这种实在主义的背后存在着一种比以前所建立的一切实在主义更抽象的实在主义。这就是说，更抽象的实在主义承认有一个在自我之中现成存在着的非我，直至承认有一个在自我之中现成存在着的规定，但只承认自我自己要在自身中进行规定的任务，或者说，只承认自我的单纯的可规定性。

乍看起来，人们也许会以为这种规定任务本身就是一种规定，现在的推论同前面所建立的承认有一种规定现成存在着的那种量的实在主义没有什么区别。但是，我们可以非常清楚地指出这种区别来。在那里，规定是给定了的，在这里，规定要通过活动的自我的自发性才得以实现。（如果允许我们再向前看看，则区别就可以更加确切地指出来。因为在知识学的实践部分里看得很清楚，这里所谈的可规定性乃是一种感觉。当然，一种感觉就是自我的一种规定，然而不是作为理智的自我的规定，即是说，不是设定自身为受非我所规定的那种自我的规定。而这里所谈的自我恰恰就是设定自身为受非我规定的那种自我。因而这种规定任务并不是规定本身。)

现在的推论有一切实在主义所有的那种错误，错在它把自我看成一个非我，从而没有说明非我向自我过渡这个本该说明的问题。假如我们同意人们的主张，那么，自我的可规定性，或者说自我应该受到规定这个任务虽然设定了，但是，这里没有自我的任何参预。而且由此虽然可以说明自我怎么会通过和为了某种在自我之外的东西而是可规定的，但是，并没有说明自我怎么会通过和为了自我而是可规定的(那种规定任务怎么会成为自我的知识，以至自我会本着这种知识按照任务来自己规定自己)。作出后面这种说明毕竟是需要的。自我，只有当它设定自己为可规定的时，才由于它的本质的缘故而是可规定的，并且只有在这种情况下它才能够规定自己。但是，这点是如何可能的呢，建立起来的那种推论并没有说明。

c. 两种推论应当被综合地统一起来；活动与交替应当彼此互相规定。

交替，或者说，一个没有经过进行设定的自我的任何参预的单纯的障碍，给自我提出限制自己的任务，这种说法是不能承认的，因为要去说明的东西没有在说明的根据里。因此，不得不承认，那种障碍不是没有自我的参预而就存在的，毋宁它是在自我对自己的设定中发生的，毋宁是好像由于自我继续向外伸展的活动被反射到自己本身，这才非常自然地产生出自我的限制，并从这自我限制中产生出所要求的其余的一切。

这样一来，像我们的探讨过程所要求的那样，交替与活动似乎彼此规定并综合地统一起来了。当自我是活动的时候(那不是由进行设定的自我所设定的),障碍涉及到自我,因此障碍只有当着自我是活动的时才是一个障碍。障碍发生的可能性受自我的活动所制约:没有自我的活动,就没有障碍。假如反过来说,自我出于自己本身的规定活动就应该是受障碍制约的:没有障碍,就没有自身规定。——再进一步说,没有自身规定,就没有客观的东西,等等。

让我们设法把我们在这里取得的最重要的和最终的结果掌握得更熟悉些。在对立物的结合中,自我的活动与这些对立物(自在的和抽去自我活动的状态下)的会合应当统一起来,它们应当是同一个东西。——这里主要的区别存在于结合与会合。因此,我们要探讨使这两者统一的可能性,我们就要最深入地领会已建立的命题的精神实质。

会合怎么样自在地必须以一个结合为条件,是显而易见的。对立的东西自在地是完全对立的,它们没有任何共同之处。如果一方设定了,对方就不能是设定了的:它们只有在它们之间的界限被设定时才是会合的东西。而这个界限既不是由于一方的设定而被设定的,也不是由另一方的设定而被设定的。——但是,界限又不是什么,只是双方共同的东西。因而说设定它们的界限,就是说结合它们,但双方的这种结合除了通过设定它们的界限之外是再也不可能的。它们仅仅是在结合的条件下,为了结合和通过结合才会合在一起的。

结合,或者用我们现在所能用的更确切的话来说,界限的设定,是以会合为条件的,换言之,是以会合者的活动所遇到的障碍为条件的,因为按照以上所说的,受限制的活动者,而且只作为活动者,应当是会合者的一方。这种情况之所以可能,只能在这样的条件下:会合者的活动是自在自为地并且自觉自愿地向着无限制无规定并且不可规定的即无限的方面走去。假如它不是向着无限方面走去,那就根本不会从会合者的受限制中得出结论,说障碍是在会合者的活动中出现的。那么限制,比如说,就可以是由障碍的单纯概念设定起来的概念(如同在一个绝对地建立一种有限自我的体系里所不得不认为的那样)。这样一来,在会合者的概念给会合者设定的框框之内就可以完全有一些新的足以推论出外来障碍的限制,而这就不得不由别的什么来加以规定了。但是,正如这里所推论的那样,从一般的限制中根本不能够得出这样一种结论。

(这里所谈的对立物,应当是绝对对立的。在它们之间绝不应有任何统一点。但是,一切有限物,它们彼此之间并不是绝对对立的:它们在可规定性的概念上是彼此等同的,它们都是彻底地互相规定的。这是一切有限物的共同规定。同样,一切无限物,如果可以有许多无限物的话,在不可规定性的概念上是彼此等同的。因此,根本不存在像有限与无限这样截然对立的、在任何标志上都不相同的东西,因而有限与无限必定就是我们这里所说的那种对立物。)

两者应当是同一个东西。这个命题更简单地说就是:**没有无限就没有限制,没有限制就没有无限,无限与限制是在一个东西中综合地统一起来的**。——假如自我的活动不进入无限,自我本身就不能限制自己的活动,它就不能像它应当做的那样设定活动的界限。自我的活动构成于无限制的自身设定,而在自我的活动之前就出现了一个障碍。假如它屈服于这个障碍，那么，超出障碍之外的那种活动就应该被完全取消和扬弃。自我在这种情况下，就应该根本不进行设定。但是，自我当然应该即使在这条界限之外也进行设定。自我应当限定自己，就是说，它应当在这种情况下把自己设定为不设定自己的。它应当在这个范围内设定无规定的、无限制的、无限的界限(参见上面β段)。如果它应当这样，那它就必定是无限的。——再者，如果自我不限制自己，那它就将不是无限的。——自我只是它设定自己为那个东西。它是无限的，意思是说，它设定自己是无限的：它通过无限性的宾词规定自己。因此，它限制自己本身，使自我成为无限的基础。它将自己同它的无限活动区别开来(自在地说，这两者是同一个东西)。如果自我应当是无限的，它就不能不这样。——自我将自己与之区别开来的这种趋向无限的活动，应当是它的活动。这种活动应当属于自我。因此，自我必须同时在一个和同一个没有分割和不可区分的自我活动中把这种活动再次收回于自身(通过 A 来规定 A+B)。可是，如果自我把这种活动收回于自身，那么，这种活动就是有规定的，因而就不是无限的了。但是，这种活动毕竟应当是无限的，这样它就必定被设定于自我之外。

由于自我设定自己同时既是有限的又是无限的，因而自我在自身中同自己本身进行这种交替。就是这种交替，它好像是正在自己同自己相争执，从而自己再度产生自己。因为自我想把不可统一的东西统一起来，然后试图把无限吸收到有限的形式中，之后又把它退回去，重新设定到有限的形式之外，并且在同一个时刻再次试图把它吸进有限的形式里。——自我本身的这种交替，就是想象力的力量。

这样一来，会合与结合就被完全统一起来。会合，或者说界限，本身就是正在和要去把握(想象力的绝对正题，因而它绝对是生产性的)的把握者的一个产物。由于自我与它的活动的这种产物是被设立为对立的，所以会合的双方被设立为对立，而在界限上双方都没有被设定(想象力的反题)。但是，既然双方重新被统一起来——自我的上述生产性活动应当归属于自我——进行限制的双方本身就在界限上被结合起来。(想象力的合题，它在想象力的这种反题与合题的活动中是再生产性的，这些我们到时就会看得更清楚。)

对立双方应当在单纯的可规定性的概念里(而不是在规定的概念里)被结合起来。这曾经是我们所要求的那种统一的一个主要环节。我们对于这一点也还必须加以反思，看看我们刚才所说的将通过哪一种反思而得到充分的规定和阐发。因为如果那被设定于对立双方(一方是制造对立的设定对立面的东西本身，而按照其特定存在来说，另一方就完全存在于意识之外，仅仅为了必要的界限才被设定起来的)之间的界限被设定为固定的、确定的、不可移动的界限，那么，对立双方就是由规定统一的，而不是由可规定性统一的。但是，假如这样的话，那么，在实体性交替中所要求的那个全部就应该是没有被充满的了(A＋B 就应该是仅仅由有规定的 A，而不是同时由无规定的 B 所规定的了)。因此，那条界限必须不被认为是固定的界限。而且，就我们刚才对想象力在这个限制中的活动作用所作的探讨来看，情况也确实就是这样。为了要给主体一个规定，想象力的活动能力设定一个无限的界限以作为它自己的趋向无限活动的产物。它试图把这种活动归给自己(由 A 规定 A+B)。但是,假如它真这么做了,那它就不再是这种无限的活动了。这种活动作为被设定于一个有规定的主体中的活动,本身就是有规定的,而且可以说它就不是无限的了。因此,想象力就被重新逐回到无限中去了(对它来说,由 B 规定 A+B 这一层就被放弃了)。因此,现在存在着的就只是可规定性,只是沿着这条道路永远不能达到的规定的观念,而不是规定本身。——想象力一般地并不设定固定的界限,因为它自身就没有固定的立足点,只有理性才设定某种固定的东西,因为只有理性才把想象力固定起来。想象力是这样一种能力,它翱翔于规定与不规定、有限与无限之间的中间地带。因此,由于想象力的缘故,A+B 确实是同时既受有规定的 A 又受无规定的 B 的规定。想象力的这种翱翔就是我们刚才所谈的那种想象力的合题。——想象力恰恰通过它自己的产物表示这种翱翔。想象力仿佛是在它自己的翱翔期间并通过它的翱翔而把它的产物制造出来的。

(想象力在不可统一的东西之间的这种翱翔,想象力与自己本身的这种抗争,如将来会指明的那样,乃是这样一种争执:它把自我的状态在其本身中扩展为一段时间(对于单纯的理性来说,一切都是同时的,只有对想象力来说,才有时间)。想象力不能把这段时间保持得太久,就是说,不能保持得比一瞬间更长些(除了在高尚的感情中,在那里,对于变幻无常的惊讶是在时间中引起的)。理性出来居中斡旋(依靠反思的出现),规定想象力要把 B 接纳到有规定的 A(主体)里。但是,现在那作为有规定的而被设定起来的 A 必定再次被一个无限的 B 所限制,正如在上面想象力受无限的B的限制那样。这样前进不已，直至在想象力中不再需要有理性以外的任何起限制作用的B时止，即直到出现理性（这里指理论的理性）完全靠自己来规定自己，也就是说，直到在实践领域里出现表象者的表象。想象力继续向无限前进，直到它达到绝对不可规定的最高统一性的观念，这个观念只在完成了一个无限之后才会可能，它本身是不可能的。）

1．没有自我的无限性——没有自我的一个绝对的、走向无限制和不可限制的东西的生产性能力，甚至表象的可能性都不能说明。自我设定自己为受非我所规定的这个命题包含应当有一种表象作用这一假设。通过这个假设，这种绝对的生产性能力才被综合地引申出来和证明出来。然而事先就可以看出，在我们的知识学的实践部分里，这种能力将回溯到一种还高些的能力。

2．我们所碰到的一切困难都已经令人满意地被克服了。我们的任务曾经是去统一对立物，统一自我与非我。通过想象力，它是统一矛盾双方的东西，自我与非我现在可以被完全统一起来了。——非我本身就是设定自己的那个自我的一个产物，而根本不是什么绝对的和被设定于自我之外的东西。没有一个按照我们所叙述的方式制造出来的客体，一个把自身设定为自身设定者的自我，或者说，一个主体，是不可能的（自我的这种规定，即自我把自己反思成一个有规定的东西这一规定，只有在自我通过一个对立物而对自己加以限制的条件下，才是可能的）。——在这里，只有一个问题：为了说明表象作用而必须承认的那个对自我的障碍是怎么和由于什么而发生的问题，还没有提出解答。因为这个问题超出知识学的理论部分的界限了。

3. 整个知识学理论部分中首要的命题是:自我设定自己为受非我所规定的,它是完全穷尽了的,其中包含的一切矛盾都已经消除了。自我只能把自己设定为这样的:它是受非我所规定的(没有客体,就没有主体)。因为这个原因,它设定自己为被规定的。同时它又设定自己为从事于规定的。因为规定者在非我中就是它自己的产物(没有主体,就没有客体)。——不仅推论所需要的交替作用是可能的,而且如果没有这样一种交替作用,已经建立的假设所需要的那种东西就根本是不可思议的。以前曾经仅仅以有待证明的身份出现的东西,现在已成了毋庸置疑的确定的真理。——这样,知识学的理论部分就完全结束了。这也就同时证明任何一门学科,当它的原理已经详尽探讨了的时候,它本身就结束了。而当人们在探讨过程中重新回到某一原理的时候,那条原理就是详尽探讨过了。

4. 如果说知识学的理论部分已经详尽探讨了,那么,说明表象所需要的一切环节必定都已建立并已论证了。因此,我们从现在起要做的就只是把全部已经证明了的东西联合起来,应用起来,此外就再没有什么可做的了。

但是,在我们开始走上这条道路之前,先对这条道路本身进行一次反思,不仅是有用的,而且对于彻底理解全部知识学也有重要的意义。

5. 我们的任务曾经是分析研究那个没经证明而建立的命题:即自我设定自己为受非我所规定的,看看它是否以及在何种情况下才是可能的。我们已经试验了它的通过系统的演绎受到详尽探讨的一切可能的规定。我们已经通过对不允许的和不可能的东西的分离把可能的东西收缩到一个越来越小的圆圈里，并且一步一步地越来越接近真理，直到我们终于找到了对应该思维的东西进行思维的唯一可能的思维方式。因此，如果那个命题一般地说是真的，也就是说，无需它现在所有的特殊规定，而就是真的——说它是真的，乃是一个以最高的原理为基础的假设——如果它由于现在的演绎，只有在这个唯一的方式下，才是真的话，那么，我们建立的东西也就同时是一个本来就出现于我们精神之中的事实。——我可以说得更明白些，既然我们当时是在进行哲学思维，我们在探讨过程中所建立的一切思维的可能性，也就是凡是我们思维过的，凡是我们以我们的思维的意识思维过的，它们当时也都是我们的意识事实。但是，它们当时都是我们的反思能力的自发性按照反思的规则人为地制造出来的事实。现在建立起来的、淘汰了一切被证明为错误的东西之后唯一留下来的这个思维可能性，首先也是这样一种由哲学反思的自发性所人为地制造出来的事实。它所以是这样，就是因为它是通过反思而被提升到哲学家的意识里来的。或者更确切地说，对那个事实的意识乃是一种人为地制造出来的事实。但是，居于我们的探讨之首位的那个命题应当是真的，就是说，在我们的精神里应当有某种东西与这个命题相对应。而这个命题只应当在唯一地被建立起来的方式下，才是真的，因此，在我们的精神中必定有某种原始的、跟我们的反思独立无关地现成存在的东西同我们的这种思想相对立。而我们是在事实这个词的更高的意义上，即，在我们提出的其余一切的思维可能性在其中都不能算是事实的那种更高的意义上，把我们建立起来的这个思维可能性称之为事实的。（比如说，表象的材料是表象从外面得来的这个实在主义的假定，在我们的探讨过程里也曾经是进行反省的意识的一个事实。但是，一经仔细探究，我们就发现这种假定同我们建立的原理相矛盾，因为从外面取得材料的那种东西绝不会是一个自我，其实按照要求它不应该是自我，而毋宁是非我。我们还发现，这样一种思想因此不能在它自身之外有什么与它相对应的东西，它是完全的，应当作为属于超验的——但不是作为先验的——体系的思想而予以抛弃。）

还有一点顺便也要提请注意，那就是，在一种知识学里当然有些被建立起来的事实，知识学作为实在思维的体系就是因此而与一切空洞的形式主义哲学区别开来。但是，知识学不允许直接假设某种东西为事实，而是必须进行论证，就像现在所进行的论证这样，以证明某种东西是一事实。如果引证的事实属于没经哲学反思推论的普通意识的范围之内的事实，那么，尽管人们的论证也还严密，只要他所得到的结论不是原来就现成存在着的，他就只能炮制出一种骗人的通俗哲学，那其实不是哲学。但是，如果建立起来的事实属于普通意识的范围之外，人们就必须确切知道他是怎么能够确信它们都是现成存在着的事实。并且人们就必须能够把他达到这个确信的过程告诉别人，而把他的确信告诉别人，实际上就是对这些事实之为事实的论证。

6. 我们完全可以期望这种事实一定会在我们的意识里产生结果。如果它应当是在一个自我的意识中的一个事实，那么，自我必定首先把这个事实设定为现成存在于它自己的意识中的事实。然而，由于自我可能会遇到困难，它只能在一定的方式下才能作出这种设定，因此自我如何把这种事实设定于自身的那种方式，也许就会自己显现出来。——让我说得更明白一些——自我必须向自己证明这种事实。但是，它向自己说明这种事实只能按照出自它的本质的那些法则，也就是至今进行反思时所同样使用的那些法则。从现在起，自我在自身中对这种事实进行加工改造，它处理这种事实所规定的方法和全部活动情况，就是我们的哲学反思的对象。——显而易见，从这里开始，整个反思就达到了一个完全不同的阶段，具有了一种完全不同的意义。

7. 过去的一系列反思和将来的反思首先是它们的对象不同。在过去的反思里，被反思的是种种思维的可能性。当时是由人的精神自发性活动现制造出反思的对象——即那时的思维的可能性是按照一个详尽探讨过的综合体系的规则制造的——反思的形式和反思行动本身。我们已经看到，被反思的东西里固然包含有某些实在的东西，但其中混杂着的空洞的附加物是必须逐步加以清除的，直到对我们的目的即对理论知识学来说完全真的东西单独剩下来为止。——在将来的一系列反思里，是对事实进行反思。这种反思的对象本身就是一种反思，就是说人的精神对提供给它的资料（当然，资料只有作为心灵对之进行这种反思的对象，才可以称为资料，因为不这样的话，它就是事实。）所进行的那种反思。因此，在将来的一系列反思中，反思的对象不是由这同一个反思自己**制造出来**的，而仅仅是由它**提升到意识里**的。——由此可见，我们从现在起不再同那些必须首先从其空洞的附加物中把少量真的内容挑选出来的单纯的假设打交道，而是说，凡是现在建立起来的，都有充分权利主张自己具有实在性。——知识学应当是人的精神的一部实用的历史。我们以上所做的一切工作,只不过是为了首先得到一个通往这部实用历史的入口,只不过是为了首先能够指出一种毋庸置疑的事实。我们现在有了这种事实。从现在起,我们的虽然并不盲目却在试探着前进的知觉可以从容不迫地探讨种种已经发生的事件的进程了。

8. 两种系列的反思在它们的方向上也是不同的。——大家暂时可以把人为的哲学的反思完全撇开,停下来看看人的精神对上述事实所进行的那种原始的、必需的反思(这种反思从现在起将成为更高的哲学反思的对象)。非常清楚,人的精神不能根据任何别的法则,只能根据发现给定的事实时所使用的那些法则对事实进行反思,也就是说,根据我们过去进行反思时所依据的那些法则。我们过去的反思曾经从自我设定自己为受非我所规定的这个命题出发,并沿着自己的道路运行直至达到事实为止。现在这个自然的将被建立为必然的事实的反思则从事实出发。而且由于在上述命题证实自己即证实自己是事实之前,那些已经建立的原理决不能停止自己的应用,所以这种反思就继续前进,直到达到命题为止。因此,它所经历的整个路程正是前一种反思所走过的道路,只是方向相反。因此,哲学的反思既然只能跟随着后一种反思前进,而又不能给它提供法则,所以它就必然地采取与后一种反思相同的方向。

9. 从现在起,反思采取了相反的方向,因而已经建立的事实就同时成了哲学反思回归点。在这个回归点上,两个完全不同的反思系列结合在一起,在这个回归点上,一系列的结尾与另一系列的开端相联结。因而在这个回归点上,必定存在着过去的推论程序所以不同于今后进行的推论程序的区别根据。——过去的做法是综合的,它贯彻始终,所以建立的事实自身就是一个合题。在这个合题中首先被统一起来的就是出自第一个反思系列的两个对立物,因而它应该是这种合题对第一个反思系列的关系。——然后在这同一个综合中,为了第二个反思系列进行可能的分析和因之而产生的综合,又必定存在着两个对立物。由于在综合中不能再有作为两个对立物的东西被统一起来,所以其中作为第一个反思系列的结尾而被统一起来的两个东西也就是为了第二个反思系列的开端而应当予以重新分开的那两个东西。但是,如果情况完全就是这样的话,第二个反思系列就根本不是第二个,而只是倒过来的第一个反思系列。而我们的处理就是一种单纯重复的分解,它毫无用处,不能增加我们的知识,不能使我们前进一步。因而如果它们是第二个反思系列的端项的话,就必定与第一个反思系列的端项,如果它们也是的话,在某一个方面有所不同。而它们就只有借助于综合(好像经历了这个综合),才能获得这种差别。——如果对立的端项是第一个系列或第二个系列的端项,那么,正确认识这些端项的上述差别就是值得花费气力,并且能够彻底阐明当前的体系的最重要的最具特征之处。

10. 在这两种情况下,对立双方都是一个主观的东西和一个客观的东西。但是,在综合*之前*它们是这样的,在综合*之后*它们在人的心灵中就非常不同了。在综合*之前*,它们仅仅是对立的双方,不是别的什么。这一方是另一方所不能是的那种东西,另一方是这一方所不是的那种东西。它们表示一种单纯的关系,此外什么也不表示。它们是消极的东西,绝对不是什么积极的东西(正如在前面的例子中 Z 上面的光明与黑暗那样，如果 Z 被认为是单纯想象中的界限的话)。它们只是一种没有实在性的单纯思维，而且只是关于一种单纯关系的思维。——当一方出现时，另一方就消失了。但是，由于这一方只能在另一方的反面宾词之下出现，因此另一方的概念也随同这一方的概念同时出现并把这一方取消，所以这一方甚至根本不能出现。因此，根本没有什么东西存在，也不可能有什么东西存在。我们的意识不是被充实起来的，在它那里绝对没有任何东西存在着。(确实，没有那种无意识地给这些空洞的对立物奠定基础的想象力的善意的欺骗，我们也就根本不可能进行过去那一切的探讨。我们不能对它们进行思维，因为它们是绝对的无，对于无人们不能进行反思。这种想象力的善意欺骗当时是舍弃不掉的，也不应当被舍弃，只是应当把欺骗的产物从我们推论的总数中扣除和丢弃，就像实际上所做的那样。)在综合之后，它们是某种可以在意识中摸得着抓得住的东西，并且仿佛在充实着意识。(它们现在恰恰就是它们本来也就是的那个东西，不过它们现在这样，是为了反思并在反思的怂恿和允许之下，而以前则是不知不觉地并且经常受着反思的抵制。)正如前面所说的在被想象力扩展为一个时间段的那个界限 Z 上的光明与黑暗确实曾经是自己没有把自己绝对取消掉的某种东西。

它们发生了这样的变化，好像是由于它们经历了综合，而必须指明的是综合究竟怎样并以何种方式能够给它们提供它们以前所没有的某种东西。——综合能力的任务在于把对立双方统一起来作为一个东西去思维(因为正如以前那样，要求首先涉及思维能力)。综合能力做不到这一点，而任务却又摆在那里。因此，在无能为力与要求之间就发生了矛盾。精神就栖身于这种矛盾之中，翱翔于矛盾双方之间，游移于要求和无能为力之间。并且在这种状态中，而且只在这种状态中，精神同时抓住矛盾双方，或者换个说法也一样，精神使双方同时成为能够可以捉摸的东西，这就是说，它由于接触它们双方又被它们逐回，然后再次接触它们，从而在它们与自己的关系中给它们以一定的内容和一定的范围（这种内容到时就会表现为时间和空间中的诸物）。这种状态就叫做直观状态。在这种直观状态中的活动能力前面已经称之为生产性的想象力。

11. 我们看到，正是包含着使人类知识学成为不可能的危险的那种环境，现在却成了我们能够据以建立这种学说的条件。我们过去不敢设想我们怎么竟能够把绝对对立的东西统一起来。现在我们看到如果没有绝对对立的东西，要想一般地说明我们精神中的那些外界赋给的东西就将是完全不可能的。因为如果不是出现了绝对对立的东西，不可统一的东西对于自我的理解力来说显然就是完全不适应的东西，则上述一切外界赋给的东西所依据的那种能力，即生产性的想象力就是根本不可能的了。而有了这种能力同时也就清楚地证明我们的体系是正确的，证明我们的体系详尽彻底地说明了一切需要说明的东西。预设的东西只能通过找到的东西来说明，找到的东西只能通过预设的东西来说明。正是从绝对对立中推论出了人类精神的整个结构。而人的整个精神结构没有别的途径，只能通过一个绝对对立性来加以说明。

12. 同时，我们现在已将前面虽然已经提出却并没有充分发挥的一个说法完全阐明了。这就是说，我们现在认识到观念与实在怎样就是同一个东西，看清它们两者怎样只在不同的观察方式下才是不同的，以及其中的一个如何只能从另一个中推论出来。——绝对对立的东西(有限的主观与无限的客观)，在综合之前只是某种纯粹思维的东西，如果用我们这里经常使用的词汇来说，只是某种观念的东西。由于绝对对立的东西应当通过思维能力被统一起来却又不能统一起来，于是它们就通过心灵(起这种作用时就叫想象力)的翱翔而获得实在性，因为它们这样一来就变成可以直观的东西了，也就是说，它们获得了一般的实在性。这是因为除了凭借直观的实在性之外，没有别的实在性，而且不可能有其他的实在性。由于人们重新把这种直观抽掉，这并不是说人们能为一般意识而把它抽掉，但是，为了单纯的思维能力，当然能够抽掉它。于是那种凭借直观的实在性又重新成为某种纯粹观念的东西。这种纯粹观念的东西，根据表象能力的法则，它只有一种派生出来的存在。

13. 因此，在这里我们得到了这样的教导：一切实在——就它对于我们来说的那样而言，而在一个超验哲学体系里，它不能不被这样理解——都仅仅是由想象力产生出来的。我们当代最伟大的思想家之一，据我所知，曾作过同样的教导，他把这种东西叫做想象力的一种狡计。但是，每个狡计都必定设立自身与真理相对立，每个狡计都必定使自己被回避开来。但是，现在既然像在目前这个体系里得到了证明的那样，证明我们的意识、我们的生命、我们的为我们的存在，即我们的作为自我的存在之所以可能，是以想象力的这种活动为根据的，那么，我们如果不想抽掉自我，也就不能丢掉这种想象力的行动。抽掉自我是一件自相矛盾的事情，因为抽掉者不可能抽掉自己本身。因此,想象力并不骗人,它提供真理,提供唯一可能的真理。承认想象力在骗人,就意味着替一种怀疑主义作论证,而这种怀疑主义教人怀疑自己的存在。

表象的演绎

I. 我们首先把我们自己相当牢固地设定在我们已经达到的论点上。

自我向着无限前进不已的活动(由于它是趋向无限的,所以在它之内没有什么可以加以区别的东西),碰到了一个障碍。它尽管碰到障碍,却决不应该被消灭,所以它被折返回来,被迫转而向内前进,它采取了一个正好相反的方向。

人们可以把不停地向无限前进的活动想象为一条直线,一条从 A 出发经过 B 向 C 等等前进的直线。它既可以在 C 之内就遇到了障碍,也可以超过 C 而继续前进。但是,人们假定它正好在 C 点受到了阻碍,那么,根据前面所说的,碰到障碍的根据就不在自我之中,而在非我之中。

在已设定的条件下,自我的活动由向 C 前进的方向被折返而成为由 C 向 A 前进的方向。

但是,如果自我确实只是一个自我,那么,除非自我也发生反作用,否则对自我就根本不能发生什么作用。在自我中的任何东西都不能被扬弃掉,从而自我的活动方向也不能被扬弃掉。因此,由 C 向 A 的折返活动,**当它被折返的时候**,必定同时产生反作用,产生直达到 C 的活动。

这样一来,我们就在 A 与 C 之间有了一个双重的、自己与自己相反对的自我活动的方向，其中由 C 到 A 的可以被认为是一个受动，由 A 到 C 的可以被认为是一个纯粹的活动。它们两者都是自我的同一个状态。

这种把两个完全对立的方向统一起来的状态，正是想象力的活动，而且我们现在完全肯定地已经找到了我们前面所寻找的东西，即一种活动，一种只有通过受动才有可能的活动；以及找到一一种受动，一种只有通过活动才有可能的受动。——存在于 A 与 C 之间的自我活动，是一种彼此对抗着的活动，但是，这种活动，如果没有自我活动的一种被折返，是不可能的。因为一切对抗都预先设定与之对抗的某种东西作为先决条件。自我的这种活动是一种受动，因为自我的活动的原始方向被折返了：但是，没有任何方向可以被折返，除非它作为这个方向（而且在这个方向的一切点上）是事先就存在着的。两个方向，由 C 到 A 和由 A 到 C，必须是同时存在着的，而正是因为它们的同时存在解决了上面提出的任务。

当自我的活动存在于 A 与 C 之间时，自我的状态是一种直观。因为直观是一种没有受动就不可能的活动，也是一种没有活动就不可能的受动。——现在，对于哲学的反思来说，直观只就它是直观本身而言是得到规定了，但是，在主体看来，它作为自我的偶体，则还是完全没有规定的。因为如果它是有了规定的，则它就必定能把自己同自我的其他规定区别开来，而这是直到现在为止还不可能的。同样，在客体看来，也是完全没有规定的，因为如果它是有规定的，则一个被直观的东西本身就必定能把自己同一个没有被直观的东西区别开来，而这是直到现在为止还不可能的。

（显而易见，与原始的第一个方向相反的自我活动也超越了C点。但是，由于它超越到C点以外，它就不是在进行对抗，因为在C点以外不存在障碍，因而它也就不是在直观。因此，在C点上，直观受到了限制，而且被直观的东西也受到限制。超越C点之外去的活动不是直观，活动的客体不是被直观的东西。两者到底是什么东西，我们到时候就会知道。这里我们只不过提醒读者注意，我们把将来还要重新提到的东西现在暂且放下。）

II. 自我应当直观，而如果直观者实际上只应当是一个自我，那么，这就意味着自我应当设定自己为正在进行直观的。因为除了自我赋给自己的那种东西外，任何东西都不会从外面加之于自我。

自我设定自己为正在进行直观的，这句话首先意味着：它设定自己为在直观中活动着的。另外还有什么含义，将在随后的探讨中得出来。而既然它设定自己为在直观中活动着的，它就给自己设定了对立的某种东西，这种东西在直观中不是活动的，而是受动的。

为了使我们在这个研究中有个线索可以遵循，我们只要提醒一下前面对实体性概念中的交替所说的话就够了。对立双方，活动与受动不应当互相消灭和扬弃，它们应当同时并存：它们只应当互相排除。

显而易见，相对于直观者必须有一个被直观的东西作为对立面设定起来。问题只在于这样一个被直观的东西是怎么被设定起来的。

相对于自我，相对于进行直观的自我而被作为对立面设定起来的那个被直观的东西，必然是一个非我。首先可以从这里推论出：设定这样一种被直观的东西的自我行动，不是反思，不是向内进行的活动，而是一种向外进行的活动。因而就我们到目前为止所理解的来说，它乃是一种生产。被直观的东西作为被直观的东西是被生产出来的。

此外显而易见的是，自我不能对于它自己在生产这个被直观的东西时的活动有所意识，因为这种活动没有被反思，因而没有被给予自我。（只有在我们现在所用的哲学反思中，这种活动才被给予自我。而我们始终需要把哲学反思同一般必需的反思加以仔细地区别。）

创造性的能力总是想象力。因而对于被直观的东西的设定，乃是因为有想象力才出现的，这种设定本身就是一种直观（是对某种无规定的东西的一种〔肯定意义上的〕注视）

这种直观应当同自我给予自己的那种直观中的活动相对立。在同一个行动中应当同时存在着两种直观活动，一种是自我借助于反思而赋予自己的，另一种是自我没有赋予自己的。后一种直观活动是一种纯粹的直观，前一种直观活动固然也应当是一种直观，但它是被反思了的。问题在于这是怎么发生的，从中会推出什么来。

直观作为活动，其方向本来是向 C 去的，只在它和向 A 的相反方向对抗着时，它才是一个直观。如果它不同向 A 的方向相对抗，它就不再是直观，而干脆就是一个活动。

这种直观活动，应当被反思，这就是说，自我向 C 去的活动（它永远是同一个活动），作为与一个相反对抗着的东西（因为否则它就不是这种活动，不是直观的活动了），应当被扭转而向 A 去。

这里出现了下面的困难：自我的活动本来已经由于外界障碍而一度向 A 折返了，现在又由于绝对的自发性（因为，自我应当设定自己为进行直观的，这绝对地因为它是自我）而再次向同一个方向返回。如果这两次的方向不能彼此区别，则根本没有直观被折回，而毋宁只是以同一个方式重复地两次被直观而已。因为活动是相同的活动，是自我的同一个活动。而方向是由 C 到 A 的相同的方向。因此，如果要想使我们所需要的反思（折返）能够出现，则它们必须能够彼此区别。而在我们能够继续前进之前，我们必须解决这样的课题：即它们怎么样和通过什么彼此区别。

III. 让我们把这个课题规定的更确切些。——其实在探讨之前，我们就能大概地看出，自我活动的第一个向 A 的方向怎么可以同第二个向 A 的方向区别开来。因为，第一个是由于纯粹的外界阻碍而被折返的，第二个则是由于绝对的自发性而被折返回来的。这一点，我们只要从哲学的反思这个层次出发就能看清楚，而我们在开始探讨的时候就武断地把我们自己置身于这个层次上的。但是，问题恰恰在于说明一切哲学反思之所以可能的这种前提，在于证明这个前提是自然意识的原始事实。问题是：人的精神最初怎么会在一个外部引起的活动折返与一个内部引起的活动折返之间作出上述那种区别的呢？这种区别是这样一种区别，它作为事实应该是被推演出来的，而恰恰又是通过这个推演而得到证明。

自我应该通过宾词直观者来加以规定，并由此而与被直观者区别开来。这是我们当初不得不作为出发点的那个要求。自我作为直观的主体，应该与直观的客体相对立，并因此而首先与非我区别开来。显而易见，我们在进行这种区别时，并没有一个固定点。如果直观自身不首先固定下来，则我们毋宁是在一个永恒的圆圈里打转。只有直观被固定下来之后，自我与直观的关系以及非我与直观的关系才能加以规定。因此，解决上述课题的可能性就取决于对作为直观的直观本身加以固定的可能性。

这后一课题（即把直观固定下来）等同于前面提出的课题，即等于使第一个向 A 的方向可以与第二个向 A 的方向相区别的那个课题。而且一个课题解决了，另一个课题也就跟着解决了。一旦直观本身固定了，则第一个向 A 的折返就已经包含在直观里了，并且，不必担心发生彼此混淆和相互扬弃，不但第一个向 A 的方向，而且一般直观就向 A 折返了。

直观作为直观应该被固定下来，以便它能够被当成同一个东西来理解。但是，直观自身根本不是什么固定的东西，而是想象力在两个相反的方向之间的一种摆动。如果说直观应当被固定下来，那就等于说，想象力应当不再摆动，从而直观就完全被取消、被扬弃了。但是，这种情况不应当发生。因此，至少直观的状态的产物必须保存下来，也就是说，两个相反的方向的遗迹必须保存下来。而这种遗迹不是单纯两个相反方向的，而是由两个相反方向结合而成的某种东西。

只有通过这样一种固定之后，直观才成为一个直观，而直观的这种固定，包括三个方面。首先是固定的或确定的行动。整个的固定是因为起于**自发性**的反思而出现的，而固定之因反思本身的这种自发性而出现，我们随后就可以看到这点。因此，固定的行动属于自我中进行绝对地设定的那种能力，或者说，属于理性。——其次是有规定的东西或者正在被规定的东西，——大家都知道这就是其活动被设定了界限的想象力。——最后，因规定而产生出来的东西，即处于摆动中的想象力的产物。显然，如果我们所要求的固定是可能的，那就必须有一种从事这种固定的能力。而这种能力既不是从事规定的理性，也不是从事生产的想象力，因此，它是理性与想象力两者之间的一种中间能力。这种能力既然能使一种变动的东西保持不变，（好像使之得到理解，好像是使之成为确定不移的），那么，我们就有理由称它为理解力。理解力之为理解力，只是因为有某种东西在它那里被固定下来。而凡是被固定下来的东西，都只是在理解力中被固定下来的。理解力可以说是理性固定下来的想象力，或者说是由想象力配备了客体的那种理性。——知性乃是一种静止不动的精神能力，是由想象力产生出来并由理性规定下来而且正在进一步予以规定的那种东西的纯粹保存，尽管人们常常谈起它有什么行为。

（只在知性里才**有**实在性〔当然首先要通过想象力的作用〕。知性乃是**现实化**的能力。在它那里，理想的东西才成为实在的东西：〔因而**知性**也表示一种和某物的关系，这种东西是不经我们的干预而从外界来的，但是，只不过是完全应该加以了解和知悉的。〕想象力产生实在性。但是，在想象力里没有实在性，经过知性的了解和把握，想象力的产品才变成某种实在的东西。——我们认为是想象力的一种产品的那种东西，我们并不赋给它实在性。但是，我们所碰到的包含在知性里的那种东西我们却赋给它实在性，至于知性，我们认为它根本没有生产的能力，而只有保存的能力。——由此可见，人们在自然的、与人为的先验哲学的反思相对立的反思中，由于反思的规律的缘故，只能回溯到知性，然后在知性中遇到被给予反思的某种东西，遇到表象的质料。但是，这种东西是以何种方式进入知性的，人们是不知道的。因此，我们确信事物的实在性在我们之外，是没经我们任何干预的，因为我们并不知道有产生实在性的能力。假如我们在普通反思里知道，如同我们在哲学反思能够知道的那样，实在性是通过想象力进入知性的，那就等于我们想重新把一切解释为幻觉，而且通过后者正如通过前者一样毫无道理。）

IV. 我们现在把我们的推论的线索重新捡起来，这是我们以前由于不可能进一步推论下去而暂时放下的。

自我反思它在直观中向 C 行进的那个活动。向 C 行进的活动作为同一个由 C 向 A 行进的反方向活动背道而驰的活动，根据上述的理由，是不能被反思的。但是，它也不能被当作一种一般向外行进的活动来反思，因为如果那样的话，它就是自我的完全无限的活动了，而完全无限的活动是不能加以反思的。但是，在直观中正在出现的活动则不是这样，毋宁正是要加以反思的。因此，在直观中呈现着的活动必须被反思为行进到 C 为止的活动，被反思为在 C 点上受到限制和规定了的活动。这是第一个线索。

因此，在 C 点上，自我的直观活动受到在反思中进行的绝对活动的限制。——但是，由于这种活动只是有反思作用的，而除了在我们现在这个哲学反思中之外并不是被反思的，所以在 C 点上的限制，是与自我相对立的，是属于非我的。绝对创造性的想象力的产品被一种不明确的、没有被反思的而且没有进入确定的意识的直观所设定，而且被这种直观设定为超越 C 点而向无限进展。这就限制了被反思的直观的能力。而它所根据的规则和理由，就是第一种无规定的产品一般被设定时所根据的那个理由。这是第二条线索。——这种产品乃是非我，通过和这个非我的对立，自我一般才被规定为自我——然后，“自我是进行直观的”这个命题的逻辑主词才是可能的。

进行直观的自我的这种规定了的活动，至少按照它的规定被确定下来并被理解为在知性中可以进一步加以规定。因为如果没有这种确定和理解，自我的彼此矛盾的活动就会彼此相撞以至互相抵消。

这种活动是从 A 向 C 进展，并在这个从 A 向 C 进展的方向上被自我的反思、亦即从 C 向 A 进展的活动所理解。——显而易见，在这种理解中，必然出现互相反对的方向，而且这种理解必然是通过那种相反方向的能力即想象力而产生的。因而它本身就必然是一种直观。这应该是第三个线索。想象力在其目前的作用中并不创造什么，而毋宁只是理解（以便在知性中设定，而不是保存）那已经产生了并在知性中被理解了的东西，因此它被认为是再生产性的。

直观者必须被规定为直观者，也就是说，被规定为活动。它还必须有一个活动同它**对立**。这个活动**不是它自己**，而是另外一个活动。但是，活动总是活动，到现在为止在它那里能够加以辨别的只有它的方向。但是，这种相反的方向是通过外来的反思作用而产生并且在知性中保存下来的那个从 C 到 A 的方向。这应该是第四个线索。

这种相反的方向，既然那出现于直观中的方向由它而被规定，它本身就必须受到直观。这样一来，随着直观者的规定同时就出现了一种**被直观者**的直观（但又不是反射回来的直观）。

但是，被直观者本身，如果说它是与直观者对立的，它就必须被规定为一个被直观者。而这就只有通过反思才是可能的。问题仅仅是：被反思的究竟是哪一个向外进展的活动。因为被反思的必然是一个向外进展的活动，但是，在直观中从 C 向 A 进展的活动构成直观者的直观。

前面已经提醒过，为了对 C 点上一般的直观加以限制的缘故，自我的生产性活动必须超越 C 点向无限进发。这种活动被从无限那里反射回来，经过 C 向 A 进展。但是，从 C 向 A 却存在着一个根据其遗迹而在知性中保存下来的前一个方向，即一个与那归属于自我的从 A 向 C 的直观活动相反的方向。而在与这一直观活动的联系中，它必定归属于和自我相反的东西，即必定归属于非我。这个相反的活动被直观为一个相反的〔直观〕，这应是第五个线索。

这个被直观者必须被规定为被直观者，并且被规定为与直观者相反的被直观者。因此它是通过一个非被直观者所规定的，而这个非被直观者却是一个非我。但是，这个非我作为自我活动的绝对产物，存在于 C 点以外（自在自为的事物，是本体。因此是表象与在表象中呈现的事物之间的自然区别）。但在 C 与 A 之内存在着这样一个被直观者，按照它的规定来说，它是作为某种实在的东西在知性中被把握的。这应该是第六个线索。

它们相互之间的关系就如同活动与受动（实在性与否定性）的

关系一样,因而是由交互规定联合统一起来的。没有被直观者,就没有直观者,反之,没有直观者,就没有被直观者。此外,当一个被直观者被设定起来时,一个直观者也就被设定了,反之亦然。

两者都必须被规定,因为自我应当设定自己为直观者,从而将自己同非我设定为对立的。但是,因此在直观者与被直观者之间就需要有一个坚实的区别根据,可是,根据上面的论述,交互规定并不提供这样一种区别根据。

当两者之一被进一步加以规定时,其另一个也就因此而被进一步规定了,这恰恰是因为它们处于交互规定之中。——但是,由于同样的理由,两者之一必须由自己本身而不由另一个来规定,因为,否则的话,我们就无法从交互规定的循环中摆脱出来。

V. 直观者,就其自在〔的状态〕而言,也就是说,就其是活动而言,由于它处于交互规定之中,已经得到了规定。它是一种在对立者中有一个受动与之相对应的活动,一种客观的活动。这种活动通过一种非客观的因而是纯粹的活动——一般的和绝对的活动——得到了进一步的规定。

两者是对立的,两者又必须综合统一起来,就是说,必须通过对方而被互相规定着:1. 客观的活动通过绝对的活动而被规定。一般的活动是一切客观活动的条件,它是客观活动的实在根据。2. 一般的活动是根本不能通过客观的活动加以规定的,除非是通过它的对立面即受动,才能加以规定,因此也就是,通过活动的一个客体,而这就是通过客观的活动,才能加以规定。客观的活动是一般活动的规定根据或理想根据。3. 两者必须通过对方而交互设定,也就是说,两者之间的界限必须设定下来。界限是从纯粹活动向客观活动以及反过来从客观活动向纯粹活动的过渡。界限是可以由之而折返或从它们两者那里抽离出来的条件。

作为条件的这个条件，就是说，作为纯粹活动与客观活动的界限，被想象力所直观，被固定在知性中。这两者都以上述的方式进行。

直观是在一定**条件**下的客观活动。假如没有条件，它就不会是客观活动而是纯粹的活动了。

由于要通过交互作用来规定的缘故，被直观者也只在一定条件下才是一个被直观者。假如没有条件，被直观者就不会是被直观者，而是一个绝对的被设定者，一个自在之物：一个作为绝对活动的反面的绝对的受动。

VI. 无论对于直观者还是对于被直观者，直观总是某种有条件的东西。因此，通过这个标志直观者与被直观者还不能被区别开来，我们现在必须对它们作进一步的规定。——我们试图为两者规定直观的**条件**，看看它们究竟能否通过所规定的条件加以区别。

绝对活动通过条件而变成一种客观活动，这显然意味着：绝对活动就其为绝对活动而言，已被扬弃和消除了。就其现在状态而言，已经是一种**受动**。因此，一切客观活动的条件乃是受动。

这种受动必须被直观。但是，一种受动只能被直观为相反的活动的一种不可能性，被直观为要采取想象力可能做的那种确定性行为时出现的那样一种强制感觉。这种被固定在知性中的强制就是**必然性**。

这种由于一个受动而产生的活动，其反面乃是一种自由的活动。自由活动被想象力直观为想象力本身对某一行为的实行与不实行之间的一种摆动，对某一客体在知性中把握与不把握之间的一种摆动。这种被把握在知性中的摆动就是可能性。

两种本身相反的活动得到了综合统一。1. 强制为自由所规定。自由活动自己把自己规定为确定的行动(这是自身作用)。2. 自由为强制所规定。只有存在着一个现成的规定这个条件下，通过一个受动，那个在自身规定中一直还是自由的自身活动才把自己规定为一种确定的行为。(自发性只有在存在着一个因外来的障碍而发生了折返这个条件下，才能折返，但是，它在这个条件下又必定不折返)。3. 两者在直观中互相规定。直观者的自身作用与外来作用之间的交互影响是直观者之所以成为直观者的条件。

被直观者因此也就同时受到了规定。自在自为之物在交互影响的条件下是直观的对象。当直观者是活动的时候，被直观者是受动的；当被直观者作为一个自在之物是活动的时候，直观者是受动的。而且，当直观者是活动的时候，它不是受动的，反之，当直观者是受动的时候，它不是活动的，被直观者的情况也是这样。但是，这并不提供什么确切的规定，我们并不能因此从我们的圆圈中走出来。因此，必须进一步有所规定。因此，我们在规定两者之一究竟在上述的交互影响中各自起什么作用时，必须设法通过其自身来进行规定。

VII. 在客体中有一个与之相对应的受动，因而其本身即包括在上述交互影响之中的那种直观者的活动，具有这样一个活动同自己对立：这种活动在客体中并没有与之对应的受动，因而它是本身与直观者有关的(它是在自身作用中的)活动。因此，前一种活动必须通过这后一种活动来规定。

这样一种起规定作用的活动，必须是被想象力所直观的，必须被固定在知性中，正如至今所列举的那些类型的活动一样。

显而易见，即使直观者的客观活动，也不能有什么别的根据，其唯一可能的根据就是自身规定的活动。因此，假如这种自身规定的活动是可以规定的，那么，前一种活动，以及直观者在交互影响中的作用，就都得到了规定，甚至被直观者在交互影响中的作用也通过直观者的作用而被规定下来了。

两类活动必须互相规定：1. 返回于自己本身的活动必须规定客观的活动，这是上面已经指明了的；2. 客观的活动必须规定返回于其自身的活动。客观的活动对于客体的规定起多大作用，返回于自身的活动对于客体的规定也起多大作用。但是，客观的活动可以通过客体的规定来规定，因而在自身规定中出现的那种活动可以通过它来规定。3. 正如刚才表明的那样，两者处于交互规定之中。于是我们再次失去了固定的规定根据。

在交互影响中，被直观者的活动，就其对直观者的影响而言，同样也是由一种返回于自身的活动所规定的。通过返回于自身的活动，被直观者规定自己对直观者发生影响。

根据上面的讨论，进行自身规定的活动乃是理性对想象力在知性中固定下来的产品的规定，因此是一种思维。直观者把自己规定为对客体的思维。

既然客体被思维所规定，客体就是一个被思维者。

于是，它既是被规定了的，又是自己规定自己的，对直观者发生影响的。但是，这个规定只在下述情况下，即只当一个受动在相对立的直观者中被规定了时，才成为可能的。没有思维者中的受动，就没有客体的原初的和返回自身的活动，即被思维的活动。没有客体中被思维的活动，就没有直观者的受动。但是，这种交互规定，按照以上所述，乃是通过有效性的交互规定。因而客体被思维成直观者的受动的原因，受动被思维为它的实效。——客体因之而得以规定自己为有效性的那种内在活动，乃是一种纯粹的被思维者，一种本体，如果人们就像必须做的那样通过想象力给这种活动提供一个基础的话。

VIII. 对一个确定的客体进行规定的那种自身规定的活动，必须再进一步加以规定，因为我们还没有取得固定的据点。但这种自身规定的活动受直观者的这样一种活动所规定：直观者的这种活动不把任何客体规定为一个确定的东西（＝A）。它不对任何确定的客体发生影响（因而它是对作为纯粹客体的一般客体发生影响）。

这样一种活动应该一定能通过自身规定 A 或－A 而使自己与客体发生关系。因此它对 A 或－A 而言，是完全不确定的，或者说是自由的，自由地折向 A，或者自由地脱离 A。

这样一种活动必定首先通过想象力来加以直观。但是，它既然摆动于对立的东西之间，摆动于对 A 的把握与不把握之间，它就必定也被直观为想象力，被直观为在两者之间有摆动的自由（仿佛人们看待一条规律那样，对这条规律我们此时诚然除了知道它是心灵对自己的一项建议外，还一无所知）。——可是，既然通过这种活动，两者之一，无论是 A 还是－A，必定得到了理解（A 被设定为一种可以被折返的东西，或者说，被设定为一种可以抽象的东西)，那么，这种活动就因此而必定被直观为知性。——两者通过一种新的直观重新被统一起来，并在知性中确定下来，这就叫判断力。判断力至今还是自由的能力，它是对已经在知性中设定的客体进行反思式抽象，并且按照这种反思或抽象使这些客体带着进一步的规定在知性中设定下来的那种能力。

两种活动，纯粹的知性本身和判断力自身，又必须互相规定。1. 知性规定判断力。知性在自身中就已经包含判断力对之进行抽象或反思的那些客体，因而是一般判断力之所以可能的条件。2. 判断力规定知性。判断力把一般客体规定为知性的客体。没有判断力就根本没有反思，没有判断力就没有在知性中被固定下来的东西(这种东西是通过反思并且为了反思而被设定下来的)，从而也就根本没有知性。这样一来，判断力又是知性所以可能的条件。两者因此是互相规定的。知性里没有东西，就没有判断力，没有判断力，则知性里就没有属于判断力的东西，就没有被思维者作为被思维者的思维。

现在，客体由于交互规定而被规定了。作为思维的客体的被思维者，因而作为受动的，被一个非被思维者，从而被一个纯粹的可思维者所规定(可思维者的可思维性的根据就在可思维者自己本身中，而不在思维者之中，因而可思维者是活动的，并且就这一点看，思维者应该是受动的)。被思维者与可思维者两者现在相互被对方所规定：1. 一切被思维者都是可思维的；2. 一切可思维者都被思维为可思维的，而且它们之所以是可思维的，仅仅因为它们被思维为可思维的。没有可思维者，就没有被思维者；没有被思维者，就没有可思维者。——可思维者与可思维性自身都是判断力的对象。

只有那被判断为可以思维的东西，才能被思维为直观的原因。

思维者应当规定自己去把某种东西思维为可思维的，这样一来，可思维者就应该是受动的。但是，可思维者又应当规定自己是一种可思维的东西，这样一来，思维者就应该是受动的了。这种情况再次造成思维里的思维者与被思维者的交互作用，因此，我们没有固定的规定据点，我们必须更进一步对判断者加以规定。

IX. 规定客体的那种活动要被一种根本没有客体的、一种根本非客观的、和客观活动相反的活动所规定。这里的问题只是，这样一种活动怎么竟能设定起来，以及它怎么竟能同客观活动对立地设定起来的呢？

正如抽除任何**确定的**客体＝A 这种能力刚才被推演出来那样，现在抽除**任何一般客体**的这种能力也被设定起来了。如果要使我们所要求的规定成为可能的话，这种抽象能力非有不可。如果要使一个自我意识，一个表象的意识成为可能的话，这种规定非是可能的不可。

这种能力应该首先能够加以直观。——想象力，由于它的本质的缘故，一般地摆动于客体与非客体之间。它被固定为没有客体的，这就是说，(被反思的)想象力被完全消灭了，而想象力的消灭，非存在，本身被(没有被反思的、因而没有进入明晰的意识的)想象力所直观。(这是现存于我们之中的模糊的表象，如果我们为了纯粹思维的缘故想把一切都掺杂进行的想象力抽掉，则这种模糊的表象就是经常出现在思维着的人那里的直观。)——这种(没有被反思的)直观的产品应该被固定在知性中，但是，这种产品应该不是什么东西，应该根本不是客体，因而它无法被固定下来。(这种东西有点像是对这种思想的模糊的表象，这种思想所思维的是没有关系者的单纯关系。)这样，有待我们抽取的已不是其他的东西，只是理性的单纯的规则，只是(为了明确的意识而由想象力和知性所进行的)一种不能实现的规定的单纯规律。——因此，上述那种绝对抽象的能力，本身就是理性。(它就是理论意义上的、没有想象力的纯粹理性，就是康德在《纯粹理性批判》里当成他的批判对象的那个纯粹理性。)

如果说一切客观的东西都被消除了，那么，至少还剩下自己规定自己的并且自己被自己规定的那个东西，这就是自我，或者说主体。主体和客体以绝对地彼此排斥的方式而互相规定。自我如果只规定自己，它就不规定自己以外的任何东西，而如果它规定自己以外的某种东西，它就不仅仅规定自己。但是，自我现在是被规定为绝对抽象能力把一切客体都消除之后所剩余的那种东西。非我是被规定为绝对抽象力所能抽除掉的那种东西。这样一来，我们现在就有了客体与主体之间的一个固定的区别点。

(其实，这也就是一切自我意识的一目了然的、一旦显现了特征就再也不能无视的那个源泉。任何东西，凡是我能抽去的，我能思维掉的〔即使不是一次完成，至少也是这样：我随后抽除我现在所遗留下的东西，然后遗留下我现在所抽除的东西〕，就不是我的自我。而且我之所以把它同我的自我对立起来，只是由于我把它视为一种我能思维掉的东西。任何一个特定的个人，从第一次离开自己的摇篮学会把摇篮与自己区别开的儿童起，直到还承认物质性的观念印象并探求灵魂的基础的普通哲学家，再到至少在思维并证明那思维纯粹自我的思维规则的先验哲学家，他能思维掉的东西愈多，他的经验的自我意识向纯粹的自我意识就越靠拢）。

X. 这种通过抽除一切可以被抽除的东西来对自我进行规定的活动，本身又必须加以规定。但是，既然在自我里没有任何东西可以进一步加以规定，因为自我本身是不能被抽除而且它身上也没有任何东西能够被抽除的一种东西（因此，自我被判断为是单一的），那么，这种对自我进行规定的活动就只能通过一种根本不进行规定的活动来加以规定。——而且，这种活动所规定的东西，就只能通过一种根本无规定的东西来加以规定。

根本无规定的东西（作为一切有规定的东西的条件）的这种能力，诚然是在想象力上由推论证明了的，但是，它作为这种能力却绝不能提升为意识，——因为一旦进入意识，它就必定被反思，从而必定被知性所规定，从而它就再不会是无规定的和无限的了。

刚才已经就自我自身规定的角度考察了自我：它同时既是进行规定的又是被规定的。如果以现在这个较高级的规定回顾下面两点：1. 对绝对地被规定了的东西进行规定的那个东西一定是一个绝对无规定者，2. 自我与非我是绝对对立的，那么，当自我被认为是被规定了的时候，则进行规定的那个无规定者就是非我，反之，当自我被认为是**进行规定**的时，则自我本身就是无规定者，而由这个无规定者规定了的东西就是非我，由此就产生了下面的矛盾：

如果自我反思自身并因此而规定自身，则非我就是无限的，反之，如果自我反思一般非我（反思普遍）并因此而规定非我，则自我本身是无限的。因此，在表象里自我与非我是互相作用的。这一个是有限的，另一个就是无限的，反之，另一个是有限的，这一个就是无限的。但是，两者之中总有一个是无限的。——(这就是康德提出的二律背反的根据。)

XI. 如果在一个更高级的反思中反思这样一点：自我本身既然是绝对的规定者，因而也是绝对地规定上述矛盾所因以发生的那个反思的东西，那么，非我无论在任何情况下都重新成了一种被自我规定了的东西，不论它对反思而言是明确规定了的也好，还是对自我的自身规定而言是被作为无规定的、遗留在反思中的也好。这样一来，自我既然可以是有限的，也可以是无限的，就只与自己本身发生相互作用：在这种相互作用中，自我与它自身是完全统一的，任何理论的哲学都超越不了自我的这种自身统一的相互作用。

第三部分

实践知识学的基础

§5. 第二定理

全部知识学的三条原理所推论出来的结果是这样一个命题：自我与非我互相规定，而这个命题又包含着下述两个命题：自我设定自己是被非我所规定的，这一定理我们已经讨论过，并且表明，不论我们精神里的哪一种事实，都必定与它相对应；另一个命题是：自我设定自己是规定非我的。

我们在上一节开头的时候还不能确切知道是否我们在某个时候可以赋予上述第二个命题以一种含义，因为在那个命题里，非我的可规定性，从而它的实在性，是被当作前提而假设下来的。当时我们还提不出什么根据来确认它。但是，现在，由于有了上述那个作为公设被假设的事实，并在这个事实的前提下，非我的实在性同时也已作为公设被假设下来。（当然，这个非我的实在性，是为自我而假设下来的，这正如整个知识学作为先验科学既不能也不该超越自我那样。）而且原来妨碍我们确认上述第二个命题的困难也已消除了。如果非我具有对自我而言的实在性，或者换言之也一样，如果自我设定非我是实在的，从而这个非我的可能性和方式都被展现出来，即，如果第二个命题的其他规定是什么，虽然我们还不知道，却是可以思维的，则自我当然也就能够设定自己是规定着(限制着、限定着)上述那个设定了的实在性的了。

这里提出的命题是：自我设定自己是规定着非我的。在探讨这个命题时，我们可以采取我们当初探讨前一个命题即自我设定自己被非我所规定时所采用的同样的办法。正如在前一个命题里包含有许多对立那样，在这个命题里也包含许多对立。我们本来可以把这些对立找出来，然后加以综合地联结。如果从这种综合中产生出来的概念彼此又有互相对立的情况，那就再次把它们加以综合地联结，如此等等。而且我们确信按照一个简单而彻底的方法一定会把我们的命题充分地探讨到底。但是，还有一个比较简单而又并非不彻底不详尽的方法去探讨它。

因为这个命题里包含有一个主要的反题，而这个反题则包含了作为认知能力的从而是被限制了的本质的那个自我与作为直接被设定从而不受限制的本质的那个自我之间的全部矛盾，并且使我们不得不承认有一种自我的实践能力而以之作为联合的手段。我们将首先找出这个主要反题，并把它的对立环节联合起来，然后其他的反题就会自己呈现出来，而且也就比较容易联合了。

一

我们采取最短的道路来寻找这个反题。在这条道路上，从一个较高的观点出发，我们同时也就使自我设定自己是规定着非我的这个一切实践知识学的主要命题得到证明，成为可以确认的，并且使之从一开始就获得一种比单纯提出的问题的有效性更高的有效性。

自我一般地就是自我。自我由于它是它自己所设定的(参见§1),所以它绝对地就是同一个自我。

那么,特殊地说,自我既然是进行表象的东西,或者说,既然是一种认识能力,那么,它作为这种东西当然也就是同一个自我。但是,它既然是一种具有必然规律的表象能力,那它与绝对的、直接由自己本身设定起来的自我就根本不是同一个东西。

因为,自我作为一种认知能力,就它是这个东西而言,按照它的种种特殊规定,在这个领域之内,它当然是由自己本身所规定的。它既然是由自己本身所规定的,就这个意义而言,它在其自身中也就不是别的什么,只不过是它设定到自身中的那种东西。而这在我们的理论中就明显地出现了矛盾,违背下述的一种见解:即如果有任何东西进入自我,自我都只是被动地对待之。但是,对自我来说,这个领域自身,如果一般地和自在地考察起来,却不是由自我自己所设定,而是由它以外的某种东西设定的。表象活动的方式一般诚然是由自我设定的,但是,关于自我是进行表象的东西这一点,则如我们已经看到的那样不是由自我所规定,而是由自我之外的某种东西规定的。因为我们当初不能以任何别的方式去思维表象,只可能通过这样一个前提来假定,即假定向着未加规定的和无限的东西前进的自我的活动遇到了阻力。这样一来,作为一般认知能力的自我,就是依存于未加规定的并且至今无法规定的非我的。而且只有通过和借助这种非我,自我才是认识。[1]

---

[1] 谁要是在这个名词里隐约地意识到了深刻的意义和广泛的推论结果,谁就是我非常欢迎的一位读者。但愿他从这个名词出发,永远按照他自己的方式自由自在地推论下去。一个有限的本质,只有作为认知能力,才是有限的。这种有限本质,认为应

但是，按照自我的一切规定来说，它却应该是绝对地由自己本身所设定的，因而应该是完全不依存于任何可能的非我而独立的。

因此，绝对的自我与认知的自我（如果这个说法是允许的话，则两者好像说的是两种自我，而其实应该说它们只是同一个东西）就不是同一个东西，而毋宁是两个互相对立的东西了。这是与自我的绝对同一性矛盾的。

这个矛盾必须排除。它只能以下面的方式来排除：造成矛盾的自我的认知能力本身是完全不能排除的，除非自我再次陷入与自己本身的另一种新的矛盾中。因为，只要有一个自我被设定，又有一个非我被设定与自我相对立，则根据整个理论知识学，也就有一个连同其一切规定的表象能力被设定起来；而且就自我已经被设定为认知能力而言，也就仅仅是为自己本身所规定的，正如我们刚才提到并在理论部分证明了的那样。但是，自我作为认知能力，其依存性应该消除，而要消除自我的依存性则几乎是不可思议的，除非先有这样一个前提：即自我由自己本身规定着的至今未被认知的而且自我因它的阻力才成为认知能力的那个非我。这样一来，有待于表象的非我好像被规定为直接的，而从事于表象的自我却好像成了间接的，即成为借助于上述规定而由绝对自我所规定

该与无限的东西有共同之处，他的这种立法实践活动，除了依存于他之外，不能依存于任何别的。

还有，那就是，掌握了技巧，能够从一个他们不能予以忽视的全新的体系的少数基本路线出发，推导出即使不是更多的东西，却至少是无神论的那些人。读者如果随时牢记这个说明，就能从这里搞出点东西来。

的了。自我好像变成了仅仅是依存于自己本身的，就是说，它好像是完全由自己本身所规定的了。它好像仅仅是它自己所设定的那个东西，此外就一无所是了，而矛盾好像也就顺理成章地扬弃了。并且这样一来，我们至少暂时地好像已把我们提出的主要命题的后半段，即自我规定着非我（就是说，自我是从事规定的东西，非我是受规定的东西）加以证明了。

作为认知能力的自我曾经是与可以给予假设的阻力的那个非我处于因果关系之中的。自我曾经是由作为它的原因的非我所产生的结果。因为因果关系就是：由于在一方中的活动受到限制（或者说由于在一方中的一定量的被动），就有一个与扬弃了的活动等量的活动根据交互规定的规则被设定到对方中去。但是，如果自我是认知能力，那么，它向无限前进的活动的一部分就必定被扬弃掉，而这时被扬弃了的那一部分活动，按照已经提到的规律就被设定到非我中去。但是，因为绝对自我绝不能是被动的东西，而应该是绝对的活动，而且除了是活动之外不能是任何别的东西，所以，正像刚才所说的，我们就必须承认上述那个假设的非我也必须是被规定的，而且也必须是被动的。而与这个被动相反的活动也就必须被设定到自我中去，并且不是被设定到有认知能力的自我中去（因为有认知能力的自我本身是受那个非我所规定的），而是被设定到绝对的自我中去。可是，因此而被承认的这种关系，就是因果关系。因此，绝对自我应该是非我的**原因**，因为绝对自我是一切表象的最终根据，而非我因此就应是绝对自我的**产物**。

1. 自我绝对是活动的，并且单纯是活动的。——这一条是绝对的前提。从这个前提首先推论出非我的受动，因为据说是非我把自我规定为认知能力的。与这个受动相对立的活动被设定到绝对自我中去，成为一种**规定了**的活动，成为恰恰非我因之而被规定的那种活动。因此，从**自我的绝对活动**里就推论出自我的特定的**活动**。

2. 刚才提到的一切同时还可以用来阐明上述那个推论方式，使之更加有说服力。表象本身一般（这里不是说表象的各种特殊规定）毫无疑义地是非我的产物。但是，在自我里根本不能有任何本身是产物的东西存在，因为自我就是自我给自己设定的那种东西，在它那里根本没有设定在自身中的东西。因此，上述非我本身必定是自我的一种产物，并且必定是绝对自我的一种产物：——可是，这样一来，我们就会根本不能说有从自我以外对自我施加的作用，而只能说有自我对自己本身所施加的作用（这种作用当然是通过一条迂回的道路，其所以采取迂回的道路的种种根据，我们至今仍然还不知道，但是，将来也许会真相大白的）。

这样，绝对自我就应该是自在而又自为的非我的原因，就是说，应该仅仅是我们抽除了一切可证明的表象形式之后在非我中剩下来的那种东西的原因，应该是被我们认为是自我向无限前进的活动之所以遭到阻力的那种东西的原因。因为，根据表象作用的必然规律是被表象的东西本身的种种特殊规定的原因，关于这一点，我们已在理论知识学里阐述了。

依照同一个方式，即通过绝对设定，自我就不能是非我的原因。

自我是直接地没有任何其他条件地设定自己本身，而且，如果它想设定任何别的东西，它就必须设定自己：因为不存在的东西不能设定任何东西。但是，自我之所以对自我而言是存在的，是绝对地和完全地由于它自己对于自身的设定作用。

如果不限制自己本身，自我就不能设定非我。因为非我是与自我完全对立的。非我是什么东西，自我就不是那个东西。因此，只要非我是被设定了的（“被设定”成了非我的宾词），自我就不是被设定的。假如非我（不具有任何量）被设定为未受限制的或者无限的，则自我应该完全没有被设定，它的实在性应是完全被否定了的。而这就与上面的论述发生了矛盾。——因此，看来非我不得不在某个量中被设定〔亦即非我不得不设定为具有一定的量〕，因而自我的实在性也就不得不受到一定量的限制，即受到已被设定给非我的实在性的那个量的限制。——所以，设定非我和限制自我这两个说法是同义语，它们的含义和效用是完全一样的，正如理论知识学已经论述的那样。

现在，在我们的前提中，自我应该绝对地和不要任何根据地设定一个非我，就是说，自我应该绝对地不要任何根据地限制自己本身，部分地不设定自己本身。这样一来，它不设定自身的理由就不得不存在于它自己本身中。它自身中就不得不既有设定自己的原则又有不设定自己的原则。于是自我在它自己的本质中就将是自相矛盾和互相对立的了。在它本身中的原则就将是一个双重对立的原则了。而承认这种情况却是自相矛盾的，因为如果承认了这种情况，则在它本身中就将根本没有原则了。自我将根本不存在，因为它已经扬弃了自己。

（我们现在达到了这样一点，从这一点出发，我们能够比我们过去任何时候都更加清晰地阐明我们的第二条原理的真义：即一个非我被设定与自我对立着，〔或面对着自我设定一个非我与自我对立〕，并通过这第二原理更明确地阐明我们整个知识学的真正含义。）

在第二原理中，只有某些东西是绝对的。但是，这些东西却以一个事实为前提条件，而这个事实是先验地根本不能予以指明的，毋宁只能由每一个人自己的经验去体察它。

除了自我通过自己本身来进行的设定〔活动〕之外，应该还有一个设定〔活动〕。这个设定〔活动〕先验地就是一种单纯的假设。假设另有这样一个设定〔活动〕，这一点是除了通过一个意识事实之外不能通过任何别的东西予以阐明的，而且每一个人都必须通过这个事实使自己对它有所体察。没有任何人能凭着理性根据对它进行论证，以使别人觉得它是得到证明了。（他当然完全可以通过理性根据把某一种已被确认了的事实追溯到那个最高的事实上去。但是，这样一种证明仅仅做到了这么一点，即他向别人证实他已通过对某一事实的确认也确认了那个最高事实，此外什么也没有证明。）但是，有一点是在自我的本质里绝对无条件地有根据的：那就是，如果存在着这样一种设定〔活动〕，则这个设定〔活动〕不会不是一个设定对立面的〔活动〕，而且被设定的东西不能不是一个非我。——自我怎么能够把某种东西同自己本身区别开来，这是从任何地方也不能推演出一条更高的可能根据来的，相反，这种区别本身却是一切推演和一切论证的根据。任何设定〔活动〕，只要它不是一种自我的设定〔活动〕，就不会不是一种设定对立的〔活动〕。这一点是绝对确定无疑的：至于存在着这样一个设定〔活动〕，则只能由每一个人通过他自己的经验去证实。因此，知识学的论证是无条件地、先验地有效的，它只不过提出了一些先验地就已确定无疑的命题。但是，实在性则是它在经验中才取得的。谁若是不能意识到这个作为公设而被假设起来的事实——大家都能确切地知道，没有任何有限的理性动物会是这样的——那么，对他来说，整个知识学就该全无内容、空话连篇了。但是，无论如何，他还是不能不承认它有形式上的正确性。

这样一来，知识学就先验地是可能的了，虽然它还应该接触到客体。客体不是先验地存在着的。对于知识学来说，它毋宁是在经验中才出现的。客观效准性使每个人都意识到客体，产生出关于客体的意识，而这种关于客体的意识只可以先验地预先设定，但不可能由演绎推论出来。——下面说的只是一个例子——对于上帝而言，就是说，对于这样一种意识而言，在这种意识中，一切都应是通过单纯的自我之被设定而被设定的，（不过在我们看来，关于这样一种意识的概念简直是不可思议的。）我们的知识学应该是空无内容的，因为在这种意识里除了存在自我的设定活动之外再也没有任何别的设定活动了。然而即使对于上帝而言，知识学也还应该有它形式上的正确性，因为知识学的形式恰恰就是纯粹理性的形式。

二

我们已经看到，自我不得不与非我保有的那种因果性，尽管是必要的，而且正是依靠它才消除了存在于作为绝对本质的自我的独立性与作为认知能力的自我的依存性之间的那个已揭示过的矛盾，可是它本身也包含一个矛盾。不过第一个矛盾是无论如何非予以消除不可的，而且第一个矛盾没有别的办法来消除，只能借助于上述那个必要的因果性。因此，我们必须再设法解决这个必要的因果性中所包含的矛盾。现在，我们就开始解决这第二个课题。

为了进行这项工作，让我们首先把这个矛盾的真正含义挖掘得更深入些。

自我应该对非我保有因果性，并应该当作关于它自身的可能表象才把非我产生出来，这是因为任何不是自我直接或间接设定到自己本身中的东西，都不能属于自我，而且因为不论自我是个什么东西，它应该总是通过它自己本身才是这个东西。——因此，因果性这一要求是以自我的本质性作为根据的。

自我不能对非我保有因果性，因为假如自我对非我保有因果性，则非我就将不再是非我（不再是与自我相对立的东西），而本身变成自我了。但是，自我是把非我置于与自己对立的地位的。并且这种对立性不可能被扬弃掉，除非自我所设定的某种东西被扬弃掉了，也就是说，除非自我不再是自我了。而自我不再是自我则是和自我的同一性相矛盾的。——因此，同因果性这一要求所发生的矛盾，是以下述情况为根据的：有一个非我无条件地与自我相对立，而且不得不继续对立下去。

因此，矛盾是发生在自我本身之间，发生在关于自我的上述两种不同看法之间。这两种看法是互相矛盾着的。在它们之间可以找出一个调合方法。（〔假如〕就一种与虚无相对立的自我来说，就不可思议的神的理念来说，这样一种矛盾就根本不会发生。）只要自我是绝对的，它就是无限的和不受限制的。一切存在着的东西，都是它设定的，它不设定的东西，都不存在（对于它来说，都不存在，而且在它之外，就是虚无）。然而，凡是它所设定的东西，它都设定为自我，而且它之设定自我，是把自我设定为它所设定的一切。因此，从这个角度来看，自我把一切包含于自身之中，也就是说，自我是一种无限的，没有限制的实在性。

只要自我设定一个非我与自己对立，它就必然设定了〔两个〕有限范围，并将自己本身设定于这些有限范围中去。它把设定的存在的整体分配给自我和非我，从而必然把自己设定为有限的。

这两种截然不同的行为，可以用下述两个命题来表示。第一个命题是，自我无条件地设定自己为无限的和没有限制的。第二个命题是，自我无条件地设定自己为有限的和受限制了的。因此，就自我的第一种行为和第二种行为所显示的情况来看，自我的本质自身里，〔似乎〕存在着一个更高级的矛盾，现有的矛盾是从它那里派生出来的。一旦那个更高的矛盾解决了，现有的以它为根据的这个矛盾，也就跟着解决了。

一切矛盾都将通过对矛盾着的命题作更详尽的规定而得到联合。这个矛盾的情况也是这样。在一种意义上，自我不得不被规定为无限的，在另一种意义上，又是有限的。假如它在同一个意义上被规定为既是无限的，又是有限的，则矛盾就不可消除，自我将不是一个而是两个了。而这样一来，我们就只有一条出路了，即像斯宾诺莎那样，把无限置于我们之外。但是，置无限于我们之外，至少对无限这个理念怎么竟能跑到我们脑子里的问题，将始终没有回答（斯宾诺莎本人，由于他的独断主义的缘故，甚至连问题都根本没提出来)。

那么,在什么意义上自我是被设定为无限的,在什么意义上自我是被设定为有限的呢?

无限也好,有限也好,完全是附加到自我身上来的。自我的单纯的设定行为,既是自我的无限性又是它的有限性的根据。自我总是在设定某种东西,仅仅因为它总是在设定某种东西,所以,它在一种情况下把自己置于这一某种东西中,而在另一种情况下又把自己置于另一某种东西中,并且总是将〔这一或另一〕某种东西归属于自己本身。因此,只要让我们在这种不同设定〔活动〕的单纯行为中找出一个差别来,问题就解决了。

只要自我设定自己为无限的,自我的设定活动就只涉及到自我本身而与自我以外的任何别的无关。它的整个活动关联着自我,而且这种活动就是一切存在的根据和范围。因此,只要自我的活动返回自己本身,自我就是无限的,从而它的活动也是无限的,因为活动的产品、自我是无限的。(无限的产品,无限的活动;无限的活动,无限的产品,这是一个循环、一个圆圈,但这个圆圈是完整无缺的,因为它是理性从中走不出来的一种圆圈,因为通过它,这圆圈表现出来的东西是完全通过自身并因其自身的原因而确定无疑的。产品、活动、活动者,在这里是同一个东西(§1),只是为了我们能够表达它们,我们才把它们区别开来。)单单自我的纯粹活动,以及单单纯粹自我,都是无限的。但纯粹活动是这样一种活动,它根本没有客体,而只返回自己本身。

只要自我设定一些有限范围,并按照上面所说的那样,把自身设定在这些有限范围之中,则自我的设定活动就不是直接涉及自身，而是涉及一个正相反的非我（§2，§3）。这样一来，这活动就不再是纯粹活动，而是给自己设定一个对象的那种客观的活动了。（对象这个词，把它要指明的那个东西指明得非常明确。一个活动的对象，只要它真是个对象，它就必然是某种与活动对立的东西，是与活动对抗地或反对地站立着的东西。哪里如果没有对抗，哪里也就根本没有活动的对象，根本没有客观活动，而且即使有什么活动的话，也只是纯粹的、返回自身的活动。客观活动的单纯概念本身就已经意味着这种活动遭到了对抗和受到了限制。）于是，我们说，只要自我的活动是客观的，自我就是有限的。

现在，这种在两种关系中的活动，就是说，既涉及活动者又涉及活动者以外的一个客体的这种活动，应该是同一个活动，同一个主体的活动，而这个主体是在两种观点上把自己设定为同一个主体。因此，在两种活动之间必定有一个联合纽带，以便意识靠它从一种活动被导向另一种活动，而这种联合纽带恰恰应该是〔我们〕所要求的那个因果关系。这样一来，自我向自身返回的活动与客观的活动之间的关系就会像原因与结果的关系那样。这样，自我就会通过前一种活动规定自身成为后一种活动。这样一来，前一种活动就会直接地关系到自我本身，但是，凭借着那个规定着非我的自我本身之由于上述情况而产生的规定的同时，间接地又关系到非我，而且因此必要的因果关系就会得到实现。

因此，这首先要求：自我所赖以设定它自身的那种行为（这种行为已在第一原理中提出来了）对自我所赖以设定非我的那种行为（这种行为已在第二原理中提出来了），它们彼此的关系就像原因对结果的关系那样。可是，在一般情况下，这种关系并没能被揭示出来，反而总是被认为完全是自相矛盾的。这是因为，在那种〔因果〕关系中，自我一定会由于设定其自身而同时设定非我，从而并不设定自身，而这就等于，扬弃自己本身。——我们曾明确地提出过这样的主张：自我会无条件地和毫无任何根据地给自己本身设定某种东西作为对立物。而且只是由于这种行为的无条件性，表述这种行为的那个命题当初才会被称为一条原理。但是，我们也曾立即作了这样一个附加注释：在这种行为中，至少有某种东西是受条件制约的，它是这种行为的产品，并且这个通过设定对立的行为而产生出来的东西是一个非我，而绝不会是别的什么东西。现在，我们就来更深入地探讨这个附加注释的意义。

自我无条件地设定一个对象（一个对面站着的、被设定为对立的〔或被设定于对面的〕非我）。因而，在自我的单纯的设定〔活动〕中，自我仅仅依存于自身而不依存在它以外的任何东西。如果仅仅一般地设定一个对象，如果凭着这个对象而仅仅一般地设定自我是有界限的，那么，可以说〔我们〕所要求的都得到实现了。在这里，要有一条有规定的界限，那是不可思议的。自我现在是无条件地受到限制了，是有界限的了，但它的界限在哪里呢？是在C点以内还是在C点以外呢？这样一个点究竟凭什么可以规定下来呢？它始终是仅仅依存于自我的自发性的，而这个自发性则是通过自我无条件地设定起来的。自我把边界点设定到无限中去，它设定到哪里，边界点就在哪里。自我是有限的，因为它是应该有边界的。但是，它在这个有限中却是无限的，因为边界可以永无止境地向无限中设定。就它的有限性而言，它是无限的；就它的无限性而言，它是有限的。——因此，它并不像上面所说的那样受一个客体的绝对设定〔活动〕的限制，它反而只是无条件地、毋需任何根据地自己限制自己。由于这样一种绝对限制与自我的绝对无限的本质相矛盾，所以这种绝对限制本身是不可能的，而且非我的整个设定对立的〔活动〕也是不可能的。

但是，进一步说，不论它把对象设定到无限中的什么地方去，它终究是在设定一个对象（一个对立的东西），因而它总是在设定一种在它之外的、不依存于它的设定活动的、而是与它的设定活动相反或对立的活动。这种相反或对立的活动，既然是在自我那里设定了的，那么，不用说在一定意义上（没有讨论这是什么意义）必定存在于自我之中。但是，在另一种意义上（同样也没有讨论这是什么意义），它又必定存在于对象之中。就这种活动存在于对象之中而言，应该是与自我的某种活动（＝X）相对立。这当然不是说它与它所赖以在自我中被设定的那种活动相对立，因为它与那种活动是同一个东西。因而它应该是与某种别的活动相对立。因此，只要一个对象被设定起来，那就必定还有一个与设定活动不同的活动（＝X）作为设定对象的那个设定活动之所以可能的条件出现于自我之中。那么，这种活动是个什么东西呢？

首先，是这样一种活动，它不因对象而被扬弃。因为它应该与对象的活动相对立，因而两者既然被设定了，就应该同时并存：——这也就是说，它是这样一种活动，它的存在是不依存于对象而独立的，正如反过来说对象是不依存于它（而独立）的那样。——其次，这样一种活动必定无条件地奠基于自我之中，因为它是不依存于对象的设定〔活动〕（而独立）的，而且，反过来说，对象是不依存于它（而独立）的。因此它是通过自我赖以设定自己的那种绝对行为而被设定的。——最后，如上所述，客体应该能被设定到无限那里去，因而这种与对象相对抗的自我活动本身必定超越一切可能的客体而向无限奔去，而且其本身必定是无限的。——但是，必须有一个客体被设定起来，只要第二原理有效，这一点就确定无疑。——因此，X 就是被自我设定于自身之中的那个无限的活动。而且这个无限的活动对于自我的客观活动的关系，正如可能性的根据对于以之为根据的东西的关系那样。对象之所以被设定起来，只是由于自我的一种活动受到了对抗。没有这种自我的活动，就没有对象。——它们之间的关系，就是规定者对于被规定者那样。只有上述活动受到了对抗的情况下，才能有一个对象被设定起来。而只要上述活动没受到对抗，就没有对象。

现在我们就这种活动与对象的活动之间的关系来考察这种活动。——就其自在地情况来说，两者是完全互不依存的，完全互相对立的。它们之间根本不存在关系。但是，如果按照要求设定一个对象，那么，它们就终究不能通过设定对象的那个自我而互相联系起来。一个对象的设定，一般地说，同样依存于这种关系。只要一个客体设定起来，它们就联系起来。而只要它们不联系起来，也就没有客体被设定起来。——此外，由于客体是绝对地、无条件地、不需任何根据地(单纯作为这样一种设定行动)被设定起来的，所以关系也是无条件地和毋需任何根据发生的。而且，关于在什么情况下一个非我的设定是绝对的这一问题，现在已彻底弄清楚了，那就是，如果非我把自身建立在上述那种完全依附于自我的关系上，则非我的设定〔活动〕就是绝对的。它们无条件地被联系起来了，就是说，它们同样无条件地被设定起来。但是，由于它们并不是一样的，虽然对象肯定是要设定的，所以这只可以说，它们的一样，它们的等同是个无条件的要求：它们应该是无条件的等同。——但由于它们实际上并不是一样的，所以两者之中究竟哪一方应该顺应对方的问题，以及等同的根据究竟应该承认在哪一方的问题，依旧悬而未决。——〔可是〕，这样的问题必须如何来解答，却是一目了然的。正如自我是设定的，一切实在同样都是设定的。一切都应该在自我中被设定。自我应该是绝对独立的，而一切都应该是依存于它的。由此可见，客体与自我的一致性乃是一种需要。而提出这种需要的是绝对的自我，绝对自我直接为了自己的绝对存在需要客体与自我的一致性。①

活动 y(在被设定为客体的那个东西里)，根据上面的说法是出现了(关于它是怎么出现的，以及对哪种主体能力而言，它是出现的，这里仍然没有弄清楚)。同活动 y 联系的是自我的一种活动。因而这种活动就被设想为一种与自我的上述活动相同而又居于自我之外的活动(＝－y)。那么这个活动的关系根据在哪里呢？

① 康德的无上命令。康德曾默默地把恰恰知识学建立起来的那些前提当作他的批判方法的基础；这一事实如果说在什么地方可以一目了然的话，那么这地方就是此处。假如康德不是预先预定了一个绝对的自我的存在(即是它不是实际存在着，至少是应该存在着)作为出发点，通过这个绝对存在来设定一切存在，那他当初怎么竟能提出了无上命令，作为与纯粹自我相一致的绝对假定的呢？——康德的绝大多数追随者，关于无上命令所谈的东西，显然只是跟在这位伟人后面旧话重提，至于一个绝对假定的权力根据何在，他们显然还根本没有涉及。——仅仅因为自我本身是绝对的，而且唯其如此，所以它才有权进行绝对的假定；并且，这一权利的适用范围最大也只限于假定它的这个绝对存在。——一种哲学，在它不能再往前走的一切尽头处，归依于一个意识事实，它至少是比声名狼藉的通俗哲学更有根据些。

显然就在于一切活动都应与自我的活动相同这一要求里。而这一要求的根据，则在自我的绝对存在里。－y存在于这样一个领域里，在这个领域里，一切活动实际上都会与自我的活动等同，因而－y是一种理想。——现在y并不与－y一致，而是与－y相反。因此，y就被归属于一个客体。假如没有上述关系以及作为该关系的根据的绝对要求，那就不会有对于自我而言的客体，毋宁〔自我就会是一切，并且正如我们将在更后面看到的那样，恰恰由于自我是一切，它又会是无。〕

因此，绝对自我无条件地把自己本身与一个非我（上述的－y）联系起来。而这个－y，就其形式而并非就其内容而言，就是说，只要有某种东西存在于自我之外，它就应该是个非我。因为它应该与自我完全一致。但是，它并不能与自我一致，因为它仅仅按照形式才应该是一个非我。因此，自我那种与非我相联系的活动，根本不是一种促成实际等同的规定活动，而只是要去进行规定的一种倾向，一种努力。但是，这种规定活动毕竟是完全有合法权利的，因为它是由自我的绝对设定活动设定的。

因此，我们至今探讨分析的结果可以归结如下：自我返回自己本身的纯粹活动，就其与一个可能的客体的关系而言，是一种努力。这种无限的努力向无限冲去，是一切客体之所以可能的条件，没有努力，就没有客体。

我们现在知道，我们前面承担下来的那个任务是在什么意义上由别的原理所证明的这些结论而得到完成的，以及前面揭示出的那个矛盾在是什么意义上得到解决的。——一般被认为是认知能力的这个自我，尽管它是依存于一个非我的，尽管它只是作为一个非我才是一个认识能力，它毕竟应该单纯地依存于自我。而且为了使这种情况成为可能，我们曾不得不再次引用自我规定非我这一因果性。当然这只是就非我是能认知的自我的客体这个意义而言的。最初看来，而且就名词的整个外延来说，这种因果性曾把自己扬弃掉。〔因为〕在因果性的前提下，不是自我没有被设定，就是非我没有被设定，因而在自我与非我之间不能发生任何这样的因果关系。为了设法调合这个矛盾，我们曾经作出区别，即把自我的两种对立的活动区别为纯粹的活动和客观的活动。并且我们曾提出这样的前提：即第一种活动对第二种活动也许会像原因对结果那样直接发生关系。第二种活动对客体也许会像原因对结果那样直接发生关系，从而自我的纯粹活动也许至少可以间接地（通过客观活动这个中间环节）与客体发生关系。那么现在要问，这个假定的前提在什么情况下已经得到证明，又在什么情况下没有得到证明呢？

自我的纯粹活动最初在什么情况下证明了自己是〔自我的〕客观活动的原因呢？首先，没有一个与客体活动相对立的自我的活动预先存在着，就不可能有任何客体被设定起来，而且，这种必然先于一切客体的活动必定是绝对地和无条件地出于主体本身而就在主体之内，从而就是主体的纯粹活动，那么，只要是在这个意义上，自我的纯粹活动作为纯粹活动，就是一切设定客体的活动的条件。但是，还有这样的情况，即这种纯粹活动原来是绝对不与客体发生关系的，是像客体不依存于它那样完全不依存于客体的。那么，只要是在这个意义上，这种纯粹活动就必定通过自我的一种同样绝对的行为而与客体（在此情况下它还没有作为客体被设定起来)[1]的活动联系起来,进行比较。现在,作为行为的这种行为,根据它的形式来说(它实际上是出现了),虽然是绝对的(在理论知识学里,反思的绝对自发性就是建立在它的绝对存在上的,而且在实践知识学里,意志的绝对自发性也是建立在它的绝对存在上的,关于后一方面我们届时就会看到),可是,按照它的内容来说(它是一种联系活动,而且它要求以后被设定为客体的那个东西具有等同性和附属性),却是由于自我的绝对被设定,亦即由于一切实在包括于其中的那个整体而产生的,〔因而不是绝对的,却是有条件的〕:那么,从这个角度来看,纯粹的活动则是进行联系的条件,而这种联系活动反而是自在的客体的设定活动所绝不可能缺少的东西。——纯粹的活动,只要它被刚才所说的那种行为联到一个(可能的)客体上去,那么,如我们已经说过的那样,它就是一种努力。一般说来,为什么联系着一个客体的纯粹活动要被设定起来,其根据并不存在于纯粹活动本身。但是,如果这种纯粹活动已被设定了,那么,它为什么要被设定为一种努力,其根据则存在于纯粹活动之中。

(上面曾要求一切都与自我一致,要求一切实在都应该是由自

---

① 有一种主张,说纯粹活动自在地、在本质上,本就联系着一个客体,其联系并不特别需要一个绝对的联系行动;这一主张可以说就是可理解的或理智的宿命论的先验原理,就是我们知识学建立以前可能有的、论述自由问题的最严密体系的先验原理。从这条原理出发,人们在有限本质的问题上才能言之成理地得出如下的结论:纯粹活动只要是没表现于外,它就不能算是被设定了,而且有限本质是直截了当地被设定为有限的,尽管实际上它不是靠它自己本身而是靠它以外的某物才能得到说明的东西。可理解的宿命论的体系,如果说这样一个概念还不那么使我们觉得浮夸的话,它也许适用于神、上帝,即是说,它的主张所针对的也许是这样一种本质,这种本质由于它有纯粹活动,它的客观活动也就直接被设定了。

我无条件地设定起来的。这种要求乃是人们通常称之为并且应该称之为实践理性的那种东西。理性的这样一种实践能力至今一直是作为公设被假定下来,然而是没有证明的。因此,哲学家们过去经常碰到的一种请求,即恳请他们把理性之是实践性的**这一点**证明出来,这实在是非常正当的。——可是,这样一种证明,在进行的时候,必须使理论理性本身感到满意,而绝不可单凭一句命令就把理论理性一脚踢开。这是不可能以别的方式办到的,除非指出:如果理性不是实践性的,它就根本不能是理论性的,也就是说,如果人没有一种实践能力,他就不可能有认知能力。而任何表象能力都是建立在实践能力上的,以实践能力为基础的。而这一点则是刚才已经做到了的,因为我们已经证实:没有努力就根本不可能有客体。)

但是,我们还有一个必须解决的难题,如果不解决,我们的整个理论就有垮台的危险。这就是:如果在进行联系的自我面前不是已经以不论哪种方式出现了客体的活动,则纯粹活动的趋势对于事后出现的客体的努力就不可能有前面所要求的那种关系(这种关系的发生,或者是直接的,或者是以一个按照上述纯粹活动的观念所拟定的理想为媒介的)。现在,如果我们以同样的方式利用客体的活动对自我的纯粹活动的趋势之间的关系,让自我面前先有一个客体活动,那么,我们的说明就是在转圆圈,我们就陷于循环论证,我们就绝对得不到关系的一般的最初根据。这样一种最初根据之必须指明出来,仅仅从观念上来说,就是不言而喻的,因为应该有这样一种最初的根据。

绝对自我是绝对自身等同的,就是说,在它那里的一切都是同一个自我，属于同一个自我(如果可以这样不恰当地表述的话)。在那里，没有什么可加以区别的，那里只有一，没有多，它不是复多性的东西。自我是一切，又是无，因为它对它自己而言什么也不是，它自身不能区别出设定者和被设定者。——由于它的本质的缘故，它努力于(这同样只是为了将来的关系而采取的不恰当的说法)把自己保持在这种状态中。——它在它自身中给自己制造出一个不等同性，从而制造出某种异己的外来物。(我们说发生了这种情况，这一点是先验地绝对不容证明的，而是每个人只能在他自己的经验里去证实的。此外，我们至今对于这种异己的外来物还是绝对不能另外再说什么，我们仅仅能够说，这外来物不能从自我的内在本质中推演出来的，因为，假如它能从自我的内在本质里推演出来，那么，它就根本不会是什么可以加以区别的东西了。)

这个外来物必然与自我的无条件地要求自身同一的那种努力发生冲突，并且，如果我们设想在自我之外有某种具备知力的本质在上述两种不同的状态下对自我进行观察，那么，在那个有知力的本质看来，自我显然就受了限制，它的力量就受了抑制，就像我们认为它在物体世界通常受限制的那样。

但是，设置上述限制的那个知力不应该是自我之外的本质，而应该是自我本身。因此，我们必须继续前进以解决上述那个难题。——如果自我是自身等同的，如果它必然地努力争取完全与自身等同，那它就必定已把这个并非由它自己中断的努力重建起来。如果出现这种情况，则在自我的受限制状态与被抑制的努力的重建状态之间，只要能够指出两种状态之间的关系根据的话，要进行比较，就会成为可能的了，也就是说，自我无须客体的任何干预,只要求自己对自己发生单纯的关系,就会成为可能的了。

假设自我的努力活动毫无阻碍地由 A 向 C 前进,那么,一直到 B 为止,就没有什么东西可以进行区别。因为自我与非我是不能区别的。因此在到达 C 之前,根本就不发生什么自我所能意识的东西。在 C 点上,这个虽然包含着一切意识的最初根据,但从来没有真正进入意识的〔自我〕活动,受到了阻碍。但是,由于其固有的内在本质的缘故,这个活动不可能被阻而停滞,而会越过 C 点继续前进。但是,它是作为这样一种活动而继续前进的:即它已被外在力量阻滞了,仅仅由于它固有的内在力量才坚持前进的,而且前进不已,直至再也没有阻力的地方,比如说,直到 D 点。〔a. 由于同样的理由,这个活动在越过 D 以外的进程上也像在由 A 到 C 的进程上那样,不能是意识的对象。b. 这里完全不是说自我本身设定它的活动为一种受了阻滞而仅仅由于自身的缘故才坚持前进的活动,而只是说,某种在自我之外的知力将能把它设定为上述那样一种活动。〕

为了清楚起见,我们坚持不超出刚才提出的那个前提的范围。——那个前提曾表示:有一种知力,它正确地和如实地设定了所要求的那种东西,并且处于我们当前这个科学反思中的我们自身正就是这种知力。而按照前提来说,它必定是这样一种知力,它设定的上述活动必然地是一个自我的活动,也就是说,必然地是这样一个本质的活动,这个本质是自己设定自己,本身只包含自己为自己所设定的东西,因而必定是自我本身。它既把它的活动的阻滞又把它的活动的重建设定到自己本身中去,因此,被阻滞和被重建的那个活动确定无疑地应该是一个自我的活动。但是,这个**活**

动只在它被设定为受阻时才被设定为被重建了的;而且只在它被设定为被重建了时才被设定为受阻的。因为如上所述,双方是处于互相规定之中的。这样一来,要加以联合的两种状态〔受阻和被重建〕自在自为地就综合地联合在一起了。因为除了被设定为联合在一起的而外,它们根本不能被设定为别的什么。但是,一般说来,它们之被设定起来,这种情况的根据则存在于自我的单纯概念之中,而且是与自我的单纯概念同时被作为公设而设定起来的。而这样一来,那就只有被阻滞了的活动(它虽然被阻滞,但毕竟是被设定了的,而且必然是重新建立起来的),才会在自我中并通过自我而被设定起来。

于是,自我的一切设定〔活动〕,〔当初〕都是从一个单纯的主观状态出发的。一切综合都是从单纯的主体中的对立物的一种自身必然的综合〔活动〕出发的。这个单纯的主观状态,在下面更远的地方将表明就是感情。

现在,作为这种感情的根据〔亦即可能条件〕的客体的活动被进一步设定了。这种活动正如上面曾经要求的那样,当然会通过感情而被提送到从事联系活动的那个主体面前,于是,前面所要求的那个同纯粹自我的活动发生联系的关系就是可能的了。

这就是前面指出的那个难题的解答。现在让我们再返回到我们当初的出发点。我们探讨研究的结果曾是:没有自我的无限努力,就没有自我之中的有限客体,因此,现在看来,作为知力的那个有限的有条件的自我与无限的无条件的自我之间的矛盾,显然已经消除了。但是,如果我们对问题进行更精确地考察,那么,我们发现,这个矛盾虽然离开了我们当初遇到的那个介于有知力的自我与无知力的自我之间的难点，但它仅仅是被推到了更远的地方，而且它使更高一级的原理又陷入了矛盾。

这就是说，我们曾经不得不去解决同一个自我的无限活动与有限活动之间的矛盾。矛盾我们解决了，其结果是：**无限的**活动绝对不是客观的，而是仅仅返回自身的。只有有限的活动才是**客观的**。可是，作为一种努力的无限活动现在既然与客体发生了联系，因而就这个意义来说，它本身就是一种客观的活动。而且由于它虽然是客观的，却应该继续是无限的，而前一种有限的客观活动又应该与它同时并存，那么，我们现在就有了同一个自我的一种无限的客观的活动和一种有限的客观的活动。而承认这种情况，就再次陷入了自相矛盾。这个矛盾没有别的办法解决，除非能够表明自我的无限活动之是客观的，与自我的有限活动之是客观的，其意义不同。

对于这个不同的意义，任何人初一看都会毫无疑问地产生这样的猜想：自我的有限的客观的活动大概是和一种**实际的**客体有关系，而自我的无限的客观的努力所涉及的大概只是一种**想象中的**客体。这种猜想当然将证明是对的。但是，这样一来，问题的解答就陷于循环论证，就是说，一个要靠区别了上述两种活动之后才可能作出的区别预先就被设定起来了，所以，我们必须对这个难题设法进行更深一层的探讨。

一切客体都必然是被规定的，如果它确实是个客体的话。因为只要它是客体，它本身就规定自我，而且它对自我的规定〔活动〕本身就是被规定的（有界限的）。这样一来，一切客观的活动，如果它确实是客观的活动，那么，它就既是进行规定的，又因此是被规定的，从而又是有限的。因此，即使是上述那种无限的努力，也只能在某种意义上是无限的，至于在另外某种意义上，则必定是有限的。

现在，在这种无限的努力的对面有一种客观的有限的活动被设定起来。因此，客观的有限的活动必定在这样一种意义上，即在无限努力因之而是无限的那种意义上，才是有限的。而且只有这种客观活动是有限的，无限努力才是无限的。努力诚然也有一个终点，但它所有的终点恰恰不是客观活动所有的那个终点。现在的问题只是这个终点到底是什么终点。

有限的客观的活动，为了它能起规定作用，预先就给后来被规定为客体的那种东西设定了一种与自我的有限活动相对立的活动以之为前提条件。这种活动是依存性的，是受限制的和有限的，而其所以是依存性的，受限制的和有限的，则并不是由于它有行动。因为如果就它有行动来说，按照上面的讨论，它是绝对的，〔其所以如此〕毋宁是由于它给客体设定了固定的界限（客体恰恰在这个意义上，既不多也不少地与自我相对抗）。这种〔有限的客观的〕活动的规定作用，以及它的被规定，其根据全在这种活动之外。——一个由这样被限制了的活动所规定的客体乃是一种**现实**的客体。

就这一方面来说，努力并不是有限的。它超越由客体所预先标示出来的那个界限，而且如上所述，如果有这样一种界限规定的话，那它必定要超越界限规定。它所规定的并不是那现实的、依存于非我的活动的世界（非我活动与自我活动起交互作用）。它所规定的乃是一种如果一切实在都是无条件地由自我所设定的那就也许会出现的世界，因此，也就是说，它所规定的乃是一种理想的、单纯由自我设定的，却绝不是由非我所设定的世界。

那么努力究竟在什么情况下又是有限的呢？努力在下述的情况下是有限的：在努力涉及到一个客体，而又必须给这个客体设定界限时，它是有限的，如果确实有这样一种客体的话。就现实的客体来说，并不是起规定作用的行为曾经依存于非我，而是规定的界限曾依存于非我；但就理想的客体来说，则无论是起规定作用的行为还是规定的界限，都完全依存于自我。自我不受任何其他条件的限制，它只要这样一个条件：一般地说，它一定要设定界限，它可以把这些界限继续无限地推移出去，因为这种向外推移完全依存于自我。

理想是绝对的自我产品。它可以被无限地推移出去。但是，它在每个特定时刻都有它的界限，而在下一个特定的时刻的界限又必定与上一个时刻的界限不同。无规定的努力，一般说来，由于它没有对象，所以实在不应该叫做努力，可是我们对它没有也不可能有适当的名称，因为它居于一切可规性之外——是无限的。但是，它作为这种无限的东西，并不进入意识，也不可能进入意识，因为只有通过反思才可能有意识，而且只有通过规定才可能有反思。可是一旦对它进行反思，它就必然变成有限的了。精神只要一意识到它是有限的，精神就已再次使它升级，而进一步来说，只要精神一提出“它现在是无限的吗”这一问题，它又直接通过这个问题而变成有限的了，如此继续推论，以至无穷。

由此可见，把**无限的**与**客观的**结合在一起，这本身就是一个矛盾。凡涉及一个客体的东西，就是有限的。凡是有限的东西，就涉及一个客体。这个矛盾也许无法消除，除非客体根本被消除。但客体除非在一个完成了的无限里是消除不掉的。自我能把它〔自己〕努力的客体延伸到无限，那么，假如客体在某个特定时刻被延伸到了无限，那它就完全不会再是一个客体了，无限性这一观念也就会实现了。但这种情况本身就是一个矛盾。

不过，我们的心目中却浮现出一个这样有待于完成的无限性的观念，而且这个观念是蕴藏在我们最内在的本质之中的。根据我们最内在的本质对我们提出的要求，我们应当解除这个矛盾。虽然我们承认我们不能设想这个矛盾的解除是可能的，虽然我们预见到我们不能设想在我们的向最最永恒延伸出去的具体存在的任何时刻中，这个矛盾的解除是可能的。但是，这种情况正是我们对永恒所作的规定的特征。

那么，这样一来，从今以后自我的本质就已被规定了，如果它是可以被规定的话。而且自我本质中的种种矛盾也就被解除了，如果它们是可以解除的话。自我是无限的，但这只是就它的努力来说的。它努力要成为无限的。但努力这一概念本身却已经包含了有限性，因为凡是遇不到反努力的东西，就不是个努力。假如自我不仅是在努力着，假如它具有无限的因果性，那么，它就不是自我，它就不会自己设定自己，因而它就会什么也不是。假如它不具有这种无限的努力，那它就同样不能自己设定自己，因为它就不能给自己设定什么对立的东西。因而它就不是自我，从而什么也不是。

为了把努力这个对知识学的实践部分最重要的概念充分说清楚，让我们再用另外一个办法将至今推演出来的结论加以陈述。

按照上面的讨论，自我有一种努力。这种努力只有受到对抗、只有不能具有因果性,它才是一种努力。因此,只要这种努力真是这个样子,那它也就同时是以一个非我为条件的,由一个非我所产生的。

只有它不能具有因果性(这是我说过的),因此,才要求这样一种因果性。说自我中本来就一定现成存在着这种对绝对因果性的要求,这是从作为理智的自我与作为绝对本质的自我之间的矛盾中分析出来的。因为这些矛盾如果没有这一要求就不能消除。因此,这是一种间接证明方法。它已经指出,假如人们不愿承认对绝对因果性的要求,那他就不能不扬弃自我的同一性。

这种要求一定也能从它的起源上直接地加以证明。它必须不仅借助较高的原理(这些原理如果没有它,就会陷入矛盾)表明自己是可信的,而且必须使自己能从这些较高的原理本身中真正推演出来,以便人们可以看出这种要求如何出身于人类的精神。——我们必须不仅表明一种追求某个(由某一特定的非我所规定的)特定的因果性的努力,而且必须表明一种追求一般因果性的努力。——一种超越客体而继续前进的活动之所以变成一种努力,正是因为它超越客体而继续前进,从而只是因为它以本来就有一个客体存在为条件。我们必须指明自我之所赖以从自身超脱出来的一种根据,而正是由于自我的这种自身超脱,客体才成为可能的。这种超脱,即先行于反向活动而又将反向活动的可能性建立在自我身上的这种超脱,必须是单纯地和完全地扎根于自我之中。而且通过这种超脱,我们才找到绝对的、实践的自我与理智的自我之间的真正结合点。

我们还要把真正的问题症结说得更明白些。——已经非常清楚了的是：自我只要它无条件地自己设定自己，只要它是它所设定的那个样子，并且它按它所是的样子设定自己，那么，它就一定是绝对自身等同的，从而它身上就根本不会出现什么不同的东西。而且由此直接可以得到这样的推论：如果它身上出现了某种不同的东西，则这不同的东西一定是由一个非我设定起来的。但是，如果非我真能在自我中设定某种东西，则这样一种外来影响之所以可能的条件，必定在任何现实的外来影响之前先就扎根于自我本身之中，扎根于绝对自我之中了。自我必定一开始就绝对地把某种会影响它自己的东西的可能性设定在自身之中了。它必定在无损于它的绝对由自己进行设定这一情况下为另一种设定敞开着大门。这样一来，只要真有一种不同的东西进入自我，则这不同的东西一定原来就已经在自我本身之中。而且这个不同的东西是生根于绝对自我之中的。——这个前提表面上的矛盾到时候就将自动解除，而这个前提的不可思议性，也将自动消失。

自我会在其本身中遇到某种异质的、别样的、不同于它自己的东西，这是一个非常方便的出发点，我们可以从这里开始进一步的探讨。

但是，这种外来的异己的东西，毕竟应该在自我中被遇到，而且必然在自我之中被遇到。假如它是在自我之外，那它对于自我来说，就什么也不是，而且对于自我来说就不会产生什么后果。因此，它在某种意义上必定也是与自我同类的，它必定可以归属于自我。

自我的本质表现在它的活动中。如果说上述那种别样的东西也能归属给自我，那么，它就一定是自我的一种活动，而这样的活动本身不能是什么异样的东西，而毋宁是说，它的也许是异样的不同的单纯〔活动〕方向不是扎根于自我之内，而是扎根于自我之外。——既然自我的活动像多次使用过的前提所表示的那样，是向无限前进的，只在某一点上受到阻挡，却又并没被摧毁，而只被迫返回自己本身，那么，自我的活动，只要它本来就是自我的活动，它就永远保持其为自我的活动。唯一对自我说来有所异样并且有所抵触的一点就是它受阻而返回了。我们讨论到这里，悬而未决的难题，也就是我们可凭借其解决而深入自我的最内在本质的那些难题，就只剩下下面这些了：自我怎么会使它的活动采取这个趋于无限向外的方向的呢？一个向外的方向跟一个向内的方向怎么可以由〔自我〕加以区别呢？为什么被迫返回而向内的方向被视为异己的、并非扎根于自我中的呢？

自我无条件地自己设定自己，而且它的活动因此而是向自己本身返回的。自我活动的方向——如果允许我们把某种尚未推演出来的东西预先设定为前提以便使我们可以理解的话，如果允许我们从自然科学中借用一个将来会表明恰恰从当前这个先验论的论点出发才会使该自然科学的名词确立的话——那么，我说，自我活动的方向完全只是*向心的*。（一个点并不规定一条线，要有规定一条线的可能性，就必须具备这条线的两个点，即使第二个点位于无限之中并指示单纯的方向也行。同样，出于同一个理由，如果没有两个方向，特别是两个相反的方向，〔实际上〕也就没有一个方向。方向的概念是一个单纯的交互概念。一个方向就根本不是方向，是绝对不可思议的。因此，我们要给自我的绝对活动指出一个方向，而一个向心的方向，只在一个默许的前提下才可能。这个前提是：我们将会发现这个活动也有另外一个离心的方向。按最严格的意义来说，在目前这个表象方式下的自我的形象，乃是一个数学的点，一个由自己构成自己而在其中不仅不能区别出方向，甚至根本什么也区别不出来的点。这个点不论在什么地方，它总是整个的点。它的内容和界限即实质和形式，是同一个东西。）如果自我的本质中除了这种构成本质的活动之外再也没有别的什么东西，那么，它的情况也就是我们所见到的每个物体的情况。我们也规定物体有一种内在的、（按照 A＝A 的命题）由物体的单纯存在而设定下来的力。但是，如果我们只进行先验的哲学思维，而不进行超验的哲学思维，如果我们认为力之由物体的单纯存在所设定这一点是由我们设定的，而不承认力之被设定这一点是由物体本身并为了物体本身而设定的，那么，因此物体对我们来说就是无生命的和无灵魂的，就不是自我。自我不仅应该为它自己以外的任何一个理智而自己设定自己，而且它应该为它自己本身而设定自己。它应该把自己设定为由自己本身所设定的，因此，自我只要它的确是一个自我，就应该完全在它自己本身中有生命和意识的原则。因此，自我只要它的确是一个自我，它就必定无条件地和无需任何根据地在自己本身中存在着对自己进行反思的原则。而且这样一来，我们从一开始就有了两种观点上的自我：一方面，既然自我是进行反思的，则从这个观点来看，它的活动方向就是向心的；另一方面，既然它是被反思的那个东西，则从这个观点看，它的活动方向就是离心的，而且是离开中心向无限前进的。自我作为实在被设定，而且由于它受到反思，反思它是否具有实在性，所以它就必然被设定为某种东西，被设定为一个量。但是，它是作为一切实在而被设定的，因而它必然被设定为一个无限的量，一个使无限性得以充实的量。

因此，向心的和离心的这两个活动方向都同样扎根于自我的本质之中。它们两者是同一个东西，仅仅因为它们被作为不同的东西加以反思，才彼此不同。——(到一定时候我们就会看到物质世界里的一切向心力都仅仅是自我按照一种理性规律使杂多呈现统一的那种想象力的产品。)

但是，如果这两个方向之间没有一个第三者可以联系它们，或者被它们所联系，那么，这两个方向所赖以被区别为不同方向的那个反思〔活动〕就是不可能的。——在我们的前提下，上述要求(我们仅仅为了表述也总是不得不预先设定某种还没证明的东西。因为严格说来，直到现在，作为实际事件的反面要求，还是完全不可能的)，即一切实在都应在自我之中这个要求，已经得到了满足。自我活动的两个方向，向心的和离心的两个方向，已经彼此重合起来，已经只是同一个方向了。(如果说，为透彻阐述起见，我们应该对上帝的自我意识进行说明，那么要想办到这一点，就只可能凭借“上帝反思它自己的存在”这个前提。但是，在上帝那里，既然被反思的东西是一切即一和一即一切，从事反思的东西也同样是一切即一和一即一切，那么，在上帝之中被上帝所反思的东西和从事反思的东西，意识本身和意识的对象，就应该是不可区别的了，而且因此上帝的自我意识就得不到说明了，正如在有限意识看来，即在一切与被反思的东西的规定规律结合着的理论看来，这也将是永远不可说明的、不可理解的那样。)因此，从上面预先设定的前提中，根本推论不出意识来：因为上面假定的那两个方向彼此不能区别。

可是，现在自我的向着无限而去的〔那个〕活动应该在某一点上受阻而被迫返回自己本身。而且自我应该并不充满无限因而使无限充实起来。虽然这一要求最终将表现为事实，〔但〕正像屡次提到的那样，它并不能从自我中绝对地推论出来。但是，它却具体表明了这样一点：如果一个现实的意识可能出现的话，那么，上述的要求就是不得不出现的。

在当前这个函数关系里起反思作用的自我所提出的那个要求是：为这个起反思作用的自我所折返的自我应该充满于〔整个〕无限；而这一要求仍然存在，始终保持其为一个要求，并且丝毫没受C点上的阻力的限制。〔同时〕，被折返的自我是否会充满无限这个问题，以及该自我实际上并没有充满无限、反而在C点上受到限制这个结论，也都依然存在——那么，只有到了现在这个时候，我们要求对两个方向进行区别才是可能的。

这就是说，按照绝对自我的要求，〔自我〕的离心活动应该向无限〔无阻碍地〕进发。但是，这个离心活动在C点上被折返，从而变成了向心活动，于是只要把这个向心活动的方向同原来要求的那个向着无限进发的离心活动的方向联系起来，则进行区别就是可能的了，当然要加以区别的双方必须与一个第三者发生联系。因为现在在反思中既有了一个符合前一要求的离心的方向，又有了一个与该离心活动相反的(第二个因阻而折返的)向心的方向。

同时，通过上面的阐释，为什么这第二个方向被视为异己的东西，以及它为什么是从一个与自我的原则相反的原则中推演出来的，也就得到了说明。

而且，这样一来，前面提出的课题也就解决了。存在于自我中的那个追求一般因果性的原始努力，就其发生来说，是从自我的这样一种规律中推演出来的：这种规律既是自我对自己本身进行反思的规律，它又要求自我在反思中被认为是一切实在。这两者，只要自我的确是一个自我，〔就都是自我的规律的函数。〕自我之必然地对自己本身进行反思，乃是它从自己本身向外去〔这一行动〕的全部根据。自我应充满无限，使无限完全充实起来。这一要求是追求一般因果性的那个努力的根据，而两者都是完全扎根于自我的绝对存在之中的。

这样一来，非我所以可能对自我产生影响的根据，正如曾经被要求的那样，也就同样在自我本身中找到了。自我无条件地设定自己本身，它因而在自己本身中是完满自足的，是排除一切外来影响的。但是，如果它的确是一个自我，它又必须把自己设定为被自己本身所设定的，而通过这个与原来的设定作用联系着的新的设定作用（暂且让我这么说吧），它就向外来影响敞开了大门。可能也有某种不是它（自我）本身所设定的东西存在于它之中，这样一种可能性，完全是它通过这种重复它的设定作用而设定起来的。两种设定作用都是非我所以产生影响、发生效用的条件：没有第一种设定，就不会有那种可能被限制的自我活动，没有第二种设定，那个可能被限制的自我活动，对自我来说，就不会是受了限制的，自我就不会把自己设定为受了限制的。因此，自我作为自我从一开始就与自己本身发生着交互影响关系，并且由于这个原因，自我才有可能接受外来影响。

这样一来，我们终于也找到了绝对的、实践的自我本质与理智的自我本质之间的那个寻找已久的联系点了。——自我有这样的要求：它在自己本身中包含着一切实在，充满着〔全部〕无限。这个要求必然地以无条件设定的、无限的自我的观念为根据，而这个无限的自我就是我们谈到过的那个绝对自我。（到了这里，自我无条件地设定自己本身这个命题的意义才完全清楚。在这个命题里根本没有谈到出现于现实意识中的自我，因为出现于现实意识中的自我绝不是无条件的，它的出现毋宁永远是要么直接要么间接地以自我之外的某种东西为根据。在这个命题中所谈的毋宁是这样一种自我的观念，这种自我的观念必定成为自我的实践上的无限的要求所必需的根据，但是，它对我们的意识来说又是不可能达到的，因而永远不能直接地〔然而当然可以通过哲学反思而间接地〕出现在我们的意识中。）

自我必定——这个“必定”也同样包含于它的概念中——对自己进行反思，以考虑它是否实际上囊括一切实在于自身。它给这种反思提供上述的那个观念以作为其根据，从而它就带〔反思〕一同向无限前进。自我在这种情况下是实践的：它不是绝对的，因为它正是通过反思的努力才从自己本身中超脱出来的。它同样不是理论性的，因为它的反思除了上述那个从自我本身派生出来的观念以外没有别的根据，并且完全摆脱了任何可能的阻力，因此并不存在什么现实的反思。——这样一来，就发生一系列应该存在的东西，一系列因有单纯的自我而已经出现了的东西，也就是说，发生了一系列观念性的东西。

如果反思遇到了这种障碍，如果自我因而认为它的〔从自己本身〕向外的这种活动受了限制，那就要发生一系列完全不同的东西，一系列现实的东西，现实的东西除了受单纯自我的规定之外，还受其他的东西的规定。——而自我在这种情况下则是理论性的，或者说是理智。

如果在自我中没有实践能力，那么，理智就不可能存在。如果自我的活动只到障碍点为止，不越过一切可能的障碍而前进，那么在自我中（并对自我而言）就没有产生障碍的东西，没有非我，这是已经多次证明过了的。再说，如果自我不是理智，那就不可能有对自我的实践能力的意识，并且根本不可能有自我意识，因为只有通过异样的、因障碍而产生的那个方向，才有可能对不同的方向进行区别，这也是刚才已经指明了的。（在这里，有一点还是暂且撇开不谈，那就是：实践能力为了要进入意识，首先必须通过理智，首先必须采取表象的形式。）

那么，这样一来，有限的理性的自然物[①]其整个本质就已经包罗无遗，探讨详尽了。〔首先是〕我们的绝对存在的原始观念；〔然后是〕按照这个观念而竭力使我们本身进行反思的那种努力；〔然后是〕限制，这并非指对上述努力的限制，而是指对我们的现实存在[②]的限制，而我们的现实存在则正是由于这种限制、由于一种相反的原则、一种非我，或者一般说来由于我们的有限性，才被设定

① 有限的理性自然物，此处是指人而言的。

② 在彻底的斯多葛主义那里，无限自我的观念被当成现实的自我，绝对存在与现实存在被混为一谈。因此，斯多葛派的智者是完满自足的，无限制的，自在自为的。他取得了只属于纯粹自我甚至只属于上帝的一切宾词（或属性）。按照斯多葛主义的道德来说，我们不应该与上帝一样，毋宁我们本身就是上帝。知识学对绝对存在与现实存在进行了严格的区分，只把绝对存在当作根据，以便能够说明现实存在。斯多葛主义所以受到驳斥，是因为它的结论已经指明，它不能说明意识是为什么才成为可能的。因此，知识学并不像斯多葛主义那样是无神论的。至于斯多葛主义，只要它贯彻始终，严格推论，就必然是无神论的。

起来的;〔再就是〕,自我意识,特别是对于我们的实践努力的意识;〔再就是〕,按照我们的实践努力(不自由的和自由的)而对我们的种种表象所作的规定;〔再就是〕,通过表象的规定而对我们的种种行为、对我们的现实感性能力的方向所作的规定;〔最后是〕,我们的境界在不断地和无限地扩展。

在这里,我们还要补充一点重要的说明,只要有了这个说明,就完全可以把知识学置于它的真正观点之上,使知识学的独特学说得到充分地阐述。根据上面的讨论,生命和意识的原则,生命和意识所以可能的根据,当然都是包含在自我之中的,然而只表明其存在于自我之中,还产生不出在时间中的现实生活,经验生活。而不在时间之中的、不现实的、非经验的生活,是我们绝对不能思维的。要说这样一种现实生活是可能的,自我就还需要一种特殊的阻力,一种来自非我的阻力。

在知识学看来,一切现实的最终根据,对自我而言,乃是自我同它之外的某种东西之间的一种原始交互作用。至于这种东西,当然除了说它必定与自我完全相反之外,再也不能有什么可说的。在这种交互作用中,没有什么东西被带进自我,没有任何异己的东西被输送进去。直至达到无限为止,凡是在它那里发展出来的东西都仅仅是按照它自己的规律从它自己本身发展起来的。自我仅仅是被这种相反的东西推入运动,以便有所作为,而如果没有在它之外的这样一种最初的推动者,它将永远不会有所行动。而且由于它的现实存在完全寄托于它的行为,所以它也将永远不会有所存在。然而对于这个推动者,除了说它是一个推动者,一种本身也只是感觉到对立的力量之外,再也没有其他什么可说了。

于是，自我按照它的现实存在来说是依存性的，然而按照它这个现实存在的种种规定来说却是独立自主的。由于它的绝对存在的缘故，它乃是它本身对无限性的有效准进行上述规定的一种规律，乃是它本身中的一种按照上述规律规定它的经验存在的中心能力。我们最初运用上述中心能力时所处的那个立足点，完全不依存于我们。我们从这个出发点出发将永远要加以叙述的那个系列，就其整个范围来说，则是完全依存于我们的。

因此，知识学是属于实在论的。知识学指出，如果人们不承认有一种并不依存于有限自然物反而有限自然物本身就其经验存在来说却依存于它的、完全与有限物对立的力量的话，则有限自然物的意识就是不可理解的。然而知识学也只不过主张有这样一种只能为有限本质所感觉却不能为有限本质所认识的对立力量而已。知识学愿意从自我的能规定的能力中把这种对立力量或非我的一切能在向无限的前进过程中出现在我们的意识里的规定统统推演出来，而且既然实际上它的确是一门知识学，它也就一定能够把这些规定统统推演出来。

但是，这门科学，如果撇开它的实在论方面不谈，从它最内在的深处来看，则它不是超验的，而是先验的。它借用一种不依存于任何意识而现成存在的东西来说明一切意识，但它并没忘记：即使在这样进行说明的时候，它也是以它自己固有的规律为依据的，而且当它反思这些规律时，上述的那个独立自主的东西就重新变成了它自己固有的思维能力的一种产物。因而如果那个独立不依的东西对自我而言（在该物的概念中）确实在那里存在着，则那个独立不依的东西就变成某种依存于自我的东西了。然而为了有可能对前一个说明进行这种新的说明，现实的意识可以说再次被拿出来当作前提，而且为了有可能出现现实的意识，上述依存于自我的那个某物可以说又被拿出来当作前提。因此，虽然当初曾经被设定为独立不依的那个东西现在已变成依存于自我的思维的东西了，那个独立不依的东西毕竟并没因此而被扬弃，毋宁只是被挪到更远的地位去，暂时不管了而已。而且即使人们可以无休止地穷究下去，独立不依的东西也永远不会被扬弃。——就其观念性来说，任何东西都是依存于自我的，然而就其实在性来说，自我本身却是依存〔于别的东西的〕。但是，没有任何东西对自我来说是实在的而不同时也是观念的。因而在自我那里，观念根据和实在根据乃是同一个东西。上述自我与非我之间的交互作用同时也就是自我与其自己本身之间的相互关系。只要自我不反思、不想到那个起限制作用的非我毕竟是由它自己所设定的，则它就能把自己设定为受非我所限制的；只要它进行反思、想到上述这种情况，则它就能把自己设定为对非我进行限制的。

有限精神之必须设定在它之外的某种绝对的东西（自在之物），以及它之必须同时承认这种绝对的东西仅仅是对它而言的存在（是一种必不可少的本体），这种情况是一个循环，一个圆圈。有限精神可以把这个圆圈无限扩大，却永远不能从中摆脱出来。一个哲学体系，如果根本不注意这种循环的反复，它就是一种属于独断论的观念论。因为归根结底它只不过是我们提到过的受限制从而成为有限本质的那个圆圈。一个哲学体系，如果自以为已从这个圆圈里跳出来了，它就是一种超验的、实在主义的独断论。

知识学在这两种哲学体系之间，立于正中央的地位，是一种批判的观念论。如果人们愿意的话,也可以把它叫做实在观念论或观念实在论。——我们现在还要再补充几句话,以便如果可能的话使每一个人都能理解。我们说过,如果人们不承认有一种不依存于有限自然物而现成存在着的力量,则有限自然物的意识就无法加以说明。——那么,这有限自然物的意识对于谁是不可说明的呢?它对于谁是应该可以说明的呢?是谁要去说明它的呢?是有限的自然物本身。只要我们一说“说明”,我们就已经站在有限性这个领域里了。因为**说明**什么并不是指一下子就掌握点什么,而是指从一点向另一点过渡进展,所以说明〔活动〕乃是一种有限的东西。至于限定或规定〔活动〕,则是自我据为己有的、以之作为过渡的那个桥梁。——按其存在或规定来说,反对力量是不依存于自我而独立存在的。当然,自我的实践能力或者说自我追求实在性的冲动毕竟在力图改变这种力量。但是,反对力量是依存于自我的观念性活动的,依存于自我的理论能力的。只当反对力量**是由自我**所设定时,反对力量才是**为自我的**,〔换句话说,反对力量**对自我说来**才是存在的〕,否则它就不是为自我的。只当某种东西被联系到自我的实践能力时,该东西才有独立的实在性。当着某种东西被联系到自我的理论能力时,该东西就被吸收到自我里去,成为自我领域内的东西,受自我的表象规律的支配。然而我们进一步要问,究竟某种东西除了通过理论能力而外,怎么能被联系到实践能力上去的呢?究竟它除了通过实践能力而外怎么能成为理论能力的一个对象的呢?于是,这里再一次证实了,或者毋宁说,这里非常清楚地显示了这样一个命题:没有观念性,就没有实在性,而反过来,没有实在性,就没有观念性。因此,人们也可以说,一切意识的最终根据乃是通过一个可以从不同方面看待的非我而发生的自我与其自己本身之间的交互作用。这是一个圆圈，有限精神既不能跳出它，而如不弃绝理性，如不愿意毁弃自身，就也不能盼望跳出它。

有趣的也许是下面这种责难：如果按照上述规律，自我凭着理想性活动把一个非我设定为自我自己之所以受到限制的说明根据，从而把这个非我吸收到自身中去，那么，自我岂不是把这个非我本身设定为一种（在某一有限概念中）受到限制的东西了吗？假定这个客体〔亦即非我〕＝A，那么，自我的活动本身必然是在设定这个A的过程中受到了限制，因为自我的活动碰上了一个受到限制的客体。但是，自我永远不能、因而在当前这个事例中也不能自己限制自己。因此，当自我限制那个无疑已被吸收到自我中去的A时，自我本身一定已被一个未被吸收到自我中去的、因而还完全不依存于自我的B所限制了。——我们承认所有这些情况，但是，我们说：就连这个B也是可以重新被吸收到自我中去的。责难者承认我们指出的这一点，但从他那一方面又提醒道：为了有可能去吸收B，自我就必定是更进一步被一个独立的C所限制了。这样你来我去，辗转推演，以至无穷。争论的结果也许是：这样永远推演下去，我们固然不能向我们的对方指出任何一个时刻，说在这个时刻里，自我的努力不会遇到一个在自我之外现存着的独立的实在。而我们的对方也同样不能向我们指出任何一个时刻，说在这个时刻里，这个独立的非我能够不为自我所表象，从而能够成为不依存于自我的。那么，我们的反对者想通过上述论证加以证明的那个独立自存的非我，或者说他的那个自在之物，究竟在哪里呢？显然不在任何地方而又在一切地方。随便在什么地方，只要人们占有它，那里就有它，而人们一想去把捉它，它就逃走了。自在之物这个东西是为自我的，是对自我而言的，因而它是在自我之中的，但它又应该不在自我之中，于是就成了矛盾。然而这个矛盾作为一个必然的观念的对象，必须被当作我们进行一切哲学思辨的根据，并且一直就已经充当了有限精神的一切思辨和一切行为的根据，只不过人们不曾清楚地意识到它以及它所包含的矛盾罢了。人类和一切有限精神的整个机制就是建立在自在之物对自我的这种关系上的。要想改变这个情况就意味着要取消一切意识并随之取消一切现实存在。

知识学所以使思维不很深刻的人产生思想混乱从而受到种种肤浅虚假的责难，都仅仅是因为人们没有掌握前面提出的那个观念，没有坚持那个观念。人们可以用两种〔反思〕方式对它得出不正确的理解。一种方式是，人们只想到它既然是一种观念，那它就必定是在自我之内的。有这样想法的人，如果还是个坚定的思想家的话，他就成为观念论者，他就独断地否认在我们之外有任何实在。或者人们坚决相信自己的感觉，因而他就否认明摆着的事实，用人类常识的权威反驳知识学的论证（其实，正确理解的知识学是同常识最一致的），并谴责知识学本身是观念论，因为人们不理解它的含义。另一种方式是，人们只想到这个观念的对象是一种独立的非我，因而这些人就成了超验的实在论者，或者说，假如他知道一些康德的思想而又没吃透整个康德哲学的精神，他就从他自己的超验论出发（这是人们还从来没提出过的东西），谴责知识学是超验论，他竟没想到他自己的武器所打击的只是他自己。——

这两种方式的反思都不应该搞，大家既不应单独反思这一方式，也不应单独反思另一方式，而应该对两个方式同时加以反思，应该翱翔于这个观念的两个相反的规定之间。这就是创造性的想象力的工作。而创造性的想象力毫无疑问是任何人都具备的，因为假如谁不具备它，谁就任何一个表象也不会有。但是，并不是所有的人都使他的想象力得到了自由的发挥，以便能靠它来进行合乎目的的创造性活动。甚至那求之不得的想象在幸运的一瞬间像一道电光闪现在人们的心灵之前，人们也未去抓住它，分析它，牢牢记住它，以便随时运用。一个人在进行哲学思维时是才智纵横，还是兴趣索然，全取决于这种能力的有无和大小。知识学属于只可意会不可言传的科学。它是决不能单凭字面，而只有通过精神才能得其真谛的。因为它的基本观念必须依靠创造性的想象力本身从研究它的人的身上诱发出来。其实任何一门追溯人类知识最终根据的科学从来都不能不是这样，因为人类精神的全部工作都从想象力出发，而想象力则只能由想象力予以把捉。因此谁的这一天赋如果已经被弄得无可挽救或被扼杀了，那他当然就永远不可能深入理解这门科学。但是，其所以不可能，他绝不该从这门科学本身里寻找这个根源(这门科学只要真正去理解是很容易理解的)，他只可归咎于他自己没有能力。[①]

---

① 知识学是需要人花费他的全部精力的东西。不靠人的完整的全部能力是无法理解它的。只要有一天在大多数人那里文化教育为了其他种心灵力量的利益还在扼杀某一种心灵的力量，比如为了理解力而扼杀想象力，为了想象力而扼杀理解力，或者为了记忆力而扼杀想象力和理解力，那么知识学就将一天也不能成为普遍有效的哲学。它就将不得不长此以往地局限于一个窄狭的小圈子里，——这是一个真理，说起来和听起来都好像令人不快，但它毕竟是个真理。

从内部来说，我们提出的观念是整个建筑物的基础，同样，从外部来说，建筑物的安全可靠也是奠立在这个观念之上的。不立足于这个观念，不随同这个观念而立足于知识学固有的基地上，要想对任何一个对象进行哲学思维都是不可能的。知识学的任何反对者，都必定或许是蒙着眼睛站在知识学的场地上，使用知识学的武器对知识学进行论战。扯下他眼睛上的蒙布，让他看见他所站立的场地，总会是一件轻而易举的事。所以，知识学根据事情的本性有充分的权利预先声明，尽管它会被许多人误解，为更多的人所根本不理解，尽管它不仅就现在这个非常不完备的表述形式来说，而且就单独一个人所可能完成的最完备的表述形式来说，也是每一个细节都将需要大大加以修改订正的，然而就其基本特征来说，它是任何人在任何时代都不会驳倒的。

§6. 第三定理

在自我的努力里，同时就有非我的一个反努力被设定起来，以与自我的努力相平衡。

首先就方法问题说几句话！——在知识学的理论部分，我们只与**知性**打交道，在这里，我们打交道的是被认识者。在那里，我们的问题是：某种东西是怎么被设定、被直观、被思维的等等，在这里，问题是：**什么东西**被设定了？因此，如果说知识学终归需要一门关于自在之物的科学的形而上学，而这样一门科学应该由知识学的要求而成立的话，那么，知识学就不能不〔将这个任务〕交托给它自己的实践部分来承担。正如事情越来越清楚表明的那样，〔知识学的〕实践部分谈论的唯一问题乃是一个原始实在的问题。而且，如果有人问知识学“自在之物是怎样的一些东西?”的话，那么，它没有别的话可说，只能回答：“它们就是像我们应该使之成为的东西那样。”通过这样的回答，知识学绝不会变成超验的。因为我们在这里将要揭示出来的所有的东西，也都是我们自身中现在就有的东西，我们只是发现了它们，把它们从我们自身端出来。这是因为在我们之内有着某种东西，非经我们之外的某种东西就无法予以充分说明。我们知道，我们在思维它，在按照我们的精神规律思维它；我们知道，我们因此而决不能从我们自身中超脱出来，决不能说存在着什么无主体的客体。

自我的努力应该是无限的，应该没有因果性。〔可是〕，人们思维努力的时候，只能以一个反努力为条件。这个反努力同努力保持平衡，这就是说，它与努力具有等量的内在力量，彼此势均力敌。关于这样一个反努力的，以及关于上述那种平衡对等的概念，都是本来就已经包含在努力这个概念里的，是可以通过分析从努力概念中引申出来的。没有这两个概念，则努力概念就自相矛盾。

1. 努力概念是关于一个不是原因的原因的概念。但是，每一个原因都预设活动，都以活动为前提。一切努力的东西都有力量。假如它没有力量，它就不会是原因，而说它不是原因就与上面的说法矛盾了。

2. 努力既然是努力，就必然具有它特定的活动量。它所以活动，是为了成为原因。现在，它变不成原因，达不到它的目的，它就是被限制了。假如它没受限制，那它就会变成原因，不会是努力，而这是与上述论证相矛盾的。

3. 有努力者并不受自己本身限制，因为努力概念里就包含有它追求因果性的意思。假如它限制自己本身，那它就不会是有努力者。因此，每一努力都必定受一个与努力者的力量相反的力量所限制。

4. 同样，这种对立的力量必定也是有努力的，这就是说，首先，它必定是为了实现因果性。假如它不是旨在实现因果性，那它与对立者之间就没有接触点。因而它必定不具有因果性。而假如它没有因果性，那它就完全毁掉了对立者的努力，从而完全毁掉了它自己的力量。

5. 两个互相对立的努力者，其中没有一个能有因果性。假如它们两者中的任何一个有因果性，则其对方的力量就会被毁掉，就会不再是具有相反的努力的东西。由此可知，双方的力量必定是保持平衡的，势均力敌的。

§7. 第四定理

自我的努力，非我的反努力，以及两者的力量平衡，都必须被设定起来。

A. 自我的努力已被设定为这样的：

1. 根据反思的普遍规律，它一般被设定为某物。因此，它不是被设定为活动，不是被设定为活动着的某种东西，而是被设定为某种固定不动的东西。

2. 它被设定为一种努力。努力在于实现因果性。因此，按照它的性质，它必须被设定为因果性。现在，这种因果性不能被设定为和非我有关。因为假如那样的话，则被设定的就会是一种实在的起作用的活动，而不是努力。假如是活动的话，则活动只能返回于其自己本身，只能产生自己本身。但是，一个产生着自己本身的努力，既然它是固定了的、规定了的、某种确定无移的东西，那它就叫冲动。

（冲动这个概念包含着这样的含义：1. 它是在它所属于的那个东西的内在本质里有其根据的，因而是通过那个东西与其自身的因果性产生出来的，就是说，它是由于它之被自己本身所设定而产生出来的。2. 它又因此而是某种固定不移的、持续长存的东西。3. 它争取自身以外的因果性，但是它既然只是冲动，只由于自己本身〔而产生〕，它就没有因果性。——因此，冲动只存在于主体里，并且按照它的本性来说，它不超出主体的范围以外。）

所以，如果努力应该被设定，那它就必定被设定。而且，如果它应该在自我之内，如果按照上述〔原则〕而以努力的表现为根据的意识应该是可能的，那么，它就必定直接或者有意识或者无意识地被设定。

B. 不设定非我的一个反努力，自我的努力就设定不起来。因为自我的努力是要实现因果性，本身却没有因果性。而它所以没有因果性的理由或根据并不在它本身之内，因为否则自我的努力就不会是努力，而是虚无了。于是，如果自我的努力被设定，则它必定被设定于自我之外，并且仅仅是被设定为一种努力，因为否则的话，自我的努力或者说冲动（我们现在认为它就是冲动）就会受到压抑而不能被设定起来。

C. 两者之间的平衡必须被设定起来。

这里不是说两者之间必须是平衡的，因为这一点我们在前一节里已经说过了。这里只不过是问：在自我之中并通过自我而设定的究竟是什么东西，如果确有某种东西被设定起来的话。

自我要努力充实无限性，同时它具有对其自身进行反思的规律和倾向。自我不能对其自身进行反思，假如它没有被限制的话，而且就冲动来看，它确是被它与冲动的关系限制了。如果我们假设冲动在C点上受了限制，那么，在C点上要去反思的倾向就得到满足，而要去实际活动的冲动就受到限制。这样，自我就限制自己本身并被设定为与自己本身处于相互作用之中，〔所谓与自身相互作用，意思是说：〕它被冲动推动着继续前进，它又被反思阻止，并且自己这样坚持下去。

推动前进与阻止前进，这两者结合起来就表示一种强制〔作用〕，一种“不能”。属于“不能”的有三个因素：a. 继续努力。假如没有继续努力，则自我所不能做的对自我来说就会根本是不存在的东西，它就会根本不在自我的范围之内。b. 实际活动的受限制。从而还有实际活动本身，因为不存在的东西是不能受限制的。c. 不在自我之内而在自我之外的限制者。除此而外，不会有努力存在于那里。即使有努力存在于那里，〔那也〕就不会是一个“不能”而毋宁是一个“不愿”。——因此，上述那种“不能”的表现乃是平衡的表现。

在自我之内的“不能”的表现叫感觉。在这种感觉里，活动与限制是内在地结合着的，就活动说，我感觉，那么，我就是能感觉者，而这个感觉乃是反思的活动；就限制说，我感觉，那么，我〔就有所感受〕，就是被动的，就是不能活动的；这里就出现了一个强制。可是这种强制或限制，必然以一个要继续前进的冲动为前提。凡是不再希望什么，不再需要什么，不再争取什么的东西，就它自己本身来说，就是没受到限制的东西，这是不言而喻的。

感觉完全是主观的。我们为了说明感觉(但感觉是一种理论性的行为)，固然需要一个限制者，但我们为了要演绎感觉(因为它应已在自我中出现)却不需要对自我中的这种感觉进行表象和设定。

现在，问题已昭然若揭：那么多自称为批判主义者而尚未摆脱超验独断论的哲学家，他们根本不能理解自我怎么竟然无需突破它的圆圈而跳出自身之外就能单凭自己本身把它自身中有过的一切东西发挥出来。〔他们根本不能理解〕只要自我是一个自我，这种东西就必然地不能存在。——自我中已现成地有了一种感觉，这种感觉就是冲动的一种限制。而且，如果这种感觉可以被设定为一种特定的、与其他感觉有区别的感觉〔当然我们现在还看不出一个特定的、与其他冲动有区别的冲动受限制的可能性〕、〔那么〕，自我就必须给这个限制设定一个理由根据，而且必须把这个根据设定在自己以外。而自我要设定冲动是受限制的，它只能设定这个冲动是受一个完全对立的东西的限制，而这样一来，那被设定为客体的某种东西就显然存在于冲动之中。比如说，如果冲动被规定为＝y，则作为客体的非 y 必然被设定起来。——但是，由于所有这些心理机能都是必然地发生的，所以人们就意识不到他的行为，从而必然以为自己靠自己的力量按照自己的规律产生出来的东西是从外面获得的。——这种情况却具有客观效准，因为这是一切有限理性同样都有的情况，而且除了我们指出的这种情况之外，根本就没有客观效准〔的东西〕，根本不能有其他的客观效准。

要求另外的效准，其根据在于人们有一种确凿有据的肤浅而粗疏的错觉。

看起来好像我们已经打破了我们分析考察的这个圆圈。因为我们在说明努力时一般已经假定了一个与自我完全独立无关并与自我正相对立的非我。这种办法之所以可能，所以合法，是因为每一个和我们一起从事当前这项探讨的人，本身都是一个自我。而这个自我早已把这里所推演的这些行为统统做过了，从而早就设定了一个非我（当前的这项探讨正是要使人确信这个非我是他自己的产物）。每个人都已必然地完成了理性的全部工作，而现在又自由地规定自己去重算旧账，对他自己当初走过的行程，就他现在任意设定起来、安置在他自己当初的出发点上、据以从事其实验活动的那另一个自我身上，进行一次旁观。要去加以考察的自我，有朝一日本身将会站到现在充当旁观者的自我所站的地位上。被考察者和旁观者双方将在这个位置上结合起来，而且通过这一结合，已被打破了的圆圈，就将是封闭的。

§8. 第五定理

感觉本身必须被设定和被规定起来。

为了给现在要提出的极端重要的研究作准备，首先作几点一般的说明。

1. 在自我里原来就有一个要去充实无限的努力。这个努力与一切客体相对抗。

2. 自我在其自身中有反思其自身的规律，将其自身反思为充实于无限的东西。但是，现在自我不能对其自身反思，甚至根本不能对任何东西反思，如果它不是有了限界的话。因此，要实现这个规律，或者换个说法也一样，反思冲动的满足，乃是有条件的，而且是取决于客体的。没有客体，反思冲动就不能满足，——因而这种反思冲动也可以说是一种指向客体的冲动。

3. 这种冲动，由于受一种感情的限制，既得到了满足，同时又没得到满足。

a. 〔按行为的形式来说，〕是得到满足了。因为，自我据说无条件地反思自身，就是说，它是绝对自发地进行反思，因此，按照行为的形式来说，它是得到了满足的。因此，在感觉里就有这么一种东西，这种东西可以联结着自我，可以隶属于自我。

b. 按行为的内容来说，是没有得到满足的。自我据说是被设定为充实着无限性的，但它〔实际上〕被设定为受了限制的。——而这种情况同样必然地出现于感觉中。

c. 但“没得到满足”这一设定，是有条件的，它是自我超越感觉为它设定的界限而发生的〔现象〕。〔所以〕，在自我所设定的范围之外有某种东西必然被设定，这东西也隶属于无限性，从而是自我的冲动趋向的目标。这东西必须被设定为没有受到自我的规定的。

让我们来分析，这种超越，也就是说，这种没得到的满足，或者换言之，感觉的设定，是如何可能的。

I. 只要自我确实对自己进行反思，那它就是受了限制的，这就是说，它就没有实现无限性，却努力以求实现无限性。我们说，它是受了限制的，意思是说，对于一个可能的旁观者来说，它是受了限制的，但并非对它自己来说是受了限制的。让我们自己来充当这些旁观者，或者换言之，让我们不设定自我而设定某种只被观察的东西，某种无生命的东西。但另一方面，那按照我们的前提来说隶属于自我的那种东西又应隶属于这无生命的、被观察的东西。那么，让我们假设一个弹性球体＝A，并假设这个球体被另外一个物体压凹，那么：

a. 就在球体里设定了一股力量，一旦反对方面的力量松弛下来，这股力量就无需任何外在作用自己就表现出来。因此，它之所以发生作用的根据，完全就在它自己身上。——力量是具体存在着的，它在自己本身中向自己本身努力以求表现，这是因为它是一种在自己本身中趋向自己本身的力量，也就是说，一种内在力量。因为像这样的东西，人们总是称之为内在力量。这就是向自己本身追求因果性的一种直接努力，但由于外界反抗的缘故，它并不具有因果性。这是物体本身中的努力与间接反压力的平衡，因而就是我们前面曾称之为**冲动**的那种东西。因此，在假设的弹性球体中就有一种冲动被设定起来了。

b. 在对抗着的物体 B 中，就设定了同样的东西，即，设定了对抗 A 的反作用和抵抗力的一种内在力量，而这种力量〔因而〕就受 A 的抵抗力所限制，但它的根据却只在自己本身中。——在 B 里就像在 A 里一样，力量和冲动被设定起来了。

c. 假如两个力量中有一个增强了，则相反的那个力量就被削弱；假如一方削弱了，则相反的力量就增强；假如较强的一方完全表现出来了，则较弱的一方就被完全排出于较强者的作用范围之外。但是，现在双方完全平衡，它们的交接点就是这个平衡点。如果这个平衡点有丝毫的移动，则整个关系就被扬弃。

II. 于是，这里就涉及到一种并无反思而努力〔伸张〕的对象（我们说这种对象是有弹性的）。我们现在要加以研究的东西是一种自我，而且我们将看到从这里会推论出什么结果来。

冲动是一种内在的、把自己本身规定为因果性的力量。无生命的物体根本没有因果性，因为它的因果性在它自己之外。因果性应该因抵抗而被制止，因此，在这种情况下，不会由于无生命物体的自身规定而产生出什么东西来。只要自我企图达到一种自己以外的因果性，自我的情况就恰恰是这个样子〔像上述那种无生命物体的情况一样〕。而只要它只向自身以外要求因果性，它的情况就根本不会不是这样。

但是，自我，正因为它是一种自我，也具有一种对自己本身的因果性，即设定自己的因果性，或者说能反思的因果性。冲动应该规定努力者的力量本身，而这种力量既然应该像反思那样在努力者本身之中表现自己，那么，从冲动的规定作用中就必然推论出一种〔向外的〕表现。如果不是这样的话，那就不存在什么冲动了。假如没有冲动，那就与〔我们的〕假设相矛盾了。因此，从冲动中就必然推论出自我对自己本身的反思行为来。

（〔这是〕一个重要命题，它给我们的分析探讨带来了最大的光明。1. 努力和反思，这一对本来存在于自我中的并由我们在前面提出来的双生子，因此就被最紧密地联合起来了。一切反思都是建立在努力这个基础上的，没有努力，就不可能有反思。——另一方面，没有反思，就不可能有对自我而言的努力，因而也就没有自我的努力，并且根本就没有自我。有了一方就必然推论出另一方，双方处于相互作用之中。2. 自我不会不是有限的，不会不是受了限制的，现在人们对此看得更明确了。没有限制，就没有〔超验意义的〕冲动）；没有冲动，就没有〔向先验过渡的〕反思；没有反思就没有〔先验意义的〕冲动、限制，也没有限制者，等等。自我的功能就是这样在圆圈上旋转，自我就这样与自己本身发生内在连锁的相互作用。3. 现在也看得相当清楚的一点是：什么叫做理念的活动，什么叫做实在的活动，它们是怎么区别开来的，它们的界限在哪里。自我的原始努力，如果作为冲动，作为单纯建立于自我本身中的冲动来看，就既是理念的，又是实在的。它的方向是针对自己本身的，自我通过自己固有的力量进行努力；而且也针对自我以外某种东西的，但在这里没有什么东西可以区别出来。限制既然只使向外的方向受到扬弃，并不能使向内的方向受到扬弃，那么通过限制，上述的原始力量就好像被一分为二：保留下来的向自我本身返回的那一部分力量，乃是理念的力量，至于实在的力量，则将在适当的时候同样被设定起来。——而这样一来，我们在这里就又再次充分理解了这一命题："没有理念性，就没有实在性，反之，没有实在性，就没有理念性。"4. 理念性的活动将马上表明自己是从事于表象活动的。冲动与理念性的活动的关系，因而可以叫做表象冲动。这种冲动因而就是冲动的最初的和最高的表现，而且自我通过这种冲动才成为理智。而且，只要还有另外一种冲动会进入意识，会在自我中出现为自我，则自我就必然有这样的情况。5. 从这里也就最确定地推论出来了理论对实践的从属关系。结果是：一切理论性的规律都以实践性的规律为根据，而且由于只能有一个实践性规律，所以一切理论性规律都以同一个实践规律为根据。因此，最完满的、具有全部本质的体系〔也是建立在实践规律上的〕。结果是:如果冲动可以让自己本身提高起来,则认识也可以提高,反之亦然。其结果是:在理论方面,也就产生反思和抽象的绝对自由,并产生冲动按照义务来注意某种东西而不注意其他某种东西的可能性,而没有这种可能性,就根本不可能有道德。宿命论从根本上被摧毁了,因为宿命论的根据是:我们的行为和愿望依存于我们的表象体系。而这里所表明的却是:我们的表象体系是依存于我们的冲动和意志的。〔其实〕这也是彻底驳斥宿命论的唯一方式。——总而言之,通过这个体系,在整个人类里就出现了统一和联系,而在许多体系里是没有这种统一和联系的。

III. 在这种对自己本身的反思里,自我并不能作为自我而进入意识,因为它并不直接意识到它的行为。但是,它从现在起,作为自我毕竟已经存在在那里了。这对于任何一位可能的旁观者来说都是不言而喻的。而这里正就是自我区别自己这个活生生的物体与无生命的物体的界限,当然无生命的物体也能有一种冲动。——存在着这样的东西,对它来说,某物可能是存在在那里的,虽然对其自己本身来说该物还没有具体存在在那里。〔或者说,虽然某物还没有自己意识到自己存在在那里,却可以有别的存在在那里的东西意识到它已存在在那里。〕但是,对于这个某物来说,必然有一种内在的驱动力量存在,不过由于根本没有自我意识,从而也不可能与自我意识发生关系。这种内在驱动力量只能被感觉到。这样一种状态虽然是不可描绘的,却是完全可以感觉的,而且在它这种状态中,每一个人都必须依靠自己的自我感觉。(哲学家只可以在“这种状态是个什么东西”的问题上让每一个人去依靠自己的自我感觉,而不可以在“有没有这种状态”的问题上让每一个人去依靠自己的自我感觉。因为“有没有这种状态”这一问题是必须以自我为前提条件予以严格证明的。〔我们〕假设有现成存在着的某一种感觉，这就意味着〔问题〕并没有得到彻底的处理。这种感觉当然将来也会成为可知的东西，但它之成为可知的，不是靠它自身，而是靠它种种的推论的后果。)

我们前面曾说过，有生命的东西就是在这个地方同无生命的东西区别开来的。力的感觉是一切生命的原则，是由死到生的过渡。如果只有力的感觉，当然生命还是极不完满的，但它虽不完满，毕竟已经从死的物质中分离出来了。

IV.

a. 这种力量被感觉为某种有驱动作用的东西：自我感觉到自己被驱动，这是已经说过了的，特别是它感觉到自己被驱动到自己本身以外去。(这个到自身以外去，我们现在还看不出是从哪里来的，但不久就会看清楚。)

b. 这种冲动必定如上所述起它能起的那种作用。它并不规定实在性的活动，就是说，并不发生与非我的因果性。但它却能够规定观念性的、完全依存于自我本身的活动，并且只要它是一个冲动，它就必须规定观念性的活动。——因此，观念性的活动是超越出去的，是设定某种东西以之为冲动的客体的。所谓冲动的客体，乃是冲动在有了因果性时就会产生制造出来的那种东西。——关于这种东西之必定由于观念性的活动而产生出来，这是证明了的。至于它是怎么可能由于观念性的活动而产生出来的，在这里还一点也看不出来，〔因为〕这要以许多别的分析研究为前提。

c. 这种产生〔过程〕，以及产生过程中的行为者，现在还丝毫没有进入意识。因此，无论是对冲动的对象(客体)的感觉(这种感觉是根本不可能的)，还是对冲动对象的直观，都还没有出现。在这里，什么东西都还没有出现。这里只不过借此说明自我怎么能够对自己有所感觉，怎么感觉到自己是被驱使着向某种未知的东西冲动，并且敞开了向下一步过渡的大门。

V. 冲动应该被感觉为冲动，就是说，被感觉为某种不具备因果性的东西。但是，至少，只要它力求通过观念性活动以产生它的对象(客体)，那它就当然具有因果性，并且因此而不被感觉为冲动。

只要冲动企图进行实在的活动，它就不是可认识的东西，可感觉的东西，因为它不具有因果性。因此它也就不被感觉为一个冲动。

〔如果〕我们把上述两者结合起来，那就出现这种情况：如果观念性活动不涉及冲动的对象，则冲动就不能被感觉；而如果实在性活动没有受限制，则观念性活动就不会涉及冲动的对象。

两者结合起来〔以后〕，就产生出自我对自己的反思，就使自我成为一种有限制的自我。但是，由于自我在这种反思中并没有意识到它自己，所以反思只是一种单纯的感觉。

这样一来，感觉就完全被演绎出来了。它属于力的一种至今没有表现出来的感觉，是本身同样没有表现的东西的一种对象，是一种强迫感、不能感。而这就是演绎出来的感觉表现。

§9. 第六定理

感觉必须进一步被规定和被限制。

I.

1. 自我现在感觉到自己受了限制，这就是说，对于它自己来说，它是受了限制的。它之受限制，并不像它从前那样，也不像无生命的弹性物体那样，它受限制仅仅是对于在它之外的一个旁观者来说的。它的活动，对它自己来说，已被扬弃了。而我们所以说对它自己来说，乃是因为我们从我们的更高的观点当然看得出这一点而言的。它已通过绝对活动产生出一个在它之外的冲动对象，但是，它已经不是那个作为我们研究对象的自我。

这样把活动完全取消掉，是与自我的性质相矛盾的。因此，只要它确实是一个自我，它就必须把活动重新建立起来，而且是自为地使之重新建立起来，也就是说，至少它必须使自己处于这样的状态：它能够设定自己是自由的和不受限制的，即使要等到下一个反思才能这样。〔也必须如此。〕

按照我们的演绎来看，自我的活动之所以能够这样重新建立起来，并不是依靠任何特殊的推动力，而仅仅是由于自我的本质，通过绝对自发性而重新建立起来的。当前这种行动立即表明自己是对于反思着的自我所进行的一种反思，是为了代之以另一种行动而对这种行动所进行的一种中断（既然自我像上面所说的那样有感觉，它就也有行动，不过还没有意识而已。代替这种行动出现的至少是会使意识成为可能的另一种行动）。这种对反思者的反思，这种对行动的中断，完全出于绝对的自发性。自我在这种绝对自发性中无条件地行动着，因为它在行动着。

（这里划定的是单纯生命与理智之间的界限，正如上文划定的是无生命与生命之间的界限那样。自我的意识仅仅是由这种绝对自发性产生出来的。——我们把我们提高到理性的高度，并不是通过自然规律，也不是通过由自然规律引申出来的推论，而是通过绝对自由；并不是通过过渡，而是通过一种飞跃。——因此，在哲学里，人们必须从自我出发，因为自我是不能加以演绎的。并且正因为这样，唯物主义者企图以自然规律来说明理性的现象，是永远办不到的。）

2. 显而易见，单纯由绝对自发性产生的行动，不可能是其他的什么，只是一种通过观念性活动的行动。但是，任何行动，只要它确实是一种行动，它就有一个客体。目前这个行动，既然完全以自我为根据，既然就其一切条件来说是依存于自我的，它就只能以某种现实存在于自我之中的东西为客体。可是在自我之中除了感觉之外不存在任何东西，所以它现在这种行动必然地和感觉发生关系。

行动发生于绝对自发性，因而对于可能的旁观者来说，它就是自我的行动。它关系到感觉，这首先是说，它关系到那在先前产生感觉的反思中进行着反思的东西。——活动关系到活动，因此，那在上述反思中进行反思的东西，或者说，进行着感觉的东西，就被设定为自我。在目前的反思作用中进行反思的东西，其本身根本达不到意识，自我性则被转移到意识上去。

根据刚才的论证，自我乃是自己规定自己的那个东西。因此，进行着感觉的东西之所以被设定为自我，只是因为它是由于冲动，从而由于自我，从而由于自己本身，而被规定去进行感觉的，这就是说，只是因为它感觉到自己本身，它感觉到在其自己本身中的它自己固有的力量。——只有进行着感觉的东西才是自我，并且只有冲动才属于自我，如果是冲动引出感觉或反思的话。超出这个界限和居于这个界限之外的东西(这是说，如果有某种东西存在于这个界限之外，而且我们当然知道有某种东西存在于这个界限之外，这种东西实际上就是向外的冲动)，就被排除于〔自我〕之外。而这一点是应该认真注意的，因为被排除出去的东西，到一定时候将被重新接收进来。

因此，被感觉的东西，在现在的反思中，并且对于这个反思来说，也变成为自我。因为进行着感觉的东西，只当它是被自己本身所规定的时候，亦即感觉着自己本身时，才是自我。

II. 在目前的反思中，自我所以被设定为自我，只是由于它同时既是感觉者又是被感觉者。由于它自己与自己发生相互关系，它应该被规定为自我，因此它必须按照已经说过的方式被设定。

1. 进行感觉的感觉者被设定为在感觉中活动着的，因为它是进行反思的东西。而且因此被感觉者在这同一个感觉中是被动着的，它是反思的客体。——同时，感觉者被设定为在感觉中被动着的，因为它感觉到自己是被驱动的，而且因此被感觉者或冲动是活动着的，它是驱动者。

2. 这是一个矛盾，它必须被结合起来，而且只能以下述方式结合起来。——感觉者就其与被感觉者的关系而言是活动的，而且在这个意义上，它仅仅是活动的。(它之被驱动去进行反思，是它在反思时没有意识到的。对于反思冲动，在我们的哲学探讨中根本没有加以考虑，但这并不是说在原始的意识中没有考虑。反思冲动陷入于成为感觉者的对象的那种东西之中，它在对感觉所作的反思中，〔混为一体〕，无所区别。)但是，现在感觉者就其与一个冲动的关系而言又应该是被动的。这种冲动是向外的冲动，感觉者受这向外的冲动所驱使，通过观念性的活动产生一个非我。(可是，感觉者在这种作用中，当然是活动的，不过正像以前它对于它的被动那样，现在对于它的这种活动并没有反思。当它反思其自身时，对于〔它〕自己本身来说〔即就它的自觉的情况来说〕，它是被迫而行动的。虽然这一点看来好像是一个矛盾，但这个矛盾到了一定时候就会消除。因此，被感觉的强迫〔或者说，强迫感〕，就是感到被迫要把某种东西设定为现实地现成存在着的。)

3. 被感觉者由于对反思者进行反思的冲动而是活动的，它又由于对反思者的这同一关系而是被动的，因为它是反思的客体。但是，对于反思者并不进行反思，因为自我是被设定为同一个东西，是被设定为感觉着自己的，而且对于反思本身不再进行反思。因此，在另一种关系中，自我则被设定为被动的，就是说，只要自我是受了限制的，那么，限制者就是一个非我。(反思的任何对象，都必然是受了限制的，任何反思对象都有一定的量。但是，在反思者身上，这种限制却绝对不是从反思本身推论出来的，因为在这个情况下，对于反思是不反思的。)

4. 两种自我应该是同一个自我，并且应该被设定为同一个自我。不过，其中之一被认为在其与非我的关系中是活动的，另一个则被认为在其与非我的这同一个关系中是被动的。在前一情况下，自我通过观念性活动产生出一个非我；在后一种情况下，自我则被非我所限制。

5. 矛盾是容易结合起来的。能生产的自我本身曾经被设定为被动的，同样，被感觉的自我在反思中也是这样被设定为被动的。因此，自我在其与非我的关系上总是意识到自己是被动的，一点也意识不到它自己的活动，更不对它自己的活动进行反思。——因此，自我所感觉的好像是事物的实在，殊不知感觉的其实只是自我本身。

（这种情况就是一切实在的根据。仅仅由于我们现在所论证的这种感觉对自我的关系，自我才有可能意识到实在，无论是自我的实在，还是非我的实在。——既然自我之所以可能意识到某种东西，完全是由于一种感觉关系，而自我既没有意识到，也不可能意识到它自己对这种感觉的直观，从而只是好像感觉到了这种东西，那么，自我只是相信有这个东西而已。

无论自我的实在，还是非我的实在，总而言之，实在性实际上只不过是一种相信，或者说只不过是一种信仰。）

§10. 第七定理

冲动本身必须被设定和被规定。

正如我们上面对感觉加以规定和说明的那样，我们也必须对冲动进行规定。因为冲动是与感觉联系在一起的。通过这种说明，我们将更加进一步在实践能力的范围内赢得地盘。

1. 众所周知，冲动之被设定，意味着自我对它进行反思。可是，自我只能对自己本身进行反思，自我只能反思这样的东西：这种东西是为自我的，并在自我之内的，这种东西是自我所能达到的。因此，冲动必定已经表明有某种东西在自我之内，并且只要这种东西通过我们刚才提到的反思而已被设定为自我，已作为自我起作用，则冲动必定已经表明它自己就在这种东西之内。

2. 感觉者被设定为自我。自我曾经被感觉到的原始冲动规定为从自己本身出发的，至少被规定为通过观念性活动而产生某种东西的东西。但是，原始冲动绝对不关系到单纯的观念性活动，而只关系到实在。因而，通过冲动，自我就被规定为能制造**一种在自己之外的实在**的东西。——可是自我并不能满足这个规定，因为〔自我的〕努力应该不具有因果性，而应该与非我的反努力保持着平衡。因此，只要自我是由冲动规定的，它就受非我的限制。

3. 只要反思的条件亦即限制一旦出现了，在自我里就有了永远不断地对自己本身进行反思的倾向。现在，这种条件在这里出现了，因而自我就必然地要对自己的这种状态进行反思。——可是，在这种反思中，反思者像往常一样忘记了自己本身，因而意识不到〔它的〕反思。另外，反思的发生是出于单纯的驱动力。因此，在反思中，丝毫也不表现自由，自由就像上面所说的那样，只是一种感觉。于是问题仅仅在于：自由是一种什么样的感觉呢？

4. 这种反思者就是自我，乃是被驱动的，从而是**在观念性上**活动于自身之内的自我：这也就是说，自我是被一种存在于它本身内的驱动力所驱动的，因而是没有任何任意性和自发性的。——但是，自我的这种活动所涉及的客体乃是自我凭借其观念性活动既不能使之**实现**为事物，也不能当作事物加以**表现**的实体。因此，〔自我的观念性活动〕乃是一种**根本没有客体**却又**不可抗拒地被迫去追求一个客体**的活动，乃是单纯被**感觉**的活动。但这样一种在自我中的规定，被人们称为**渴望**，叫做对完全不知道的东西的冲动。这种完全不知其为何物的东西，只能通过一种**需求**，通过一种**不安**，通过一种争取自我充实却又并不指明为何予以充实的**空虚**

而显示出来。——自我感觉到在自己身上有一种渴望，它感觉到自己缺少点什么。

5. 现在引申出来的渴望和前面揭示的限制及强迫，这两种感觉必定互有区别又彼此联系。——因为冲动应该加以规定，可是冲动又通过一定的感觉以显示自己，因此，这种感觉应该加以规定。但这种感觉只能通过另外一种感觉来予以规定。

6. 假如在第一种感觉中自我没有受限制，那么在第二种感觉中就不会出现单纯的渴望，而只会出现因果性。因为假如是那样的话，自我就能在自己以外制造出某种东西来，自我的冲动也就不会局限于单纯内在地去规定自我本身。反过来说，假如自我并不感觉到自己是有所渴望的，那它就不会感觉到自己是受了限制的，因为自我纯粹是由于渴望的感觉才从它自己本身中冲脱出来；而纯粹是由于这种既是在自我之中又是为自我的〔为自我所意识到的〕感觉，某种应在自我之外的东西才被设定起来。

（这种渴望不仅对实践知识学很重要，而且对全部知识学也很重要。自我之所以能在其自己本身中被驱逐到自己以外去，完全是由于渴望。一个外在世界之所以能表现自身，也完全是由于渴望。）

7. 双方于是综合地联系起来了。任何一方没有另一方就不可能存在。没有限制，就没有渴望，没有渴望，就没有限制。——双方又彼此完全对立。在有点限制的感觉中，自我只被感觉为被动的，在有点渴望的感觉中，自我又被感觉为活动的。

8. 两者以冲动为根据，而且都是建立在自我之中的同一个冲动之上的。由于自我是被非我所限制的，因而只能具有一种冲动，而这个自我的冲动规定着反思能力，所以这就出现了有关强迫的感觉。这同一个冲动规定着自我，使自我通过观念性活动而脱离开自己，在自己以外制造出某种东西来。由于自我在这个意义上受到了限制，所以就出现了渴望，并且通过那被设定为必然要进行反思的反思能力，就出现一种关于渴望的感觉。——问题是，怎么同一个冲动竟能产生出互相对立的东西呢？这完全是因为冲动所依靠的力量有所不同。在第一种作用中，它所依据的仅仅是单纯的反思能力，单纯的反思能力只把握它面前现已存在的东西；在第二种作用中，它所依据的则是绝对自由的、基于自我本身的努力，而这种努力力求有所创造，并且通过观念性活动而实际上有所创造。只是直到现在，我们还没有认识，也没有能力去认识它所创造的成果而已。

9. 于是，可以说渴望乃是自我中的努力的原始的完全独立的表现。说它是独立的，是因为它不顾虑任何限制，更不为任何限制所阻止。（这个注释很重要，因为以后将会表明，这个渴望乃是一切实践规律的负荷者，实践规律是否是实践规律，全看其是否是由渴望引导出来的。）

10. 同时，由于限制的缘故，还有一种必然以非我为根据的强制的感觉出现于渴望之中。渴望的一种客体，即，为冲动所规定的自我假如具有因果性，就会使之成为现实的那种客体（我们暂时可以称之为理想），是与自我的努力完全符合一致的。但渴望的另一种客体，即由于限制感与自我的关系而可能被设定起来的并且实际也将真正被设定起来的那种客体，则是与自我的努力互相抵触的。于是，渴望的两种客体是彼此对立的。

11. 就一方面说，没有强制的感觉，自我中就不能有渴望，毋宁是，自我是综合地联系着渴望与强制这两种感觉的，是同一个自我。可是，在两种规定中，自我却又显然陷于自相矛盾，既是受限制的又是不受限制的，既是有限的又是无限的。这个矛盾，我们必须予以扬弃。现在就让我们更详尽地分析它，以便得到满意的解决。

12. 我们已经说过，渴望企图使某种在自我以外的东西成为现实，这是它办不到的。正如我们所了解的那样，这是自我在它的任何规定中根本办不到的。——可是，这个向外发展的冲动，一定能起它所能起的作用。它能够对自我的观念性活动发生影响，能规定观念性活动，使之从自我本身中产生出某种东西。——这种生产能力，在这里无须追问，那是随后将按发生顺序逐步演绎出来的。但是，下面的问题，那是每一个跟随我们一起思维的人都必然会碰到的，却必须予以解答的。〔这个问题是：〕虽然我们原来是从一种向外的冲动出发的，为什么我们不早些时候就进行这种推论呢？答案是这样的：在自我自己看来（因为这里谈的只是在自我自己看来的情况，至于说在一个可能的旁观者看来，这种推论我们前面已经作过了），除非自我事先已经限制了自己，否则它就不能有向外发展的方向。因为直到现在为止，对自我而言是无所谓内外之分的。〔当初〕自我本身作这样的划分，那是由于演绎出了自我的感觉才这样划分的。在这种情况下，只要没有一个外在世界以某种方式在自我本身之内向自我显现出来，自我就不能使自己面向外面。但是，只有通过渴望，才能在自我本身之内有一个外在世界向自我显现。

13. 问题是，自我的那个由渴望规定了的理想性活动将怎样进行生产，生产些什么？——在自我里面有某一限制感觉＝X。——在自我里还有一个指向实在的渴望。但是，实在只通过感觉而呈现自己于自我之前，这就是说，渴望指向一种感觉。现在，感觉X不是那个被渴望的感觉。因为假如是那样的话，则自我就不会感觉自己是**受到限制**的，不会感觉到自己是有所渴望的，并且就根本不会感觉到自己。——而相反的感觉－X，是那被渴望的感觉。假如在自我中出现了感觉－X，那就一定会现成存在着一个我们愿意称之为理性的那样的客体。这种客体是必须被生产出来的。这应该说是理想的事情。——现在，要么是这样：客体X本身（X限制感觉的根据）假如能够被感觉到，那么客体－X就应该通过单纯的对立很容易地设定起来的。但是，这是不可能的，因为自我绝对感觉不到一个客体，它毋宁只感觉它自己本身。至于客体，它只能通过理想性活动来生产。——要么是这样：自我假如自己能在自身中激起感觉－X，那么它就有能力直接将两种感觉加以比较，指出它们的差异，并在作为它们的根据的客体中描述它们的差异。但是，自我并不能在自身中激起任何感觉。因为假如它能激起感觉，那就等于说它具有因果性，而它是不应该有因果性的。（这就涉及了理论知识学的这个命题：自我不能自己限制自己。）——因此，这个任务比起直接从限制的感觉推论出与之完全相反的渴望，比起自我凭借理想性活动单纯从限制的感觉那里生产出渴望来，并不容易。

14. 限制的感觉的客体是某种实在的东西，渴望的客体没有任何实在性。但是，由于渴望的缘故，渴望的客体应该具有实在性，因为渴望是指向实在性的。双方互相对立，因为自我由于它们之中的一方而感觉自己受了限制，从而向另一方努力，以便从限制中超脱出来。一方是什么，另一方就不是什么。到现在为止，我们对双方能说的就是这些，再多就没有可说的了。

15. 让我们进行更深入地分析。——按照上面所说，自我已经通过对感觉的自由反思把自己设定为自我，这是合乎“自己设定自己的东西，同时既规定又被规定的东西，就是自我”这条原理的。——因此，自我已在这个反思（这个反思表现为自我感觉）中规定了自己，充分地表述和规定了自己。它在这个反思中是**绝对规定**。

16. 向外的冲动是指向这种活动的，因而从这一点来说，它就成了一种**从事规定**的，**从事改变的**冲动，而它所规定和改变的是某种在自我之外的东西，是已由感觉呈现了的实在。——自我既是被规定者又是规定者，它被冲动驱使着向外〔活动〕，这等于说，它应该是**规定者**，但是，一切规定〔活动〕都以一个可规定的质料为前提。——必须保持平衡。于是，实在继续是它原来所是的那样的**实在**，继续是某种可以与感觉发生关系的东西。对于实在本身，对于作为单纯质料的实在，任何改变都是不可思议的。因为改变等于消除，等于完全扬弃。但是，改变却是生命的条件；没有生命的东西其中就不能有冲动，而且有生命的东西其冲动的目的不能是消除生命。因此，在自我里表现出来的冲动，根本与质料一般无关，毋宁只涉及某种**质料规定**。（我们不能说什么**不同的质料**。质料，物质，都是绝对单一的，但**质料有不同的规定**。）

17. 出于冲动的**这种**规定，就是被感觉为渴望的那种东西。

因而渴望绝对不是去产生质料，而是去改变质料。

18. 渴望的感觉当初之所以不可能，是因为上述冲动没有对自我的规定进行反思，这是不言而喻的。这种反思当初之所以不可能，是因为冲动没有受限制，具体地说，是因为那只显现于渴望之中的、指向着规定的冲动，没有受到限制。但是，自我的一切限制，都只是被感觉到的限制。这里要问：从事规定活动的冲动，既然是通过某种感觉才被感觉到是受了限制的，那么，这种感觉是一种什么样的感觉呢？

19. 一切规定作用都来于理想性活动。那么，假如所需要的感觉可能有的话，那就不会不有一个客体因这种理想性活动而被规定起来，而且这种从事规定的行动就不会不与感觉发生关系。——于是，出现了这样的问题：1. 理想性活动怎么会成为这种规定作用的可能性和现实性的？2. 这种规定作用怎么能与感觉发生关系的？

对于第一个问题，我们的回答是：早在前面我们就已经通过那只要能起作用就一定经常起作用的冲动给理想性活动作了规定。按照这个规定，首先限制的根据必定是通过理想性活动被设定为完全由其自己规定了的客体。但正因为这样，这个客体并不进入意识，也不可能进入意识。这样一来，一种在自我之中的冲动，根据对它的单纯规定，就被描述出来了。由于冲动的缘故，理想性活动必定至少首先作出努力以争取对设定起来的客体进行规定。——我们不能说自我是怎么因冲动而去规定客体的，但我们至少知道，按照这个植根于自我的最内在本质中的冲动，自我是规定者，是规定的单纯的和无条件的活动者。那么，这种规定冲动——我们撇开已经知道的渴望感觉不谈，因为仅仅渴望感觉的存在就对我们的问题有决定性影响——我再说一遍，这种规定冲动能不能按照其纯粹先验的根据而具有因果性，而得到满足呢？根据规定冲动的限制，才有渴望的可能性，根据渴望的可能性，才有感觉的可能性，根据感觉，才有生命，意识，以及一般精神存在。因此，只要自我的确是自我，规定冲动就不具有因果性。但是，其所以不具有因果性的根据，正如前面讨论一般冲动时所指明的那样，却不能存在于规定的冲动自身之中，因为假如这个根据就在其自身之中，则规定的冲动就不是冲动了。因此，其根据是存在于非我的一种规定自己本身的反冲动中，存在于非我的一种与自我及其冲动完全无关的作用或冲动中。而这种作用走的是自己的道路，遵循的是它自己的规律，正如自我的冲动遵循它自己的规律那样。

因此，如果一个客体及其种种规定是自在的，也就是说，是由本性的固有的内在作用产生出来的（对于一个客体来说，这是我们假设的，但对于自我来说，我们将马上证明这是现实的）。如果自我的理想性（从事直观的）活动是像我们证明了的那样被冲动驱逐出去的话，那么，自我就将要并且必定规定着客体。自我在这种规定中受冲动的引导，力图按照冲动来规定客体。但是，它同时又处于非我的干预之下，被事物的实际性质所限制，以至在或高或低的程度上不能〔完全〕按照冲动来规定客体。

由于冲动具有这样的局限性，自我就受到限制。于是正如任何努力受到限制的那样，就出现了一种感觉。在这里，这是一种自我受限制的感觉。自我不是感觉受了质料的限制，而是受了质料的**性质**的限制。这样一来，第二个问题也就同时解答了。这个问题是：规定的局限性怎么会与感觉发生关系。

20. 让我们现在对刚才说的进行更深入的讨论，提出更确切的证明。

a. 像上面指出的那样，自我是通过绝对自发性规定着自己本身的。这种规定活动就是我们当前正讨论的冲动所涉及的那种活动。它是被冲动驱使着向外面去的。如果我们想彻底认识由冲动所驱使的活动的规定〔作用〕，那么，我们就必须首先彻底认识**活动自身**。

b. 在行动里，活动只不过是**反思作用**。它是按照自我的本来面目规定自我的，并不改变自我的什么东西。所以人们完全可以说，当初它是一种单纯的**造型作用**。它那里没有的东西，冲动既不能也不该给它添加进去。因此，冲动仅只驱使它将现成存在的东西加工制造出形象来，如果确有某种东西现成存在在那里的话。它只被冲动驱使去直观事物，但绝不通过实际作用去改变事物。一种规定只应该在自我中被产生出来，就像它是在非我中的那样。

c. 但是，就一种意义来说，那对自己本身进行反思的自我必定曾在自身中具有反思的尺度。这就是说，自我所涉及的曾是这样的东西，这东西**既是被规定者又是规定者**，自我曾设定这东西为自我。只要我们仅仅把这种东西视为能反思的，那么这种东西之所以曾经现成存在在那里，就不取决于自我。然而自我为什么不曾对较少的东西反思呢？为什么单单反思被规定者或规定者呢？它又为什么不曾对更多的东西进行反思呢？为什么不曾扩展它的反思对象的范围呢？其所以如此的根据，曾不能不在自我之内。

这是因为，当初发生反思完全是出于绝对的自发性。这样一来，那隶属于每一反思的东西就曾不能不只在自己本身中有它自己的界限。——当初情况之所以这样，也可以通过另外一种考察显示出来。自我应该已被规定，那既是被规定者又是规定者的东西，曾经被设定为自我。反思者曾在其自己本身中有这种尺度，并把这尺度带到反思中去。因为，既然它是通过绝对自发性进行反思的，它本身就是那同时既是被规定者又是规定者的东西。

是不是反思者也有为非我的规定所适用的这样一种内在的规律呢？如果有的话，那它是一种什么样的规律呢？

这个问题是很容易根据前面已经列举的理由来解答的。冲动所涉及的是进行反思的自我，如果进行反思的自我存在的话。冲动既不给自我增添什么也不从自我那里取走什么，冲动的内在规定的规律始终是同一个东西。凡是应该成为自我的反思作用的对象的和凡是应该成为自我的(理想性)规定作用的对象的一切东西，都必定(实际上)“同时既是规定者又是被规定者”。那要加以规定的非我，也是这样。因此，主观的规定规律就是某种这样的东西，它同时既是被规定者又是规定者，或者说，它是通过自己本身被规定的。而且，规定的冲动所追求的就是发现这样的东西，规定的冲动只能在这个条件下得到满足。——规定的冲动所要求的规定性，所要求的充分完整性，仅仅以此为标志。某种东西，只要它是被规定者而不同时也是规定者，那它就是一个结果。而这种被引起来的结果，作为某种外来的东西，被排除于事物之外，为反思引进的界限所隔离，并由某种其他的东西加以说明。某种东西，只要它是规定者而不同时又是被规定者，那它就是一个原因，而规定作用被联系到某种别的东西上，并由此而被排除于反思给事物所设定的领域之外。只有事物与自己本身发生相互作用的时候，事物才是一个事物，才是那同一个事物。这个标志原是自我的标志，规定的冲动把它从自我那里取来转嫁到事物身上。而这一点非常重要，值得注意。

（我们用最普通的事例就可以说明之。为什么甜或苦，红和黄如此等等，都是一种不能再进一步分解的单一的感觉呢？——或者说，为什么它们一般说来都是一种自身独立的感觉，而不仅仅是别的感觉的一个组成部分呢？其所以如此的理由根据，显然必定存在于那意识到它们各是一个单一感觉的自我之中。因此，在自我里必定先验地就有一个划分界限的一般规律。）

d. 规定的规律虽然一样，自我与非我的差别却始终存在。如果被反思的是自我，则反思者与被反思者也是同一个东西，既是被规定的又是能规定的。如果被反思的是非我，则反思者与被反思者就是相对立的，因为不言而喻，反思者永远是自我。

e. 现在同时就提出了很严格的证明。证明规定的冲动并不涉及对实在的改变作用，而只涉及对理想的规定作用，即对自我的规定作用，造型的作用。凡是可以是规定的冲动的客体的东西，必定实际上完全是由自己本身所规定的，而且在这里根本就没有自我的实在活动的存在余地，毋宁自我的实在活动会与冲动的规定发生明显的矛盾。因为如果自我实际上有所改变，那么，应该出现的东西还没有出现。

21. 现在还有这样一个问题：可规定的东西是如何并以什么方式被给予自我的。通过对这个问题的解答，我们就将更进一步深入到这里要去剖析的这种行动体系的联系中去。

自我反思它自身，把自身反思为既是被规定者又是规定者，并且恰恰由于自己既是被规定者又是规定者，它给自己划定了界限，作了限制。但是，没有一个限制者，就没有限制可言。这个限制者，即自我的对立者，不能像它在理论上被假设的那样由理想活动产生出来，而必须是给予自我的，必须就在自我之中。可是，在自我之中的东西，当然只能是前面提过的在这种反思中被排除了的那种东西。——只有自我既是被规定者又是规定者，自我才设定自己为自我。但自我只在理想的意义上才既是被规定者又是规定者。至于自我趋向实在活动的那种努力，则是受限制的，正因为是受限制的，它才得到设定，才被设定为一种内在的、封闭的、规定自己本身的力量（即它同时是被规定的和规定的），或者，因为这种力量没有外表，就被设定为积极的质料。这种质料得到反思，因此，它通过设定对立的作用被移往外部。而自在的、原始的主观的东西就被转变为一种客观的东西。

a. 这里，“如果没有非我相反地设定自己，则自我就不能设定自己为被规定的”这个命题从什么地方产生出来的问题就完全清楚了。——就是说，我们根据现在已经熟知的这个命题本来应该从一开始就能作出“如果自我要规定自己，它就必然地要设定对立的某种东西以与自己相对立”这一推论。但是，由于我们是在知识学的实践部分里，从而我们必须随时随地照顾到冲动和感觉，所以我们曾经不得不从一种冲动推论出这个命题来。——从本源上说，冲动是向外的，它发挥着它所能发挥的作用。而且，由于它不能对实在活动发挥作用，所以它至少对那按本性说根本不能受限制的理想活动发挥作用，并驱使其朝向外面。这样一来，设定对立就出现了。从而一切意识规定，特别还有自我和非我的意识，就都通过冲动并在冲动之中联系到一起了。

b. 主观的东西变成了一种客观的东西，反之，一切客观的东西本来就是一种主观的东西。——我们举不出一个完全恰当的例子来，因为这里说的是一个**被规定者**一般。而被规定者一般，除了是一个被规定者之外就再也不是什么了。这样一种东西所以根本不能出现在意识之中，其理由我们马上就会看到。任何一个被规定者，如果它确实出现在意识中，那么，它就必然是一个**特殊的**东西。但是，我们前面提出的那个见解，可以通过特殊东西的这个事例，在意识里得到完全明确的证明。

例如，特殊的东西是某种甜的、酸的、红的、黄的，或者类似的东西。这样一种规定显然只是**主观的东西**。而这种主观的东西我们希望不会有什么人去否认，只要他理解这个词的意思就可以了。什么是甜或酸，什么是红或黄，这是绝对不能描述而只能感觉的，是〔绝对〕不能通过描述告诉给别人的，而必须由别人亲自用感觉与对象发生接触，才能使我们的感性经验成为他的知识。人们只能说：**在我这里**，**我有苦的感觉**，**我有甜的感觉**，等等，此外什么也不能说。——可是，既然是这样，那么，即使别人也使对象与他的感觉发生接触，你们怎么知道你们的感受会因他接触了对象就也成为他的知识呢？你们怎么知道他会和你们产生同样的感觉呢？比如说，你们怎么知道糖在他的味觉上造成的印象恰恰就是糖在你们的味觉上造成的那种印象呢？不错，你们把你们吃糖时在你们那里产生的印象叫做**甜的**，而且他和你们的一切同胞也都和你们一样把吃糖的印象叫做甜的。但这种彼此同意仅仅是口头上的。试问你们怎么知道你们双方都称之为甜的那种感觉在他那里恰恰就和在你们那里的是同一个感觉呢？在这个问题上，是永远搞不出什么名堂来的。事情属于单纯主观的领域，绝对不是客观的。只有通过综合作用，把糖与一个特定的就其自在地而言是主观的、只不过由于它的一般规定性才成为客观的味觉综合起来，事情才过渡到客观性领域。——我们的一切知识，都是从这样一些与感觉发生的单纯关系中产生出来的。没有感觉，就不可能有对我们之外的任何事物的表象。

现在，你们把你们自身的这种规定直接地转嫁到你们以外的东西上。你们把你们的自我所固有的偶性当成存在于你们之外的一种偶然的事物(这是为了需要而在知识学里建立起来的那些规律所要求的)，使之成为应扩展于空间并充实于空间之中的质料的一种偶性。这种质料也许只是某种存在于你们之内的单纯主观的东西。应该说，你们至少早就对此发生怀疑了，因为你们并不需要对这种质料另外有任何新的感觉，就能把某种按你们自己的理解来说的单纯主观的东西转移到它身上去。而且因为这样一种质料，如果没有可以转嫁于其自身的主观东西的话，对你们而言，它就根本不存在，从而对你们而言它就什么也不是，只不过是你们所需要的那种从你们自身中迁移转嫁出来的主观东西的负荷者而已。——既然主观的东西是你们转移到它身上的，它就毫无疑问是存在于你们之内并且是为你们而存在在那里的。那么，假如它现在本来是存在于你们之外的，仅仅为了使你们有可能去进行综合才从外面进入你们之内的，那么，它就必定是通过感官进入你们之内的。但是，感官只能给我们输送前面所说的那种主观的东西，而质料，作为质料，决不能进入感官，毋宁只能由创造性的想象力规划或设想出来的。质料确实是看不见的，听也听不到，尝也尝不到，闻也闻不到的，但是，它却接触产生感觉的感官(触觉)，〔通过触觉〕它也许能扔进某种没经抽象的东西。但是，触觉这个感官只以抵抗的感觉为其征兆。它的特征是感到一种反抗，一种“不能”，而“不能”则是主观的。抵抗者毕竟不是被感觉到的，而只是被推论出来的。触觉只涉及到表面，表面永远只通过某种主观的东西显示出来。比如说，表面是粗糙的或者光滑的，冷的或者热的，硬的或者软的，等等。但触觉并不进入物体的内部。那么，你们为什么首先把你们所感觉的这种冷或暖(连同你们用来感觉冷或暖的手)扩展到整个表面而不限制在〔你们所感觉的〕一个个别点上呢？然后你们怎么竟会承认在表面之间有一个你们根本没有感觉到的物体内部呢？物体内部显然是由创造性的想象力创造出来的。——可是，你们却把这种质料当成某种客观的东西，而且你们这么做也有理由，因为你们所有的人都一致同意质料是现成存在的。因为这种东西的产生是以一切理性的一条普遍规律为根据的。

22. 冲动是指向那个对自己本身进行反思、把自己本身规定为自我的自我活动本身的。因此，自我作为对事物进行规定的东西，自我在这种规定作用中反思自己本身，这乃是明确地由冲动规定了的。自我必定进行反思，就是说，它必定把自己设定为规定者。——(我们以后将再回到这个反思上来。现在让我们只把这个反思当成推动我们的探讨继续前进的一个辅助手段。)

23. 自我的活动是一个单一的活动，它不能同时对着许多客体。它应该规定我们可以称之为X的那个非我。现在，自我则应该在这个规定作用中，通过同一个活动，对自己本身进行反思。假如规定X的行动不被中断，则自我对自己本身进行反思就是不可能的。自我的自身反思是绝对自发地出现的，〔自我对X的〕规定行动的中断，同样也是绝对自发地出现的。自我是以绝对自发性把自己的规定行动中断的。

24. 因此，自我在其规定作用中是受到限制的。由于自我是受到限制的，这就出现了一种感觉。自我所以是受了限制的，乃是因为规定作用这一冲动是不受任何规定地向外冲去以至于无限的。——它本身具有反思的规定，以对那实实在在自己被自己规定了的同一个东西进行反思。但是，并不具有规律性，以限定它只应前进到B点或C点等等为止。现在，这种规定作用已在某一点上，例如，我们可以称之为C点上，被中断了。（这个界限是一种什么样的界限，我们可以不去管它，在适当的地方自会说明清楚。但我们切不可设想它是一种空间里的界限。这里说的是一种强度上的界限，例如，一种使甜的同酸的等等区别开来的界限。）于是，这里就出现了关于规定的冲动的一种限制，以之作为某种感觉的条件；另外，这里还出现了对这种限制的一种反思，以作为这种感觉的另一个条件。因为，当自我的自由活动中断了客体的规定作用时，这个自由活动就进行规定和划定界限，给客体划定整个范围（客体的范围正是由于这样才成为一个范围）。但是，自我并没有意识到它的行动的这种自由性。因此，划定界限这一作用就被推到客体身上。——于是，这种感觉是由于事物的规定性而引起的一种自我有界限的感觉，或者说，是一个被规定者、一个**简单事物**的一种感觉。

25. 现在，我们来描述这样一种反思：这种反思是接替被中断了的、却因为有一种感觉才表现出自己是被中断了的那个规定作用而出现的。——在这个反思中，自我应该设定自己为自我，也就是说，自我应该设定自己是在行动中自己规定自己的那种东西。显而易见，那作为自我的产品被设定起来的东西，不会是任何别的东西，只能是关于X的一种直观形象，至于X本身绝不会像根据原理那样，或者甚至像根据上文所论述的那样，得到阐明。它被设定为自我的自由产物，就是说，它被设定为**偶然的**东西，被设定为一种并非必然成为现在这个样子、而也可能是别的样子的东西。——假如自我(通过它对当前的这个反思再次反思)意识到了它在造型中的自由，那么，形象就会被设定为**与自我具有偶然关系的了**。这样一种再反思，在这里还没有出现，所以形象必须被设定为**与一个其他的非我有偶然关系的**。这另一个非我，我们至今对它还完全一无所知。下面我们就已经说过的一般论点对它进行较为完全的探讨。

为了符合规定的规律，X不得不是被自己本身规定了的东西(既是被规定的，又是进行规定的)。现在，按照我们的公设，X正是这样的东西。另外，由于已经出现了的感觉的缘故，X应该前进到C点而不再走得更远。但是，对它的这一规定，也就只规定这么多。(这个话的含义，随后就会显示出来。)这种规定，在**理想地**进行规定或进行直观的自我中，并没有任何规定。自我没有这方面的规律。(自己规定自己的那个东西，仅仅就到此为止吗？从一方面说，只就其自身来说，这个东西固然很明显应该走得更远，就是说，它应该趋于无限；但从另一方面说，即使在事物中存在着差别，那么，这种差别怎么竟会进入了理想性的自我的作用范围中的呢？自我与非我根本没有接触点，而且正因为没有这种接触点，正因为自我不受非我的限制，所以自我才是理想地活动着的。那么，〔非我中的〕差别怎么会接触到自我呢？——用通俗的话来说，为什么甜的是不同于酸的，是与酸的相对立的东西呢？一般说来，无论甜的，还是酸的，都是某种被规定了的东西。但是，除了这个一般性质之外，它们两者的区别根据在哪里呢？区别根据不能只存在于理想性活动里面，因为关于两者的概念是不可能的。可是，根据至少必定部分地存在于自我之中。因为这个差别是一种对自我而言的差别。）

于是，理想性自我就凭其绝对自由在界限之上与界限之内漂浮摆荡。它的界限是完全不确定的。它能始终保持这种状态吗？绝对不能。因为，现在按照公设，它应该对于作这种直观的它自己本身进行反思，从而应该在这种直观中对自己本身进行反思，把自己设定为受规定的，因为一切反思都以规定为前提。

规定的规则一般是我们所熟知的。这个规则是：一个东西只有被它自己本身所规定，它才是被规定了的。因此，自我在对 X 进行上述的直观时就必定是由自己本身设定它的直观界限的。它必定是因自己规定自己而设定 C 点以作为界限的点的，因而，X 是通过自我的绝对自发性而受到规定的。

26. 但是——这个论证非常重要——X 是这样一种东西，它按照一般的规定的规律，由自己本身来规定自己，而且仅仅因为它自己规定自己，它才是上面所说的那种直观的对象。——到此为止，我们可以说只不过谈到了内在的本质规定。但外在的界限规定可以直接从中推论出来。只要X同时既是被规定的又是进行规定的，则X=X，而且它是多么远，比如说，直到C点，它就前进多么远。如果自我根据情况恰当地给X划定界限，那么，它就必定是把X限定在C点上。而这样一来，人们就不能说界限是由绝对自发性划定的了。两者互相矛盾，必须从中作出区别。

27. 但是——X被限制在C点上，只是被感觉到的，而不是被直观到的。被自由设定的东西只是被直观到的，而不是被感觉到的。直观与感觉这两者之间没有任何关联。直观在看，却是空的；感觉在联系实在，却是瞎的。——但根据真理来说，既然X是被限制了的东西，X就应该受到限制。因此，这就要求在感觉与直观之间有一种联合，有一种综合性的关联。我们现在对直观作进一步的研究。通过这项研究，我们会不知不觉地达到我们所寻求的那个〔联合〕点。

28. 当初的要求是：直观者通过绝对自发性给X划定界限，而且在被划定界限时，X还要显得好像只是由自己本身划定了界限的。这个要求将得到满足，只要理想性活动凭借自己的绝对生产能力越过X而在B、C、D等点上（因为这种确定的界限之点，既不能由理想性活动自己去设定，也不能被直接地提供给理想性活动）设定一个Y就行了。——这个Y，作为内在规定了的东西，作为与一个某物相对立的东西，必须1. 本身是个某物，就是说，它必须按照规定性一般的规律既是被规定的同时又是进行规定的；2. 它应该与X相对立，也就是说，它与X的关系是：当X是规定者时，

Y对X不是像一个被规定者那样，当X是被规定者时，Y对X不是像一个规定者那样，反之亦然。〔因此，〕要把两者结合起来，要把两者作为一个东西进行反思，那应该是不可能的。（应该充分注意的是：我们这里所说的并不是相对的规定或限制，它们两者当然是在相对规定或限制之中了。我们所说的乃是内在的规定或限制，它们两者并不存在于内在规定或限制之中。每一个X的可能点都与每一个X的可能点发生相互作用；同样每一个Y的可能点也与每一个Y的可能点发生相互作用。但是，并非Y的每一个点都与X的每一个点发生相互作用，反过来说，也不是X的每一点都与Y的每一点发生相互作用。它们两者都是某种东西，但每一方各是某种另外的东西。而正因为这样，我们才提出并解答"它们是什么？"的问题。没有对立，整个非我也是个某物，但它不是有规定的某物，而仅仅是某物；没有对立，"这个是什么或那个是什么？"的问题就根本没有意义，因为这个问题只有通过对立才能解答。）

这就是为什么冲动要对理想性活动进行规定的理由。按照这个规则，我们所要求的那种行动的规律，现在就可以很容易地推演出来了，即：X和Y应该互相排斥。这种冲动，就其在这里所表明的那样是单纯指向理想性活动而言，我们可以称之为要去互相规定的冲动。

29. 作为界限的C点，是单纯由感觉设定的。因此，存在于C点以外的Y，既然恰恰从C点开始，也应该只是由于其与感觉的关系而被给出的。感觉是把两者在界限上联合起来的唯一的东西。——这样，相互规定的冲动就同时归结为一个感觉。在这个冲动里，理想性活动与感觉两者是内在地结合着的；在这个冲动里，整个的自我是一个东西。——就这种情况而言，我们可以把这种冲动叫做趋于一般相互〔作用〕的冲动。——它靠渴望来表现自己，渴望的客体乃是某种其他的东西，与现实存在着的东西相对立的东西。

在渴望里，理想性和趋于实在性的冲动是内在地结合着的。渴望所追求的是某种其他的东西，而渴望追求某种其他的东西，则只在理想性活动事先进行了规定这个前提之下，才有可能。此外，追求实在性的(作为被限制了的)冲动，也出现于渴望之中，因为渴望是被感觉到而不是被思维到或被表现出来的。这里已经表明，在一种感觉里，如何会出现一种向外的冲动，而且如何会出现一种对于外在世界的预感。这是因为渴望受那不受任何限制的自由的理想性活动所左右。这里还进一步表明，一种理论性的心理机能如何会回过头来与实践能力发生联系。只要有理性的本质曾经成为一个完全的整体，这种情况就一定曾经是可能的。

30. 感觉并不依存于我们，因为它依存于一种限制，而自我却不能自己限制自己。现在应该有一种相反的感觉出现，那么问题就是:这种感觉所赖以可能的外在条件会出现吗？这种外在条件必定出现。如果它不出现，自我就会感觉不到有规定的东西。从而就会感觉不到任何东西。因此，自我就不是活着的，就不是自我，而这种情况是与知识学的前提相矛盾的。

31. 感觉到一个对立物的那种感觉，乃是冲动得以满足的条件。因而一般地说，要求感觉互相交替的那种活动，就是渴望。那么，现在，被渴望的东西是有了规定了，然而只是由宾词规定了的。对于感觉来说，它应该是某种交替着的不同的东西。

32. 可是，自我不能同时感觉到两种情况，因为它不能既在C点上被限制，又在C点上没有被限制。因此，改变了的状态就不能作为改变了的状态**被感觉到**。因此，另一感觉就一定仅仅是被理想性活动直观为某种与当前的感觉不同而且对立的东西。——那就必然会在自我之中永远同时存在着直观与感觉，并且两者会在同一个点上综合地联结起来。

另外，理想性活动不能取代任何感觉，或者能够产生一种感觉。因此，理想性活动也许只能以这样的办法来规定它自己的客体，即说它的客体**不是**被感觉者，说它的客体可以具有一切可能的规定而唯独不会具有感觉中现实存在着的那些规定。这样一来，对理想性活动而言，事物就将始终只是被消极地规定了。而被感觉者因此就好像是没有被规定了。在这里，我们想不出其他的规定方式来，唯一能想出来的就是那种向无限继续前进的，消极的规定作用。

（情况当然就是这样。比如说，什么叫甜的呢？首先，甜的就是某种不与视觉、听觉等等发生关系，而与**味觉**发生关系的东西。至于说什么是味觉呢？那是你们通过感觉一定已经知道了的东西，而且你们也可以通过想象力把它想象出来，也就是说，通过**一切不是味觉的**东西把它想象出来，但是，当然只是模糊消极地想象出来的。其次，甜的就是那与味觉有关的东西中不是酸的，不是苦的，也不是你们所列举的不论多少其他味觉的特殊规定的东西。即使你们把你们所知道的味觉方面的感觉统统列举一遍，你们当然永远还能发现你们至今不知道的新的感觉，而对于这些新的感觉你们仍然会判断说，它们不是甜的。由此可见，甜的与你们已知的一切味的感觉之间的界限，始终还是无限的。）

唯一还有待于解答的问题应该是：理想性活动怎样认出感觉者的状态已经改变了呢？——我们暂时答复道：这种状态的改变会通过渴望的满足，通过一种感觉表现出来。——从渴望得到满足的情况中将会推论出许多重要的东西。

§11. 第八定理

诸感觉自身都必能对立起来。

1. 自我应该通过理想性活动设定一个客体 Y 与客体 X 相对立。它应该设定自己是已经改变了的。但是，它所以设定 Y，仅仅是因为受一种感觉、确切说一种其他的感觉所激发。——理想性活动仅仅依存于其自身，并不依存于感觉。在自我里，现实存在着一个感觉 X。在这种情况下，正如已经指明的那样，理想性活动不能限定客体 X，不能指明客体 X 是什么东西。可是，如果按照我们的假设，在自我里出现了另外一种感觉＝Y，那么，现在理想性活动就应该能够规定客体 X，就是说，应该能够设定一个规定了的客体 Y 与客体 X 相对立。因此，感觉里的变化和交替就应该能对理想性活动产生影响。问题是，怎么会是这样的呢？

2. 感觉本身，对于除了自我而外的任何旁观者来说，都是各不相同的。但是，它们应该对于自我本身而言是各不相同的，就是说，它们应该被设定为互相对立的感觉。要设定为对立的感觉，只有依靠理想性活动。这样一来，感觉就被设定起来，而且为了使两者能够被设定起来，两者被综合地联结起来，却又对立起来了。于是，我们必须解答下列三个问题：a. 一个感觉是怎么被设定起来的？b. 两个感觉怎么通过设定而被综合地联结起来的？c. 两者是怎么被对立起来的？

3. 一个感觉通过理想性活动被设定起来，我们只能设想这是由于自我在完全不自觉地对它的冲动的一种限制进行反思。这样，首先就出现了一种自身感觉。然后它又对这个反思进行反思，或者说，它又在第一个反思中把自己设定为既是被设定者又是设定者。那么这样一来，感觉本身就变成了一种理想性的活动，因为理想性活动被扩展到感觉上来了。自我感觉到，或者更确切地说，感受到某种东西，感受到质料。——这种反思是我们前面已经谈到过的一种反思，通过它，X才变成客体。通过对感觉的反思，X才变成感受。

4. 通过理想性设定，感觉被综合地联结起来了。它们联结的根据，不可能是别的，只能是对这两种感觉进行反思的根据。这种反思的根据所以曾经是它们的根据，是因为除非这样，否则要求交替规定的冲动就不会得到满足，就不可能作为满足了的而得到设定，并且因为如果上述冲动没有得到满足和设定的话，那么，就没有感觉，从而就根本没有自我。——这就是说，对两者进行反思的综合性联结的根据之所以是两种感觉的联结根据，〔乃是因为〕没有对两者的反思，就不能有对两者之一、即对一种感觉的反思。

在什么条件下将不会发生对单独一种感觉的反思，这是马上就可以看清楚的。——每一种感觉都必然是自我的一种界限。因此，如果自我没有受到限制，那么，它就不会感觉。而如果它不是被设定为受了限制的，那么它就不能被设定为能感觉的。因此，假如两种感觉之间的关系是一种感觉被另一种感觉所限制和规定，那么，除非〔同时〕对两种感觉进行反思，否则既不会有对此一感觉的反思，也不会有对彼一感觉的反思，——因为如果不就它的界限进行反思，那么，任何东西都不能被反思，而在这里，总是一种感觉构成另一种感觉的界限。

5. 如果感觉之间的关系就是这样一种关系，那么，在每一种感觉中都必定有某种暗示着另一感觉的东西。——实际上我们也确实找出过这种关系。我们曾经举出过一种感觉，这种感觉是与一种渴望结合着的，因而与一种追求**变化**的冲动结合着。那么，如果这种渴望被充分地规定了，则其另一方，被渴望者，也就被指明了。现在，这种感觉实际上也已经被作为公设而假定下来了。被渴望者本是可以按照自己的意图来规定自我的，只要它是一个被渴望者，只要它是个有规定的被渴望者，它就必定与渴望者发生关系，并且它既然与渴望者发生关系，它就必定本身伴有一种**满足**的感觉。如果没有渴望所追求的那种满足，渴望的感觉是不能被设定起来的。如果没有一个要去满足的渴望为前提，满足也是设定不起来的。渴望在哪里停止，满足就在哪里开始，哪里就是界限所在之处。

6. 现在仅仅还有一个问题要问，那就是，满足是怎么在感觉里显示出来的？——渴望起初是由于不可能进行规定而出现的，因为它缺乏界限。因此，理想性活动与追求实在性的冲动在它那里曾经是结合在一起的。可是，一旦出现了另一种感觉，那么，1. 给 X 以必要的规定，给 X 划定完全的界限，就成为可能的了。而且由于与它有关的冲动和力量都已具备，就不仅可能而且实际上实现了；2. 恰恰由于实际上 X 有了规定和界限，这就推论出有另一种感觉存在在那里。在自在的感觉里，差别作为界限本来是根本没有并且不可能有的东西。但是，由于如果感觉不变化，则本来不可能的某种东西现在成为可能的了，这就推论出感觉者的状态已经发生了变化；3. 冲动与行动现在是一个东西。冲动所要求的规定，不仅是可能的，而且已经实现了。自我反思了这种感觉，并在感觉中反思了自己本身，把自己反思为既是被规定者又是规定者，把自己反思为与自己本身完全统一的东西。而感觉的这种规定，人们可以称之为赞赏。感觉是伴随着赞赏的。

7. 自我如果不区别冲动与行动，它就不能设定两者的这种一致性，但它如果不设定某种它们从中得以表现对立的东西，它又不能区别两者。那么，这种东西就是先前出现的那种感觉，因而它必定是伴随着一种厌恶（厌恶是赞赏的反面，是冲动与行动之间不和谐的表现）。——并不是每种渴望都必然伴随厌恶，但是，每当一个渴望得到满足时，它就会引起厌恶。这样它就变得庸俗乏味。

8. 理想性活动所设定的客体 X 与 Y，现在不再仅仅是由对立所规定的，而且也由厌恶和快乐这两个宾词规定了。并且它们将被继续规定下去，以至于无限。至于事物的种种内在规定（都与感觉联系着），就不再是什么别的，而只不过是各种程度的厌恶和快乐。

9. 到此为止，上述的和谐或不和谐，赞赏或厌恶（作为两种不同的东西的配合或不配合，并不作为感觉），都是只为一个可能的旁观者，不是为自我本身而存在在那里的。但是，两者也应该为自我本身而存在在那里，并为自我所设定——究竟是单纯理想地由直观所设定，还是由一种对感觉的关系所设定的，我们现在还不知道。

10. 为了使某种东西是按照理想被设定起来的，或是被感觉出来的，都必须先有一种冲动出现。没有自我中的冲动，就没有存在于自我中的任何东西。由此可见，必须出现一种追求上述和谐的冲动。

11. 说是和谐的，意思就是说可以认为是互为规定者和被规定者。——可是，和谐的东西不应该是单一的东西，而应该是一种彼此和谐的双重物。假如两者是彼此和谐的，那么，其间的关系就会是下面这样的：A 在其自身中就必定既是被规定者又是规定者，B 也是这样。但是，现在在两者之中必须还另外有一种特殊的规定（关于何种程度的规定），按照这种特殊规定，当 B 被设定为被规定者时，A 才是规定者，反之亦然。

12. 这样一种冲动就在交互规定的冲动之中。——自我通过 Y 规定 X，反之，又通过 X 规定 Y。〔我希望〕人们注意自我在这两种规定中的行动。每个这样的行动，显然都是由另一行动所规定的，因为每种行动的客体都是由另一行动的客体所规定的。——人们可以把这种冲动叫做要求自我由自己本身来进行交替规定的冲动，或要求自我在自己本身中达到绝对统一和完满的冲动。——（现在，整个的范围都经历过了：首先是自我的规定的冲动，然后是通过自我而来的非我的规定的冲动。——由于非我是一种杂多的东西，从而它没有特殊的东西可以在自身中由自己本身加以规定。——〔然后〕是通过交替以规定非我的冲动；〔再后〕是通过自己本身凭借上述交替作用交替规定自我的冲动。这样一来，这就是一种自我与非我的交替规定，而自我与非我的交替规定，由于主体的统一性，又必定变成一种自我通过其自己本身而进行的交替规定。这样一来，以前提出的那个方案所列举的种种自我的行动方式，就统统经历了，全部穷尽了。而且方案保证了我们对自我的主要冲动所进行的演绎是完整无缺的，因为它已经把冲动的体系圆满结束了。）

13. 彼此和谐的，由自己本身互相规定了的东西，应该是冲动和行动。a. 两者应该可以被认为自在地同时既是规定的又是进行规定的东西。这种冲动是一种绝对自己产生自己的冲动，一种绝对的冲动，一种为冲动而冲动的冲动（如果我们把它当成规律来说，就像它恰恰为了这种规定而必须就某一个反思来说的那样，那么，它就是一个为规律而规律的规律，一个绝对的规律，或者是这样的绝对命令："你无条件地应该"）。在这种冲动中，无规定者究竟在什么地方，那就很容易看出来了，就是说，冲动把我们毫无目的地驱赶到无规定者那里去（绝对命令仅仅是形式的命令，没有任何对象）。b. 一种行动既是被规定的，又是进行规定的，其含义是：行动的发生，是由于行动正在发生，因为它是为行动而行动的，或者说，因为它是以绝对自身规定和自由而行动的。行动的全部根据和一切条件都包含在行动本身之中。——那么，在这里，无规定者存在于什么地方，也就同样立即显现出来。没有客体，就没有行动，因此，行动必须同时给它自己提出客体来，而这是不可能的。

14. 于是，冲动与行动之间的关系应该是：它们彼此互相规定。首先，这种关系要求行动可以被视为是由冲动产生出来的。行动应该是绝对自由的，从而不是由任何东西强制规定的，从而也不是由冲动所规定的。然而它却能有这样的性能，即，它可以被视为由冲动所规定的，或者也可以被视为不是由冲动所规定的。那么，这种和谐和不和谐怎么表现出来呢？这正是有待解答的问题，而问题自己马上就会找到自己的答案。

然后，这种关系还要求冲动把自己设定为由行动所规定的。——在自我里，不能有任何同时对立着的东西。但冲动与行动在这里却是对立着的。因而当确实有行动出现时，冲动就被中断了，或已被限制了。由于冲动被中断，就有一种感觉产生出来。这种感觉的可能根据，行动要去探索，加以设定，予以实现。

可是，如果按照上述要求，行动是由冲动规定了的，那么，客体也是由冲动规定了的。因为客体是适应着冲动的，是冲动所要求的东西。冲动现在（从理想上说）具有可规定性，是可以由行为加以规定的，不过应该给它补上一个宾词，从而它就是当初追求这种行动的那种冲动。

和谐有了，赞赏的感觉产生了。赞赏的感觉在这里就是一种满意、充实、完成的感觉（但是，这种感觉由于必然要再回来渴望，所以它仅仅持续一瞬间）。——如果行动不是由冲动所规定的，那么，客体就与冲动相抵触，就会出现一种厌恶的感觉，一种不满意的主体与其自身分裂的感觉。——即使在这种情况下，冲动也是可以由行动予以规定的，不过只能被否定性地规定罢了，只能说它当初就不是追求这种行动的那种冲动。

15. 这里所说的行动，就像它从来所是的那样，乃是一种单纯理想性的、通过表象而出现的行动。就连在我们所信仰的感官世界里的我们的感性作用，除了间接地通过表象之外，也没有其他的办法回到我们身上来。

术语对照

A

Abhängigkeit　依存性
Absolute　绝对
Analogie　类似;类推
Analysis　分析
Anschauung　直观
Anstoβ　阻碍
Antinomie　二律背反
Antithese　反题
Apriori　先天的
Auffassen　理解;领会
Aufheben　扬弃
Aufmerksamkeit　注意力
Ausdehnen　扩展
Aussereinander　彼此相外的
Auβenwelt　外部世界

B

Bedürfnis　需要
Befriedigung　满足
Begriff　概念
Beschränkung des Ich　自我的限制
Beschränkung des Nicht-Ich　非我的限制
Bestimmen　规定
Bestimmtheit　规定性
Bestimmtsein　被规定者
Bewuβtsein　意识
Beziehung　关系;联系
Beziehungsgrund　关系根据

C

Cogito ergo sum　我思故我在

D

Deduktion　演绎
Deduzieren　推演
Definition　定义
Denkart　思维方式
Denken　思维
Deutlichkeit　清楚,明白
Ding-an-sich　物自身,自在物
Dogmatismus　独断论,教条主义

E

Eidetik　忆象直观力
Einbildungskraft　想象力
Eindruck　印象
Entgegensetzen　对设,设立对立面
Endzweck　最终目的
Erfahrung　经验
Erkenntnis　认识
Erörterung　讨论
Erscheinung　显象
Erweis　证明,证据

Evidenz 自明性
Existenz 实存,存在

F

Faktum 事实
Fata lismus 宿命论
Festsetzen 确定
Forderung 要求
Freiheit 自由
Für-sich-sein 自为存在

G

Gattungsbegriff 类概念
Gedächtnis 记忆力
Gedanke 思想
Gefühl 感情,感觉
Gegebene 给定的,现有的
Gegensatz 对立物
Gegenstand 对象
Geschmack 趣味,审美
Gewißheit 确定性
Glauben 信仰
Gleichgewicht 平衡
Gleichheit 等同,同一
Grenze 限界
Grund 根据
Grundsatz 原则,原理
Gültigkeit 有效性

H

Handeln 行动,行为
Handeln, absolutes 绝对行动
Handeln, geistiges 精神行动
Handeln, objektives 客观行动
Hypothese 假设,假说

I

Ich 自我
Ich, absolutes 绝对自我
Ich bin 有我,我是
Ich bin Ich 我是我
Ichheit 我性
Ich, praktisches 实践自我
Ich, reine 纯粹自我
Ich, schlechthin endliches 绝对有限的自我
Ich, theoretisches 理论自我
Ich, unendliches 无限自我
Idealismus 唯心主义
Idealismus, dogmatischer 独断的唯心主义
Idealismus, Kritischer 批判的唯心主义
Idealismus, Kritischer quantitativer 批判的量的唯心主义
Idealismus, praktischer 实践唯心主义
Idealismus, qualitativer 质的唯心主义
Idealismus, quantitativer 量的唯心主义
Idealismus, transzendentaler 先验唯心主义
Idealismus, transzendenter 超验唯心主义
Idee 理念
Identität 同一,同一性
Imperativ, kategorischer 无上命令
Intuition 直觉

K

Kanon 规范
Kantianismus 康德主义
Kausalität 因果性
Kopula, logische 逻辑系词
Kraftgefühl 力量感
Kritische philosophie 批判哲学

L

Leiden 受动

Limitation 界限

M

Machtspruch der Vernunft 理性命令
Mannigfaltjkeit 多,复多性
Maβstab 尺度
Materialität 物质性

N

Nachbilden 仿造
Natur 自然
Naturlehre 自然学说
Negation 否定
Nicht-Ich 非我
Nichts 无
Notwendigkeit 必然性
Noumenon 本体

O

Objekt 客体
Objektivität 客观性
Organisation 组织

P

Pflicht 职责,义务
Phänomen 现象
Popularphilosophie 通俗哲学
Postulat 公设,假定
Produkt der Tätigkeit 活动之产物
Produktionsvermögen 创造能力

R

Realgrund 实在根据
Realismus 实在论
Realismus, dogmatischer 独断的实在论
Realismus qualitativer 质的实在论
Realismus quantitativer 量的实在论
Realität 实在性
Realität, unendliche 无限的实在性
Reflexion 反思,反射
Regel der Vernunft 理性的规则
Relation, bloβe 单纯的关系
Reproduktion 再生产
Ruhe 静止

S

Satz der Identität 同一律
Schluβ, hypothetischer 假言推论
Schranke 局限
Sehnen 渴望
Sein 存在,有
Sein-an-sich 自在存在
Setzen 设定
Sprung des Ich 自我的飞跃
Staunen 惊异
Stoff 质料
Streben 努力
Substanz 实体
Substrat 基质
Synthese 合题
Synthesis 综合

T

Tathandlung 事实行动,本原行动
Tätigkeit 活动,能动性
Tätigkeit des Nicht-Ich 非我的活动
Tätigkeit, entgegengesetzte 相反的活动
Tätigkeit, entgegensetzende 设置对立面的活动
Tätigkeit, reine 纯粹活动
Teilbarkeit 可分性
These 正题
Trieb 冲动
Trieb, absoluter 绝对冲动

U

Ubereinstimmung von Freiheit und Natur

自由和自然的一致
Universum 宇宙
Ursache 原因
Ursache, die nicht Ursache ist 非原因的原因
Urteil 判断
Urteil, apriori Synthetisches 先天综合判断
Urteilskraft 判断力

V

Vereinigen 联合
Vergleichen 比较
Vermehren 加多
Vermindern 减少
Vermittlung 中介
Verschwinden 消失
Verstand 知性
Verwechselung 交替,替换
Vernunft, theoretische 理论理性
Vernunft, praktische 实践理性
Vorstellung 表象

W

Wechselbestimmung 交互规定
Wechselwirkung 相互作用
Werden 变
Widerspruch 矛盾
Widerstand 反抗
Wissenschaftslehre 知识学
Wissenschaftslehre, praktische 实践知识学
Wissenschaftslehre, theoretische 理论知识学
Wirklichkeit 现实
Wirkung 效用

Z

Zustand des Ich 自我的状态
Zwangsgefühl 强制感

译 者 后 记

《全部知识学的基础》(Grundlage der gesammten Wissenschaftslehre)一书,在费希特生前共出过三个版本:1794/95 年莱比锡版,1802 年图宾根和莱比锡版。费希特死后又先后出过三个版本:一是费希特的儿子(J. H. Fichte)编的全集本;二是梅迪库斯(F. Medicus)编的选集本;三是劳特(R. Lauth)编的全集本。这三种版本,以劳特编的为最好,费希特儿子编的全集错误最多。

这个中译本是根据梅迪库斯 1912 年编辑出版的《费希特著作六卷本选集》(Johann Gottlieb Fichtes Werke, Auswahl in sechs Bänden, herausgegeben und eingeleitet von Fritz Medicus, Verlag von Felix Meiner in Leipzig 1912)译出的。这是我们 1966 年开始翻译时所能找到的最佳版本。翻译中,经常参考的是 1868 年的英译本,在个别名词术语的斟酌上有时也参看一下程始仁的旧中译本。全书断断续续译完之后很久,才收到劳特(R. Lauth)寄赠由他考校的 1968 年“研究版”的最新版本,因此,我们又以此为依据将译稿从头至尾校改了一遍。

这个译稿完成后,曾请贺麟先生、周礼全、王太庆和王树人等同志全部或部分地看过并提出了宝贵的意见。本书能够成为现在这个样子,与他们的帮助是分不开的。译者谨在此一并表示深切的感谢。

费希特也像其他德国古典哲学家一样，为了表达他的某些独特见解，往往自选新词，或者使用旧词却赋予新义，这给本书的翻译和阅读都带来不少困难。为了便于读者对照德文原词，更好地了解原意，特请程志民同志择要编了一个术语对照，附于书后。

本书的翻译，我们虽然作了很大努力，但由于种种条件的限制，译文不免还有不确切、不妥当，甚至错误之处，敬请读者不吝指正。

译　者

1985 年 6 月于北京

图书在版编目(CIP)数据

全部知识学的基础/(德)费希特(Fichte，J.G.)著；王玖兴译.—北京：商务印书馆，1986.7(2025.5重印)
(汉译世界学术名著丛书)
ISBN 978-7-100-01795-4

Ⅰ.①全… Ⅱ.①费… ②王… Ⅲ.①费希特J.G.(1762～1814)—哲学思想 Ⅳ.①B516.33

中国版本图书馆CIP数据核字(2010)第247180号

汉译世界学术名著丛书
全部知识学的基础
〔德〕费希特 著
王玖兴 译

商 务 印 书 馆 出 版
(北京王府井大街36号 邮政编码100710)
商 务 印 书 馆 发 行
北京盛通印刷股份有限公司印刷
ISBN 978-7-100-01795-4

1986年7月第1版　　开本850×1168 1/32
2025年5月北京第10次印刷　　印张9⅛
定价：46.00元